2022

日本交通法学会 編

地域におけるモビリティ

交通法研究 第49号

有 斐 閣

目　　次

シンポジウム

モビリティ確保へ向けての新展開と法的課題―― MaaS 等を中心に… 1

報告 1　次世代モビリティのあり方（自動運転と MaaS など）
………………………………………………………須田義大…… 2

報告 2　地方におけるモビリティ確保のための施策①
――地域公共交通活性化再生法等の改正―― …………中山泰宏…… 40

報告 3　地方におけるモビリティ確保のための施策②
――自家用有償旅客運送制度、ラストマイル実証実験（自動運転）――
………………………………………………………秋田顕精…… 66

報告 4　MaaS を含めた次世代モビリティにおける法的問題
……………………………………………………南部あゆみ…… 87

《討　論》……………………………………………………………… 109

個 別 報 告

報告 1　モビリティ確保のまちづくり
――富山市のコンパクトシティ政策を事例として――…秋元菜摘…… 123

《質疑応答》…………………………………………………………… 134

報告 2　高岡市におけるモビリティ確保の現状と取組み …今方順哉…… 141

《質疑応答》…………………………………………………………… 152

学会関連資料 …………………………………………………………………… 173

日本交通法学会第 51 回、第 52 回定期総会における業務報告

日本交通法学会設立趣意書

書籍「交通法研究」「人身賠償・補償研究」のご案内

日本交通法学会の研究助成について

日本交通法学会研究（個人・団体）助成年度別一覧

日本交通法学会規約

日本交通法学会役員名簿（令和 2 年度、令和 3 年度）

「日本交通法学会」入会案内

シンポジウム

モビリティ確保へ向けての新展開と法的課題——MaaS 等を中心に

司会　山口斉昭
（理事・早稲田大学法学学術院教授）

全体司会・厚井乃武夫（理事）　シンポジウムを開始します。シンポジウムのテーマは，「モビリティ確保へ向けての新展開と法的課題—— MaaS 等を中心に」です。パネリストは，東京大学生産技術研究所教授の須田義大様，国土交通省北陸信越運輸局次長の中山泰宏様，国土交通省自動車局旅客課企画調整官で弁護士の秋田顕精様，立正大学データサイエンス学部准教授の南部あゆみ様，以上四名の方々から，それぞれご報告をいただきます。

それでは，司会の山口先生，よろしくお願いします。

司会・山口　司会を務めます山口です。よろしくお願いします。個別報告において，地域の取組や構想を紹介いただきましたけれども，その問題点や構想をどのように実現していくか，そういった観点から，技術的な問題，法的な問題等についてシンポジウムで検討します。

報告1　次世代モビリティのあり方（自動運転とMaaSなど）

須田義大
（東京大学生産技術研究所教授）

司会・山口　最初の報告者は、須田義大先生です。須田先生のお名前は、皆様ご存じかと思います。自動運転であるとか、MaaSであるとか、モビリティに関する様々な施策に関しては、須田先生は必ず関わっていらっしゃるような、この分野の第一人者です。改めて、略歴等はご紹介するまでもないとは思いますが、かいつまんでご紹介します。

一九八七年に東京大学大学院工学系研究科博士課程を修了されて、二〇〇〇年には東京大学生産技術研究所の教授をされ、その後、二〇一〇年には東京大学生産技術研究所先進モビリティ研究センターのセンター長、二〇一四年からは東京大学生産技術研究所次世代モビリティ研究センターのセンター長、二〇一八年からは東京大学モビリティ・イノベーション連携研究機構長などをされています。

なお、この間一九九一年から一九九三年まで、カナダ・クイーンズ大学客員助教授等もされています。

自動走行を含むモビリティ・イノベーションにかかわる、研究開発・社会実装に関する様々なところでご活躍され、多数の学会賞であるとか、あるいは学会の役職、審議会の役職等をされている先生です。

それでは須田先生、よろしくお願いします。

ご紹介ありがとうございます。また、このようなシンポジウムにご招待いただき、ありがとうございます。

実は私、自動車製造物責任相談センターで、ずっと審査委員を務めており、そのご縁で山口先生から依頼をされて本日報告いたします。

私はスライドに書いてありますとおり専門は、工学系の機械工学で、主に車両をやってきました。ですけれども、最近は、様々な取組をしています。経済産業省・国土交通省のプロジェクトで自動走行の法的責任の検討会でも新美先生や浦川先生ともご一緒でして、オリジナルは車両を対象に研究に携わってきました。

簡単に自己紹介させていただきますと、私自身は、公共交通から自動車まで、タイヤとか車輪がついていれば何でも関わるということで、一九九〇年以来研究をやってまいりました。今日、本当は高岡に伺うことを、私は非常に楽しみにしていたのですが、鉄道とかライトレールの仕事をしてきて、富山ライトレールにも関わっていましたし、個別報告でも出てきた万葉線、あれも実はお手伝いさせていただいたということもあり、高岡にはずいぶん馴染みがあります。

研究室には試験線があるのですが、そこの分岐機器も高岡市福岡にある鉄道機器という会社につくっていただいたり、あと、個別報告で伏木という名前も出てきましたけれども、実は伏木にある日本総合リサイクルという会社があるんですけれども、そこもいろいろ関係させていただいています。

そんなこともあって、実は今日は高岡に行ったつもりでご報告させていただきたいと思います。

先ほどご紹介いただいた東京大学モビリティ・イノベーション連携研究機構ですが、実は、これは私のいる生産技術研究所みたいな理科系、工学系の研究部局だけではなく、まさにオール東大ということで法学政治学研究科、未来ビジョン研究センターも参加しており、まさに文理融合で検討を進めるという形で進展してきています。

そのため、私の仕事も最近では技術と制度とが融合してきています。さらに、日本の学学連携を推進しようということで、日本のいろいろな大学との連携も進めていますし、国立研究所、産総研、交通研、あるいは自動車研究所、というところとも、また、産業界とも連携しながら進めているというわけです。

どうも大学で言うと、どちらかというと机上の検討が多いと思われるかもしれませんが、実は我々、千葉県の柏市に実験所をもっています。柏キャンパス内に試験設備もあり、鉄道の線路と自動運転のテストコースをもっています。ここで様々な実践的な研究をしています。自動運転バスに踏切を通過させる、こんなこともできますし、ドライビングシミュレーターを持っていますので、実際に走らせるのが難しい場合は、バーチャルの世界でクルマを運転することもでき、諸課題を検討するのに役立っています。

これからが本題ですが、昨年のコロナ以降、実はガラッといろいろなものが変わってきてしまいました。今後の見通しについては、一番最後にご紹介するとして、コロナまでに起きてきた自動車産業における〝CASE〟があります。それに付随していろいろなところで注目を集めた今日のテーマでありますMaaSというところについてのご紹介をまずしていきたいと思います。

特にこの自動車産業がMaaSに注目しだしたのは、〝CASE〟の〝A〟のオートノーマスです。この自動運転と更にそれに付随してシェア・アンド・サービスということで、今まで自動車産業は車を販売してモビリティに貢献していたのが、もはやそういうモデルではなく、自動車産業自体がサービスを提供するという時代になってきた、というところです。これが自動車産業がMaaSに注目している理由です。それに付随して様々な施策、連携が起きています。

〝CASE〟というのは、実はドイツの有名な自動車メーカーが言い出した言葉で、コネクテッド、オートノーマス、シェア・アンド・サービス、エレクトリックの頭文字を取っています。ただ、一説によると、この会社はベンツなので、自車のCクラス、Aクラス、Sクラス、Eクラスの宣伝をしているのではないかというような話もあるのですが、こういう自動車産業は変わらなければいけないということが、一〇〇年に一度とも言われていますけれども、起きてきました。

この自動運転とシェアということが、モビリティ・サービスとして、公共交通と連携していく、こういうストーリーになってきたというわけです。私自身は、鉄道・公共交通と自動車の両方を対象としてきたので、いずれはこの二つが繋がるのかなと思っていたのですが、まさにそれが今繋がりだしてきたということです。

特に自動運転にここ数年来非常に注目があるのですが、実は道路交通による自動運転は、実用化に課題が相当あります。技術的な課題から言っても、センサーとか、アルゴリズムの開発は一層必要ですし、安全性の問題、信頼性の問題、あとコストダウンとか、こういうものを解決しないと実装化して普及しない。

さらに乗用車でやるのか、バスでやるのか、トラックでやるのかとか、これらが混在する。さらに歩行者もあり、自転車もいる、こういう環境でどうやって自動運転車を走らせるのか、という大きな課題があります。

そういうことですので、社会需要性の醸成が重要であり、我々の研究も最近はこういう社会との関係、人間との関係という研究が非常に多くなってきています。それと重要なのが、自動運転のための制度整備や政策です。

ここで、私が最近非常に関心を持っているのはエコシステムであり、これをどうやって確立していくのかということが大きな課題になっています。

そもそも、自動運転とは何かということですが、これは自動車の運転は、もちろん今までは全部人間がやっていたわけですが、ドライバーは、いわゆる認知、判断、操作という三つのタスクをこなしているわけです。このうち操作に関しては、比較的自動化が易しいということで、クルーズコントロールみたいなものは、とうの昔に実用化しています。ですけれど、この認知と判断、すなわちセンサーとＡＩ、この進化があってようやく自動運転自体ができるようになってきました。ただ、完全に人に頼らない完全自動運転というのはまだできていません。

そういうことですので、この自動化のレベルも定義されていて、これは万国共通で、レベル５までの定義ということが皆さんに認知されています。レベル２までは、あくまでも人間が運転をするということで、安全運転支援です。

レベル３以上が、本当の自動運転です。ただ、レベル３は、システムが運転するけれども、実は不都合が起きたら人間が運転しなさいというものです。こういうものですが、レベル3のクルマが今年商品化されました。

自動車運転というと、どうも我々みたいなエンジニアの検討では自動運転が目的になってしまいがちですが、実は自動運転は目的ではなくて手段です。

自動運転で何が一体解決できるのかが重要になってきます。そのうちの一番重要なのは、やはり安全性の向上です。基本的に交通事故は、皆さんご存じのとおり、ほとんどがヒューマンエラーで起きるので、このヒューマンエラーを防ぐためには、自動化が必要だということです。実は鉄道とか航空機は非常に自動化が進んでいますけれども、ヒューマンエラーによる事故というのは、非常に少なくなってきています。ドライバーの負荷が低減して快適性が向上する。それがまたさらに交通安全に貢献する。

さらに、カーボンニュートラルが叫ばれていますけれども、省エネ運転にも寄与する。渋滞がなくなれば環境低負荷に貢献するわけで、自動運転により渋滞もなくなるだろうということです。それとモビリティでの社会的問題、例えば高齢ドライバーの運転免許返納の問題、こういうものにも寄与する。すると、交通体系の進化によって、社会の生産性に貢献する。モビリティ社会が大きく変化するということで、これは国策でやるべきだということで動いてきているわけです。

そういうわけで、二〇一五年以降、日本政府は非常に熱心に自動運転に取り組んできまして、内閣官房が毎年のように、官民ＩＴＳロードマップを改定しまして、二〇二〇年までに高速道路での自動走行及び地域限定で無人自動走行サービスを実現させるというロードマップを敷いたわけです。

それを受けて、二〇一八年に制度整備大綱が作られ、関連法令が整備されてきたというのが昨今の状況です。私もここら辺に関わっているのですけれども、警察庁においてはレベル3に向けた道路交通法が改正されて施行されました。さらに国土交通省の自動車局でも道路運送車両法が同様に改正されて、自動運転に対応するようになったということです。

この二〇二〇年に乗用車では見事に達成いたしまして、昨年の一一月にレベル3の自動車が正式に型式認定されました。私も、これに早速乗せてもらったのですが、三月二日に発表されていますけれども、ホンダのレジェンドという車です。高速道路の渋滞時に前車追従という条件ですけれども、そのときは、ドライバーは運転しなくていい。テレビの画面を見てもよいです、ということになったわけです。そのため、ダッシュボードのスピードメーターが消えてしまうというドラスティックなことになります。

ですけれど、このレベル3の自動運転というのは、ここから先を進化させるのは相当難しいというのが現状です。例えばいかに一般道に拡張するかということですが、まだまだ難しい。それに対してサービスカー、移動サービスとか、あるいは物流車両、こういうものについては、ドライバー不足ということが大きな社会的課題になっています。あるいは、高齢ドライバー問題もあります。むしろこういう移動サービス、これをものすごく地域を限定し、あるいはルートを限定するというように自動運転できる条件を非常に厳しくして、いっそのことレベル4と言われる無人で走らせる。サービスカーにおいてドライバーを必要としない、という方が、先に進むというストーリーが今作られています。

すなわち、この二つのルートで開発していきましょうというわけです。まさに、移動サービスにおける無人移動サービスの実現ということで、MaaS の考え方が大きく変化していくのだろうということになってきています。

このレベル4という、無人でドライバーがいなくてもよいという自動運転ですけれども、この地域限定とかルート限定とか、非常に制限を付ける。ＯＤＤといわれていますけれども、それを制限する。技術的な視点でも、人間とのインターフェースがいらなくなります。ドライバーがいると、どうしても、自動と手動の切替えとか、いろいろなところで問題が発生します。ですけれども、むしろ最初から無人であればそういうことが必要ないと。

さらに、乗用車はどこでも走ってしまう。それに対応するのはなかなか難しいので、地域に限れば、むしろインフラ協調ということもやりやすいのではないか、ということです。信号機から情報をもらう、あるいは、インフラのセンサーで検出した何らかの情報を通信でもらうなど、見えないところの情報を提供してもらうというようなことです。

それと社会的な課題から言っても、ドライバー不足、高齢ドライバー問題、あるいは公共交通の活性化、こういうものにこのツールが役に立ちます。そのため、制度設計を確立して社会的な利益があるということで、今、警察庁でもこのレベル4をいかに社会実装するかという検討会が進められています。

そういうことで、こういう自動化が進んでいくとどんなことが起きるかというのを端的に表した絵が二八頁下段の絵です。これは横軸に所有とシェア、縦軸に手動と自動を取っている絵なんですけれども、現状の自動車は、所有で手動ということです。

今までの自動車産業は、まさにモビリティサービスを考えていないときは、所有で自動化していこうというストーリーを描いていたわけです。

ところが、一方、MaaSという視点で、新しいオンデマンドオペレーター（いわゆるデマンド交通）が出てくると、人間が運転してもシェアモデルがうまくいくということを言いだしたわけです。これがUberとかのサービスです。

そうすると、今こちらのＩＴ産業の方が実はお金を持っていて、開発も早いのではないかということになってきたわけです。そうすると、最終的に将来は同じところに行き着く。そのときどっちのルートが早いんだということになってしまったわけです。

さらにちょっと前までは全然関心がなかったいわゆる公共交通系の人たち、いわゆるバス事業者、鉄道事業者、こういう人たちもここ数年、この問題に非常に関心を持たれています。

ということで、自動車産業、交通事業者、それと新規参入のＩＴ産業、これが一致団結してこの将来のモビリティを作っていくということが必要になってくるわけです。まさに、競争ではなく協創が重要で、エコシステムを作るということであり、そこに、我々学の役割があるのではないかと思っています。

もう一つ大きな役割を担うのが地方自治体です。まさに、地域社会における次世代のモビリティをどうやって作るのか、この地域の様々な課題をこういうMaaSや自動運転の技術を使ってうまく解決していくということが今、求められています。そういうことですので、今、全国いろいろなところでMaaSと自動運転、あるいはそれを組み合わせたいろいろな実証実験が行われているというわけです。

今までどちらかというと自動運転の話をしてきましたけれども、このMaaSというのはどういうコンセプトかというと、これは簡単な絵で表しています。今まで、いわゆるいろいろな交通手段があります。鉄道、バス、場合によってはマイカー、レンタカー、タクシー、これらは全て独立した仕組みです。いろいろな意味で独立ですので、ユーザーにとってはどれを選択するかというのは、非常に迷うわけです。お金を優先するのか、時間を優先するのかなどで、いろいろな選択肢がある中でどうしたらよいのか、さらにカーシェアとか配車サービスみたいな新しいビジネスが出てくる。これではユーザーはますます混乱します。

例えばスマホのアプリ一つに、これを連携させて自分の目的、こういう移動のためにこうしたいんだということを入力しさえすれば、最適なものを選んでくれるというようなことができれば非常に便利になります。というわけで、個人の移動の最適化ができる。一方、さらに社会としての最適化ができることが望ましい。交通事業者についても最適化できるのではないか、そういうような期待がある。これがMaaSです。

ただ、MaaSについても自動運転と同様にレベルがあり、今よく言われているのが、レベル1から4までです。1というのは、情報の統合です。これは既にほとんど実用化していて、いわゆる検索アプリです。どれがいいのかというのは、実は選択ができるようになってきました。

レベル2ということで、今予約とか支払、ここら辺もいわゆる電子決済でできるようになってきました。今注目されているのが、レベル3のサービスで、運賃での統合化ということです。これをいち早くやりましたということで、フィンランドが名乗り上げて有名になったのが、このMaaSです。サブスクリプションという定額運賃制というのが一躍有名になりました。

今求められているのは、次のレベル4で、都市計画、国土計画にあわせて、このモビリティをどう作っていくかということになっていると思います。特にこのコロナ対策ということについては、まさにレベル4で考える必要があると思っています。

MaaSで重要なのは何かというとデータの連携です。利用者の行動とか、運行データ、運賃データ、いろいろなものが連携しないと、有効活用できない。

ただ、ここに一番日本的な課題があります。このデータ連携、皆、自分は相手のデータをもらいたいけれど、自分のデータは出したくないと、そういうことがよくあると思います。

あと、公共交通と言いながら、実は日本の場合は公共事業ではありません。そういうことですので、フィンランドとは違う。いかに事業性を作らなければいけないかということです。交通は手段ですので、目的との連携、そういうことでビジネスモデルを作っていったらいいのではないかということが重要になってくると思っています。

我々こういう大きな視点に立って、例えば柏市という、先ほど私の実験所があるところですね、そこで検討するということで、二〇一〇年からこの柏ＩＴＳ推進協議会というものを作っていまして、様々な検討をしています。

先ほどのMaaSのレベル1という段階は、実はこのまさに二〇一三年ぐらいですか、そのぐらいのときにもう既にモデルを作って、公共交通アプリというものを提案しています。

その後、柏スマートシティコンソーシアムとして、国土交通省の事業にも採択されて、自動運転バスというものも今運行しています。これは二〇一九年の一一月一日から、最寄り駅から大学のキャンパスまで、二・六㎞を自動で走るということで、既に一年半以上、そろそろ二年になるという運行を毎日やっています。

信号連携も計画しています。時刻表にも載せて、毎日三本、そのほか試乗便ということで一日四本、自動運転をやっています。自動運転バスの実際の運行は東武バスイースト株式会社にお願いしていて、緑ナンバーを取得して運行しています。

今年からはバスを入れ替え、新しいバスで、より一層安定輸送をしている状況です。バスの定員が増えたので、非常に好評をいただいています。

この自動運転バスの実証実験ですけれども、実現するために一番苦労しているのは、技術だけではなくて、このエコシステムを作るということです。多くの関係企業、団体の協力があってはじめて実現できました。

エコシステムをどうやって作っていくかということについて、より進んだ研究をしていきたいと思っています。柏市以外のところでもいろいろな実証実験をしています。フランスから輸入した自動運転バスを使い、上士幌町では、ふるさと納税を活用しようということで、ふるさとチョイス号といっています。二〇一八年に走り出しはじめました。ふるさと納税を活用することを実践したのが、茨城県の境町です。ふるさと納税で集めた資金を投入して、自動運転バスを、毎日走らせているということが実際動きだしている。

あと重要な視点は、物流です。人の移動ではなく、物流についても自動運転というのは非常に役に立ちます。もともと、実は私が自動運転に関わるようになったのは、この二〇〇八年からの大型トラックの隊列走行のプロジェクトでして、当時は、技術は出来ても、なかなか仕組みができないということで、実用化しなかったのですが、物流のメリットというのは非常に大きなものがあり、社会的なニーズとしてトラックのドライバー不足と、省エネがあり、技術的な観点からいくと後続車両だけ無人にするという隊列走行とする、そういうエコシステムができるのではないかということで進められています。実は今年の二月二二日には、新東名高速道路で後続車両が無人で走るという実証実験が実現しました。

官民ＩＴＳロードマップは、二〇二〇年に達成したので、次どうするのかということですが、近々二〇二一年版が出ますが、二〇二〇年版では向こう五年間の計画が今練られています。直近では二〇二二年までに限定地域の遠隔監視のみの無人移動サービスを実現しようという形になっています。

ただ、自律システムだけでは難しいということで、インフラ協調をどうやって作っていくか、ここが今大きな課題になっています。

さらにMaaSという観点からいくと、自動車と公共交通だけでなく、パーソナルモビリティですね、自転車のように一人か二人乗りの新しい乗り物、そういうものが出てきています。こういうものをいかにうまく組み合わせるか。それと輸送力と需要をマッチングさせないといけない。こういうところが、今非常に求められています。

そういうことで、技術の問題については、ポストコロナを見据えた話、さらに社会経済インパクトまで考えています。

特にコロナに関しては、今後また未知なる病原体によるパンデミックが来るかもしれない。さらに最近、拡大する自然災害というのがあります。こういうものに対して、どう対処していくかということについては、このMaaSを使った新たな移動サービスの技術開発は非常に重要になってくる。物流と人の移動とをいかにうまくマッチしていくかというところ。公共交通の在り方を検討し直したほうがいいのではないか、こういうことを課題として挙げているところです。

以上、雑駁な紹介になりましたけれど、MaaSと自動車自動運転、〝CASE〟によって新たなモビリティ社会がやってくる。そういうことに対して、MaaS に大きな期待がかかっているということをご紹介しました。ご清聴、どうもありがとうございました。

司会・山口　須田先生、ありがとうございました。非常にわくわくするようなお話でした。目的として、一つだけではなく、様々な移動は当然のことながら、環境や、物流などを一気に全部、これがうまくいけば解決するというようなことが目指されていることが分かりました。ただ、それだけにいろいろな法的な問題や、制度設計の問題といったものが関わってくるのだろうと思います。それだけに論点を一つに絞ってという形での議論ができない、様々なところに配慮していかなければいけないというような難しさがあるということは理解できたところです。

須田先生、どうもありがとうございました。

まとめ

- モビリティ・イノベーション
  - 自動運転を始めとする自動車産業におけるCASE
  - MaaSによる業界の融合
  - 連携の進展
- ポスト・コロナ社会のモビリティ
  - ライフスタイル・働き方の変化
  - 大規模災害・突発的な想定外事象対応
- 移動・輸送のコンセプトの変化
  - MaaSへの期待

COVID-19を踏まえた検討

- 社会の急激な変化にモビリティはどのように対処するべきか
  - 拡大する自然災害
  - 未知の病原体による感染症の蔓延
  - その他の可能性

Mobi　ITS Center THE UNIVERSITY OF TOKYO

ポストコロナに向けたモビリティ・ビジョン

提言

- 需要平準化に向けた取り組みとそれによって発生した余裕の活用
- 公共交通事業における公的主体の一層の関与
- 新たな移動サービスの技術開発・普及導入とMaaSによる統合型モビリティサービスの実現
- 物流の効率化，生産性向上に貢献する技術開発，制度設計
- 依然として存在する移動需要への対応

上記施策の中には，従来，実行したくてもできなかったものも少なくないが，感染症対策に端を発する社会の大規模変化は，こうした諸課題の解決を一気に進める好機である。

Mobi　ITS Center THE UNIVERSITY OF TOKYO

モビリティの未来は？
モードによる輸送力と課題

- 自動車
  - 1000人／時間　以下
    - 自動運転でも輸送量とエネルギーは課題

MaaSとし公共交通と連携

- 公共交通
  - 大量輸送が可能　　6000人／時間　以上も可能
  - LRT・バスでも2000人／時間
    - 建設費とオペレーション

長距離・高速　大量輸送は鉄道の役割

- パーソナルモビリティ
  - 自動車（面）と公共交通（線）を取り持つ
  - うまく使えば（場所とスピード）2000人／時間も可能
    - 新たなPMVの開発

短距離の地域のモビリティ

(輸送力はモード間の比較のため　単位交通路幅あたりに換算)

自動運転技術を用いたSustainable Mobility（仮称）フレームワーク

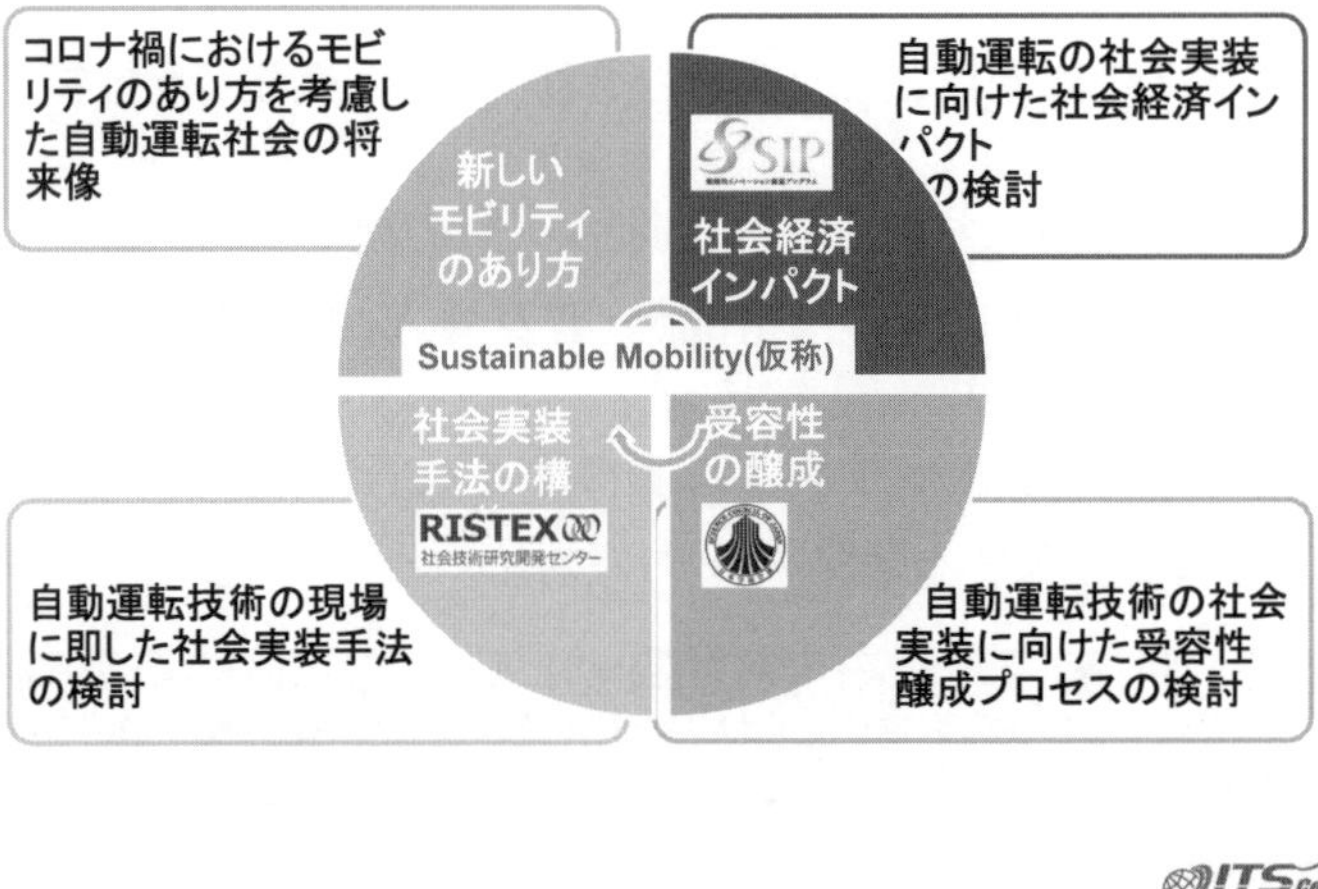

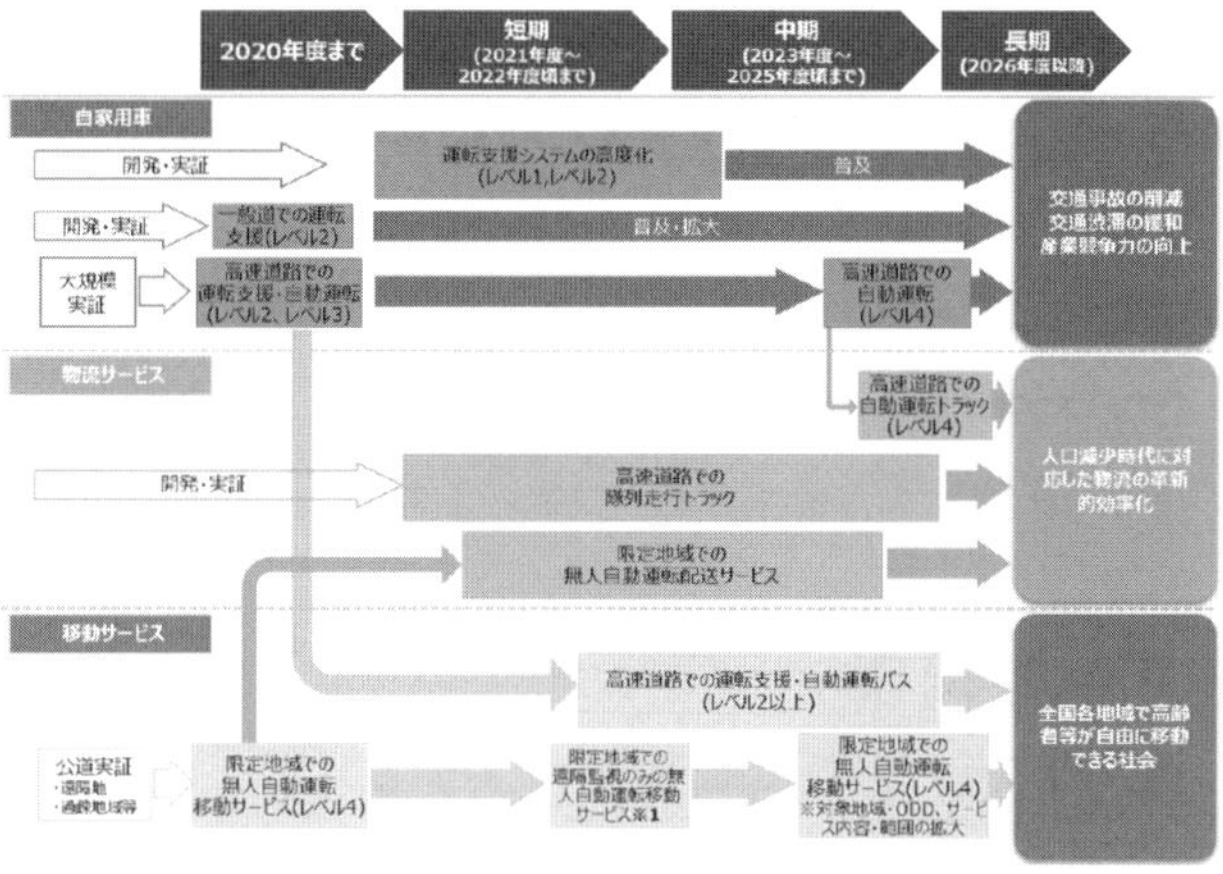

※1：無人自動運転移動サービスの実現時期は、実際の走行環境における天候や交通量の多寡など　様々な条件によって異なるものであり、実現に向けた環境整備については、今後の技術開発等を踏まえて、各省庁において適切な時期や在り方について検討し、実施する。

図 12：自動運転システムの市場化・サービス実現のシナリオ

内閣官房　官民ITS構想・ロードマップ2020

自律システム　と　インフラ等協調

	メリット	課題
自律システム	通信やインフラ投資がないので低コスト	すべての道路環境に適合させるには技術開発がさらに必要
インフラ等との協調システム	交通信号との連携、悪条件化での対応、他車両との協調などにより高性能化	インフラ整備は限定的にならざるを得ず、インフラの維持管理も重要

物流への適用のメリット

- 社会的ニーズ
  - トラックドライバーの不足
  - 省エネ
- 技術的な視点
  - 隊列走行・後続車両無人システム
- エコシステムの構築

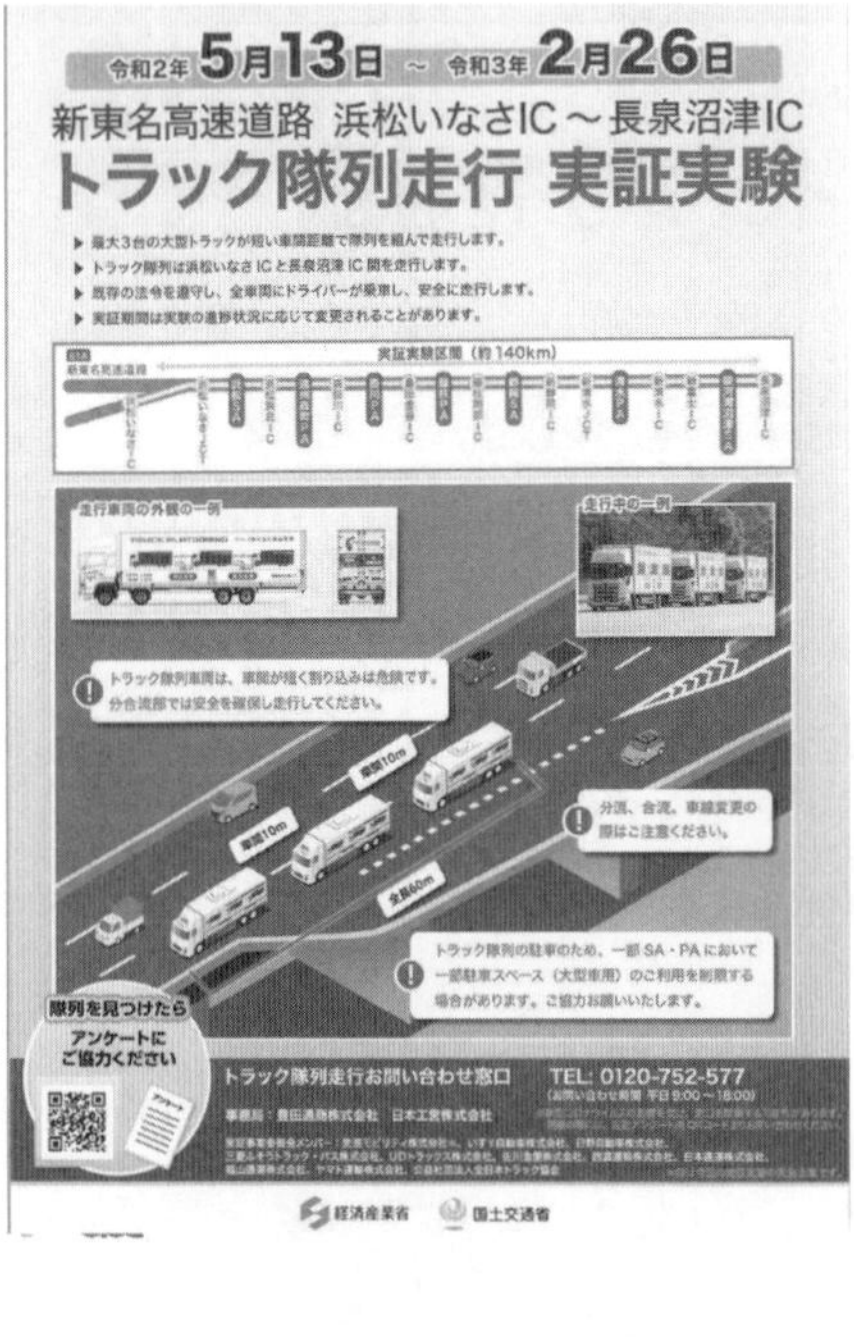

2021.2.22
新東名高速道路にて
後続車無人隊列走行実証

本線を時速80km車間9mで走行

本線から浜松SAに分流

茨城県境町にて実運用開始
2020.11.25 出発式

mobi　ITS Center THE UNIVERSITY OF TOKYO

大型トラックの自動運転・隊列走行
NEDOプロジェクト　2008-2013

車間距離　4m　4台　自動走行(80km/h)
テストコースでの実験(隊列　および　CACC)
未開業高速道路での実証実験
専用道での長期耐久試験（一部機能のみ）

NEDO（経済産業省）エネルギーITSプロジェクト
自動運転・隊列走行の開発（JARI・東大ほか）

mobi　ITS Center THE UNIVERSITY OF TOKYO

モビリティ・サービスにおけるビジネスエコシステム

エコシステム：本来は「生態系」の意味。経済やIT業界において、複数の企業や登場人物、モノが有機的に結びつき、循環しながら広く共存共栄していく仕組み

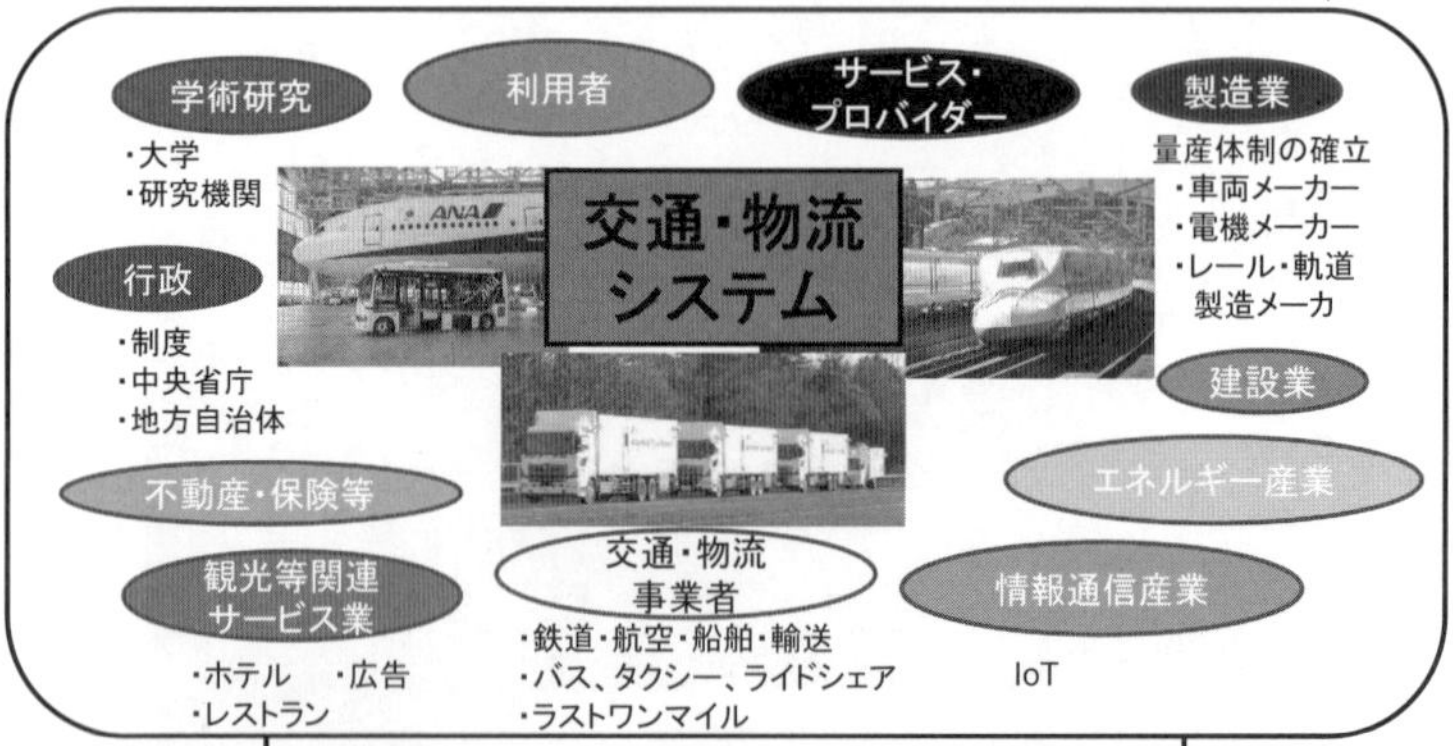

これらのすべてのパートナーがコミットできるような社会受容性を確保したエコシステム**が求められる**

2018.10.7　上士幌町　自動運転バス出発式

佐治SBドライブ社長　竹中上士幌町長　須永トラストバンク社長　上村取締役

新導入車両の概要

運行開始日	2021年1月18日
車両	いすゞ自動車「エルガミオ」をベースとした自動運転車両 ノンステップバス車両
自動運転レベル	レベル2（特定条件下での自動運転機能）
定員	28名 ※ただし，新型コロナウィルス感染症拡大防止のため当面の間，乗車定員を15名
乗車対象者	東京大学柏キャンパスの学生，教職員および，柏キャンパス来訪者 ※その他の希望者：試乗便にて対応 https://www.kashiwanoha-smartcity.com/tour/pc/

自動運転バスの実証実験参加団体

- 東京大学 モビリティ・イノベーション連携研究機構
- 東京大学 生産技術研究所
- 東京大学 大学院新領域創成科学研究科
- 柏市
- 先進モビリティ株式会社
- 東武バスイースト株式会社
- 三井不動産株式会社
- BOLDLY株式会社
- 柏の葉アーバンデザインセンター（UDCK）
- パシフィックコンサルタンツ株式会社
- 損害保険ジャパン株式会社
- 三菱オートリース株式会社
- 愛知製鋼株式会社

2020年5月1日現在

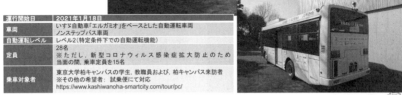

2019. 11. 1
柏キャンパス

新車両の導入 2021.1.18

自動運転バスを実現するシステム
（先進モビリティが日野リエッセを改造）

mobi　　ITS Center THE UNIVERSITY OF TOKYO

今回長期実証実験の概要

東武バスイーストのドライバーが担当

- 令和元年１１月１日から
  令和２年３月３１日まで
  1年５か月間の長期にわたる運行
- 平日１日あたり３往復の運行を予定
  - １２時から１４時の間運行
- 自動運転レベル２の自動運転

TSUKUBA EXPRESS
柏の葉キャンパス駅発

時	柏キャンパス（基盤棟前･環境棟前）					
8	00	10	20	30	40	50
9	00	10	20	30	40	50
10		10	20	30	40	
11					40	
12				35※	40	
13			25※		40	
14		15※			40	
15					40	
16					40	
17	00	10	20	30	40	50
18	00	10	20	30		50
19	00	10	20	30	40	50

東京大学
柏キャンパス発（環境棟前）

時	柏の葉キャンパス駅西口						
8		10	20	30	40	50	
9	00	10	20	30	40		
10	00	10	20	30		50	
11						50	
12						50	
13	05※					50	55※
14				35※		50	
15						50	
16						50	
17	00	10	20	30	40	50	
18	00	10	20		40	50	
19	00	10	20	30	40	50	

そのほか試乗便運行

mobi　　ITS Center THE UNIVERSITY OF TOKYO

柏の葉スマートシティコンソーシアム
国土交通省スマートシティモデル事業

◆対象区域　◆新技術・データを活用した都市・地域の課題解決の取組

つくばエクスプレス柏の葉キャンパス駅を中心とする半径2km圏
東京大学柏キャンパス
国立がん研究センター東病院
こんぶくろ池自然博物公園
アクアテラス／T-SITE
県立柏の葉公園
柏の葉キャンパス駅
2km圏
東京大学柏Ⅱキャンパス
千葉大学柏の葉キャンパス
ららぽーと柏の葉
柏北部中央地区一体型特定土地区画整理事業区域
柏通信所跡地土地区画整理事業区域
AEMSの進化
・域内施設のエネルギー関連データプラットフォーム構築
・データ活用予測による電力融通効率化
AEMS管理画面
街区間電力融通(効率化)
＜エネルギー＞
拠点施設間のアクセス
・自動運転による事業用自動車(緑ナンバー)の実証運行
・駅周辺交通の可視化・モニタリング
地域内交通ネットワークイメージ
＜モビリティ＞
公共空間の整備・管理
・人流解析・環境センシングに基づく開発計画、空間デザイン
・AI解析による道路等の予防保全型維持管理
駅周辺のカメラ・センサー設置予定箇所
＜パブリックスペース＞
健康支援
・健康拠点でのデータ収集、健康サービス提供
・医療機関における人流データを活用した患者の待ち時間軽減
データ連携による健康管理イメージ
＜ウェルネス＞
データプラットフォーム

- 令和元年5月31日 「先行モデルプロジェクト」※に選定
  ※事業の熟度が高く、全国の牽引役となる先駆的な取組を行うもの
- これまでの公民学のまちづくりに加え，AI/IoTなどの新技術の導入によりデータ駆動型の「駅を中心とするスマート・コンパクトシティ」の形成，MaaSの実現を目指す
- 今回の実証実験はこの活動の一つに位置づけ

mobi　ITS Center THE UNIVERSITY OF TOKYO

KASHIWA ITS　東京大学 THE UNIVERSITY OF TOKYO

柏ITS推進協議会
東京大学

柏の葉キャンパス駅・東京大学 柏キャンパス間の公道で「自動運転バスの営業運行実証実験」を開始
～2019年11月1日に東京大学 柏キャンパスにて記者説明会、出発式を開催～

柏ITS推進協議会は、つくばエクスプレス柏の葉キャンパス駅から東京大学 柏キャンパス間の約2.6kmの一部区間において、自動運転バスによる営業運行実証実験を2019年11月1日（金）から2021年3月31日（火)までの1年5ヵ月間実施・延長予定

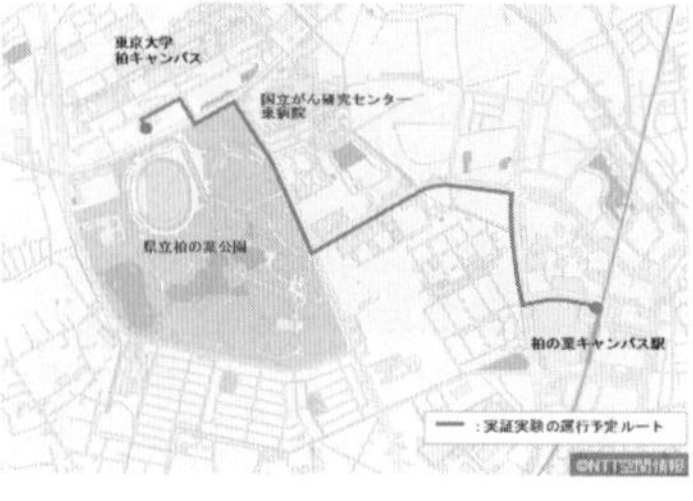

mobi　ITS Center THE UNIVERSITY OF TOKYO

日本版MaaSで考慮する事柄

- 公共交通は公共事業ではない
- 交通は手段。目的との連携
- ビジネスモデル
- データ連携
- モードの特徴・輸送量の考慮

柏ITS推進協議会（2010年2月設立総会～）

(1) 設立目的

■ ITS(Intellgent Transport Systems:高度道路交通システム)を活用し，柏の葉地域において，「低炭素型交通都市」・「次世代型環境都市」を実現するための各種研究開発の推進，及びそれらの事業化・実用化に資する活動を行うことを目的とする。

(2) 事業内容

■ 事業内容は主に以下の4項目
①ITSの推進に係る調査・研究開発の推進
②ITSの事業化に関する各種取組みの支援
③ITSの推進に係る情報発信及び広報活動
④その他，ITS事業の目的を達成するために必要な活動

柏の葉PMV実験
（秋山市長）

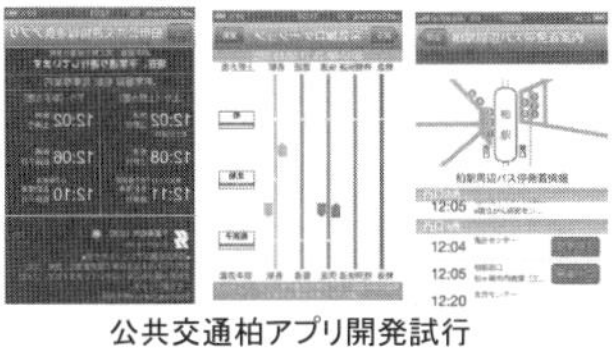

公共交通柏アプリ開発試行

柏駅前デジタルサイネージ実証実験

MaaS レベル

レベル4	モビリティ社会・政策	（都市計画・国土計画）
レベル3	サービス・定額運賃体系	whim
レベル2	予約・支払いの統合	スイカなど
レベル1	情報の統合	ルート検索ソフト Google 柏アプリ
レベル0	統合なし	従来の公共交通

MaaSにおけるデータ連携

- 利用者の行動
  - オンデマンド交通
- 運行データ
- 運賃データ
- マーケティング・モビリティデザイン

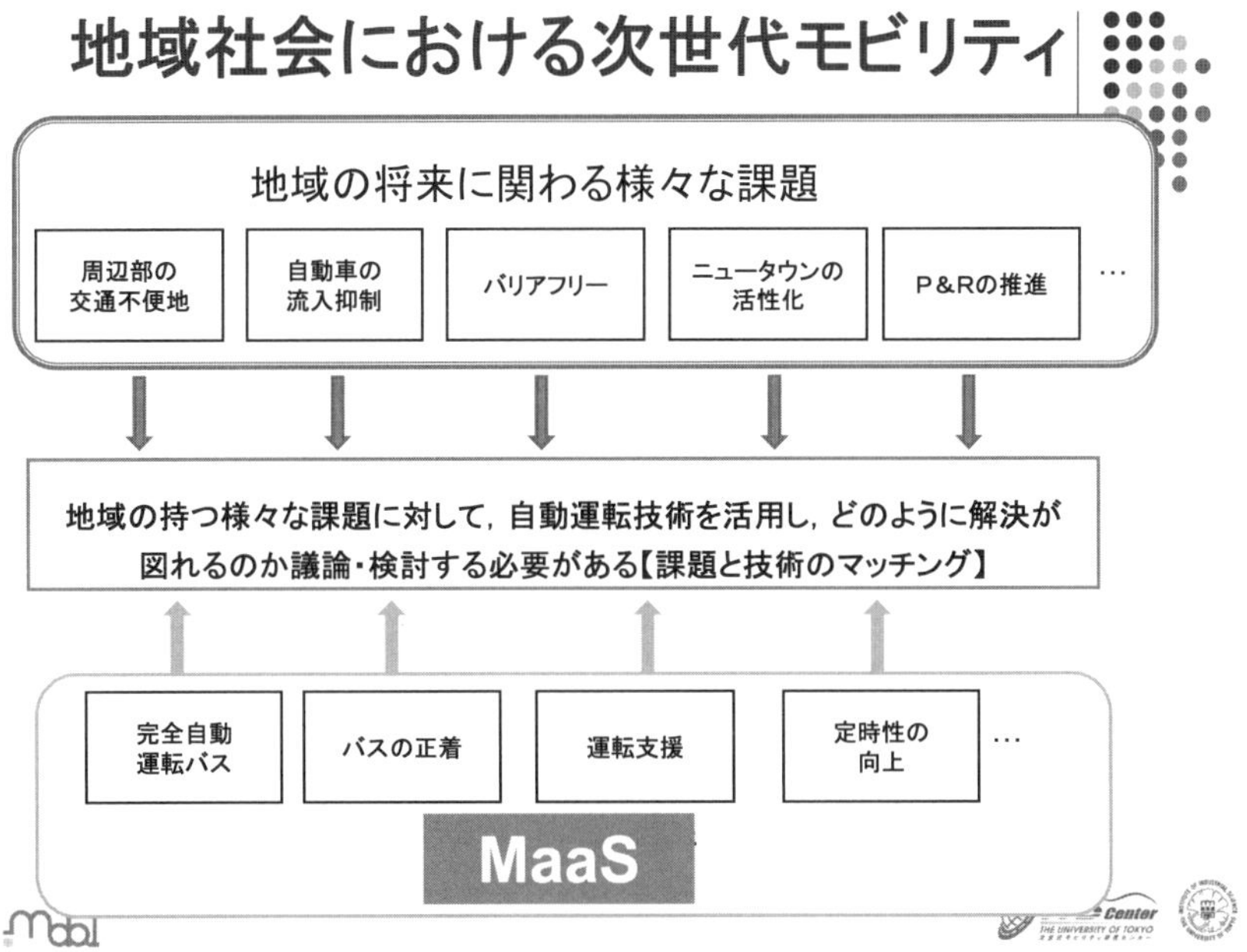
地域社会における次世代モビリティ
地域の将来に関わる様々な課題
周辺部の交通不便地
自動車の流入抑制
バリアフリー
ニュータウンの活性化
P&Rの推進
…
地域の持つ様々な課題に対して，自動運転技術を活用し，どのように解決が図れるのか議論・検討する必要がある【課題と技術のマッチング】
完全自動運転バス
バスの正着
運転支援
定時性の向上
…
MaaS
Center
THE UNIVERSITY OF TOKYO

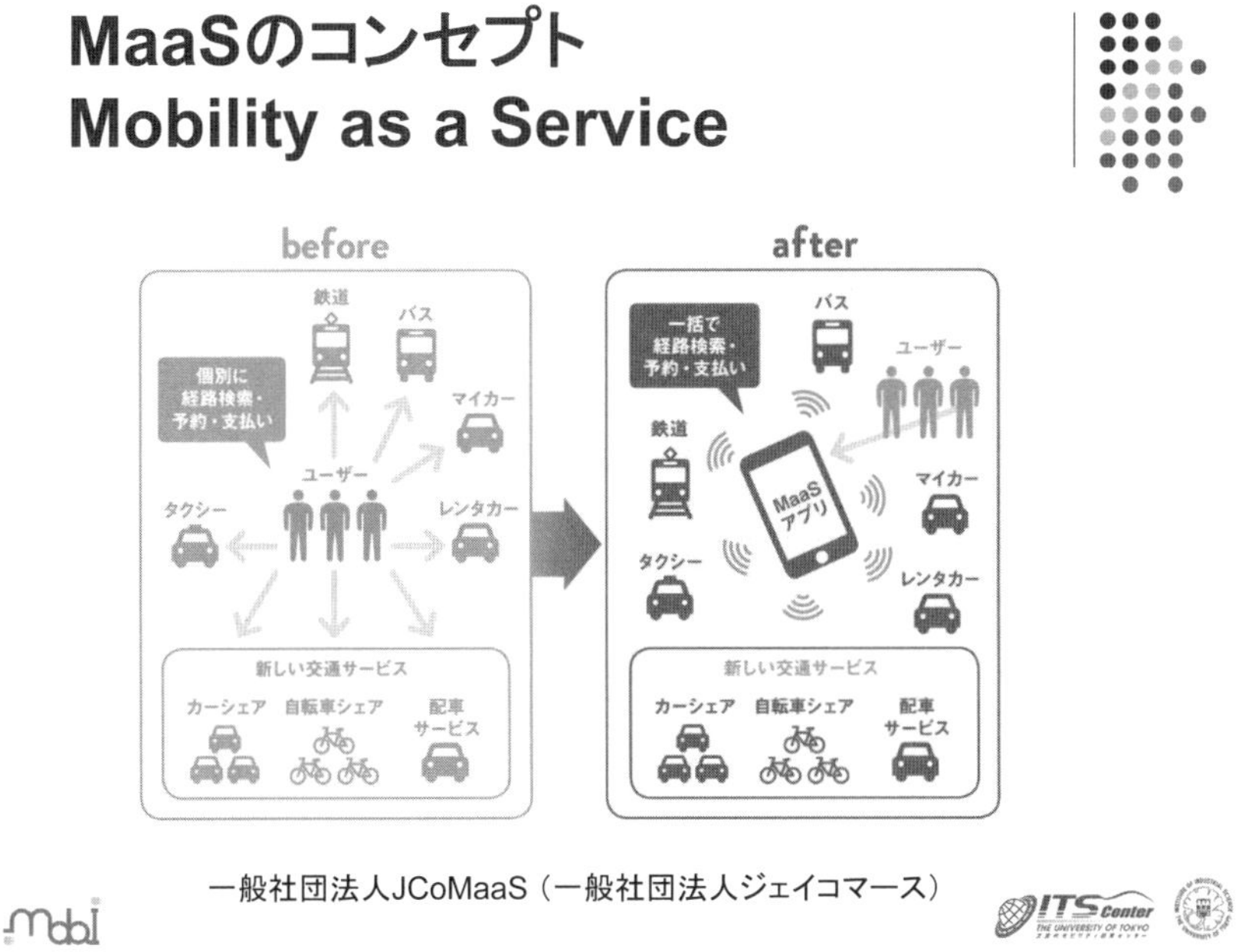
MaaSのコンセプト
Mobility as a Service
before
鉄道
バス
個別に経路検索・予約・支払い
マイカー
ユーザー
タクシー
レンタカー
新しい交通サービス
カーシェア
自転車シェア
配車サービス
after
一括で経路検索・予約・支払い
バス
ユーザー
鉄道
MaaSアプリ
マイカー
タクシー
レンタカー
新しい交通サービス
カーシェア
自転車シェア
配車サービス
一般社団法人JCoMaaS（一般社団法人ジェイコマース）
ITS Center
THE UNIVERSITY OF TOKYO

レベル4(相当)地域限定無人自動運転サービスの特徴

- 技術的な視点
  - L3の高度なHMIが不要
  - すべての交通環境に対応するL5は現時点では困難
  - 地域限定のため、インフラ協調がやりやすい
- 社会課題解決の視点
  - ドライバー不足: 社会の維持
  - 過疎地の高齢ドライバー問題: 安全性の向上
  - MaaS 公共交通の活性化: 環境性等の向上
- 制度設計を確立して実現させるのが社会的利益

モビリティ・オペレーションの変革

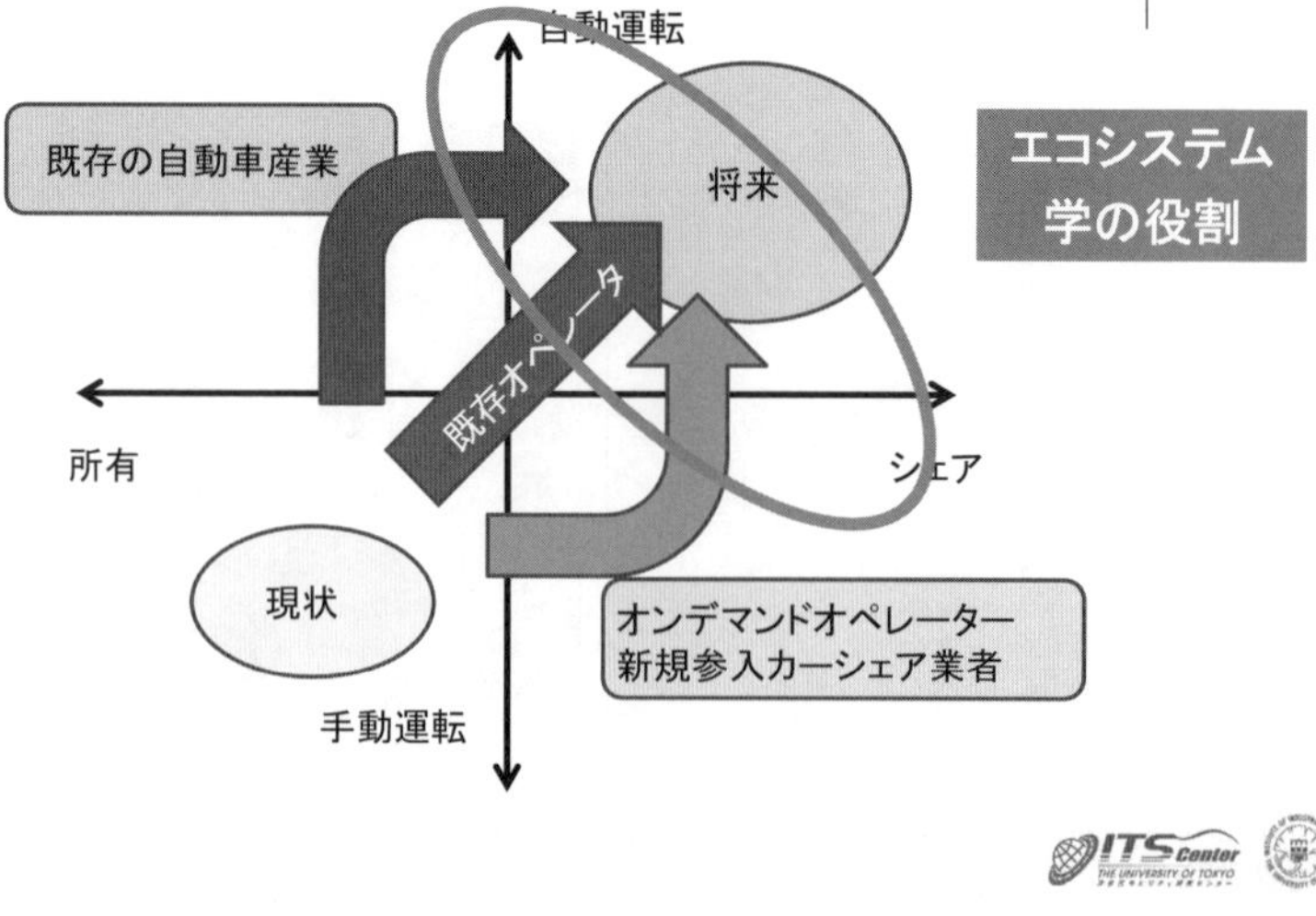

2021年3月5日
『Honda SENSING Elite（ホンダセンシングエリート）』搭載レジェンド発売

究極の自動運転社会実現へのシナリオ
SIP第2期自動運転（システムとサービスの拡張）

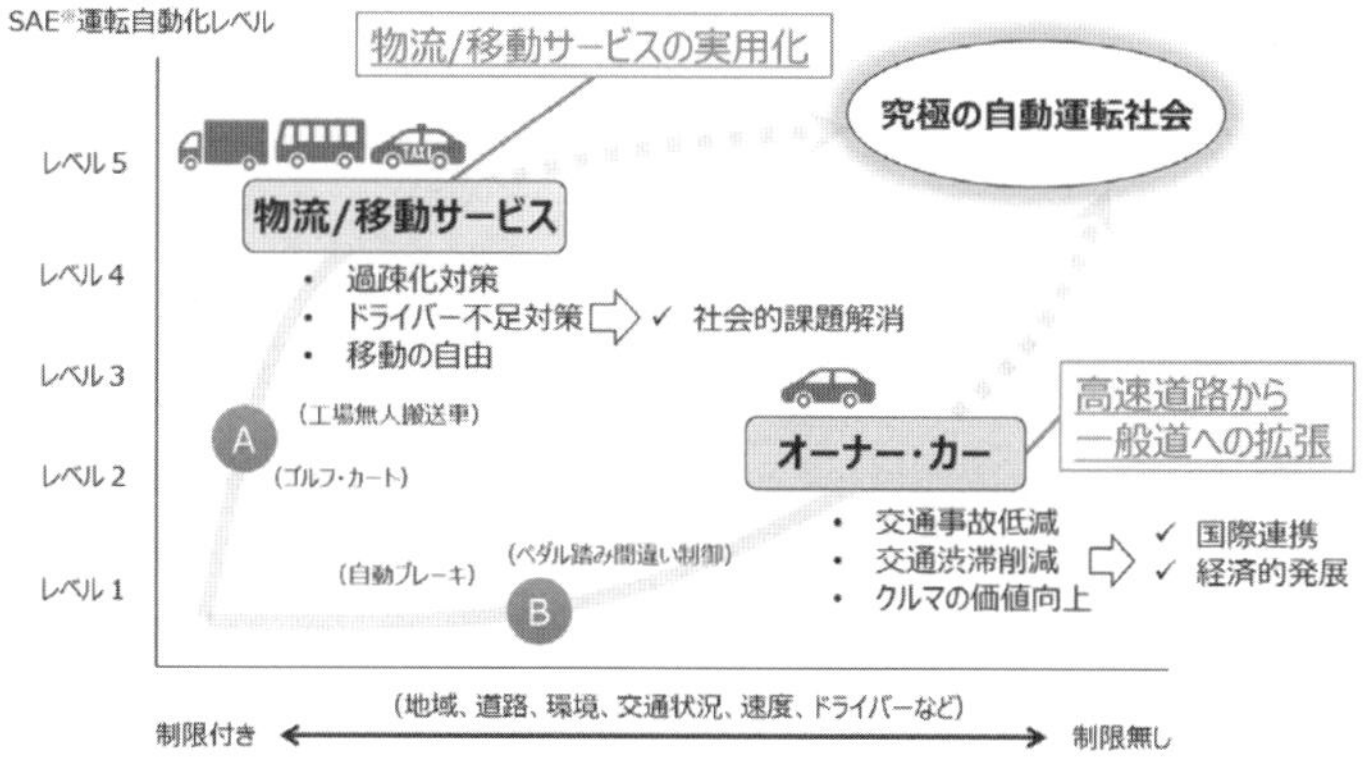

※SAE（Society of Automotive Engineers）：米国の標準化団体

自動運転を取り巻く政府の取組の進展
2015年から2020年にかけて急激な進展

- 内閣官房　IT総合戦略室
  官民ITS構想・ロードマップ 2015 年より毎年改定
  - 2020年までの高速道路での自動走行及び限定地域での無人自動走行サービスの実現に向けて
  - 制度整備大綱制定 2018
- 内閣府
  - SIP 自動走行システム　2013-2019
  - SIP 自動運転（システムとサービスの実用化）2018-
- 経済産業省・国土交通省（自動車局） 自動走行ビジネス検討会 2015-
  - 研究開発から実用化ビジネス
- 警察庁 自動走行の制度的課題等に関する調査検討委員会など 2015-
  - レベル3．4の公道実証実験ガイドラインの制定
  - 遠隔監視・操作による無人自動走行サービス実証実験ガイドライン
  - レベル3に向けた道路交通法改正（2019）・施行（2020）
- 国土交通省（自動車局） ASV6期 2016-
  - 技術基準等 道路運送車両法の改正（L3,L4） （2019）・施行（2020）
- 国交省 自動運転戦略本部 2016-
  - 道の駅・オールドニュータウンを拠点とする自動運転サービス実証

レベル3　自動運転車の実用化
Traffic Jam Pilot

国土交通省
Ministry of Land, Infrastructure, Transport and Tourism

令和2年11月11日
自動車局審査・リコール課

世界初！ 自動運転車（レベル3）の型式指定を行いました

国土交通省は、本田技研工業株式会社から申請のあった車両（通称名：レジェンド）に対し、自動運行装置を備えた車両としては世界初の型式指定を行いました。

ODD:　高速道路　低速・渋滞時　前車追従

運転自動化レベルの定義の概要

レベル	概要	操縦※の主体
運転者が一部又は全ての動的運転タスクを実行		
レベル0 運転自動化なし	• 運転者が全ての動的運転タスクを実行	運転者
レベル1 運転支援	• システムが縦方向又は横方向のいずれかの車両運動制御のサブタスクを限定領域において実行	運転者
レベル2 部分運転自動化	• システムが縦方向及び横方向両方の車両運動制御のサブタスクを限定領域において実行	運転者
自動運転システムが（作動時は）全ての動的運転タスクを実行		
レベル3 条件付運転自動化	• システムが全ての動的運転タスクを限定領域において実行 • 作動継続が困難な場合は、システムの介入要求等に適切に応答	システム (作動継続が困難な場合は運転者)
レベル4 高度運転自動化	• システムが全ての動的運転タスク及び作動継続が困難な場合への応答を限定領域において実行	システム
レベル5 完全運転自動化	• システムが全ての動的運転タスク及び作動継続が困難な場合への応答を無制限に（すなわち、限定領域内ではない）実行	システム

人間の運転
安全運転支援

自動運転

原典：官民ITS構想・ロードマップ2019 報告書
高度情報通信ネットワーク社会推進戦略本部・官民データ活用推進戦略会議

自動運転の目的
～自動運転が目的ではなく手段

- 安全性の向上
- ドライバーの負荷を低減して快適性を向上
- 省エネ運転が容易となり燃費向上
- 交通容量の増加が実現すれば渋滞緩和
- 環境低負荷
- 高齢者をはじめとする交通弱者にとっても運転の自動化
- 交通体系進化による社会の生産性向上に貢献
- モビリティ社会を大きく変革

道路交通における自動運転

- 実装化への課題
  - 技術開発
    - センサー
    - AI アルゴリズム
    - 安全性・信頼性向上
    - コストダウン
  - 制度整備・政策検討
  - 社会受容性の醸成

- エコシステムの確立が重要

運転の進化

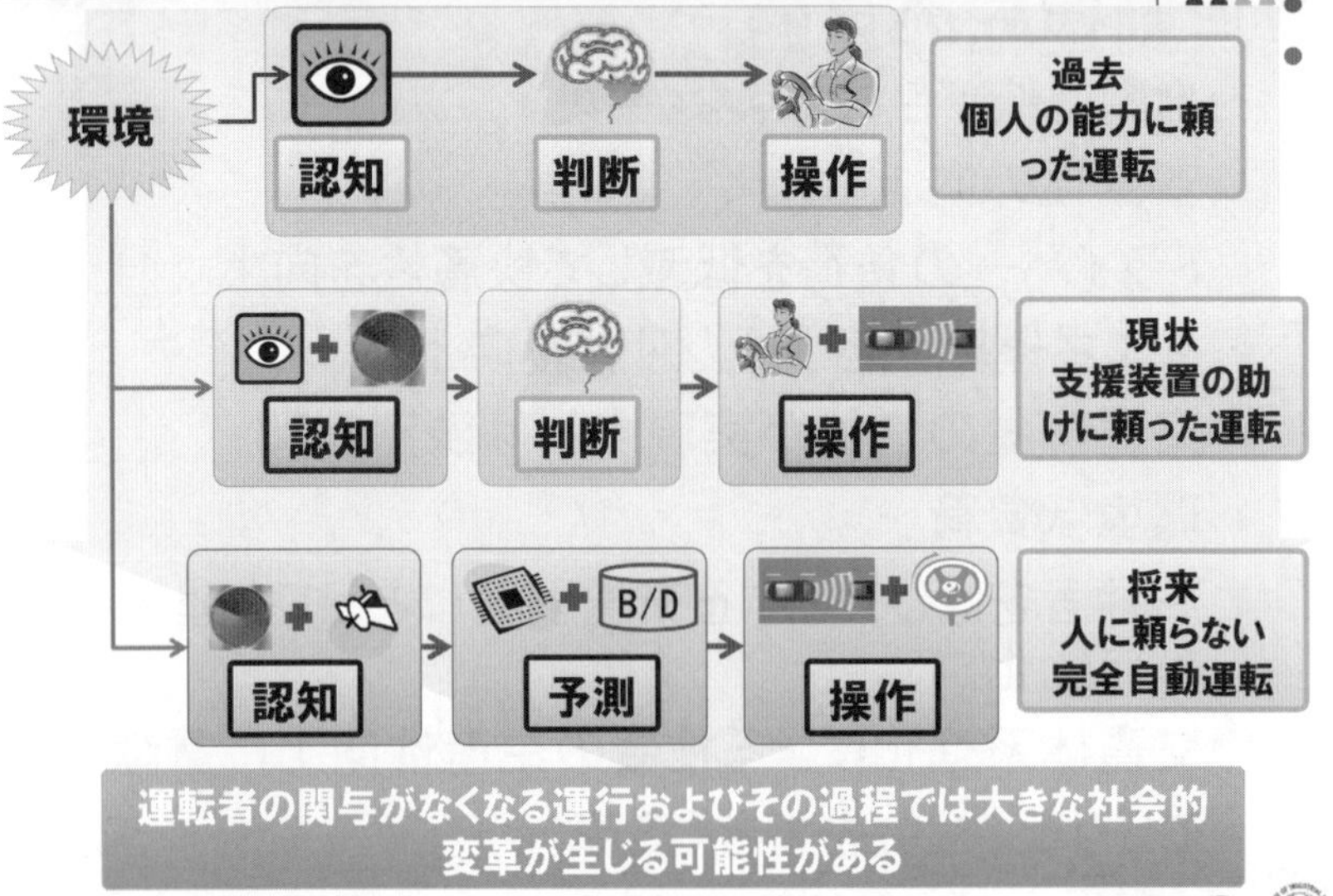

運転者の関与がなくなる運行およびその過程では大きな社会的変革が生じる可能性がある

出典：公益財団法人　自動車製造物責任相談センター

2020.3 コロナ禍までに起きたこと

- CASE
  - C: Connected
  - A: Autonormous
  - S: Share and Serivce
  - E: Electric
- MaaS
  - 国プロ＋交通関連事業＋異業種連携
- 連携の進展
  - SIP 産学官民連携 大学連携

Mobi　ITS Center THE UNIVERSITY OF TOKYO

CASE と MaaS

- 自動車産業と CASE
  - Connected　繋がるクルマ
  - Autonomous　自動運転
  - Share & Service　シェア・サービス
  - Electric　電動化
- 交通システム モビリティ・サービス
  - Mobility as a Service　公共交通とのマージ

自動運転 AI IoT ビッグデータ Society 5.0 SDGs

モビリティ革命がはじまった

Mobi　ITS Center THE UNIVERSITY OF TOKYO

柏キャンパス　実験フィールド

自動運転と踏切連携検討へ

柏キャンパスに導入した大型トラック　ドライビングシミュレータ

モビリティ・イノベーション　連携研究体制の構築

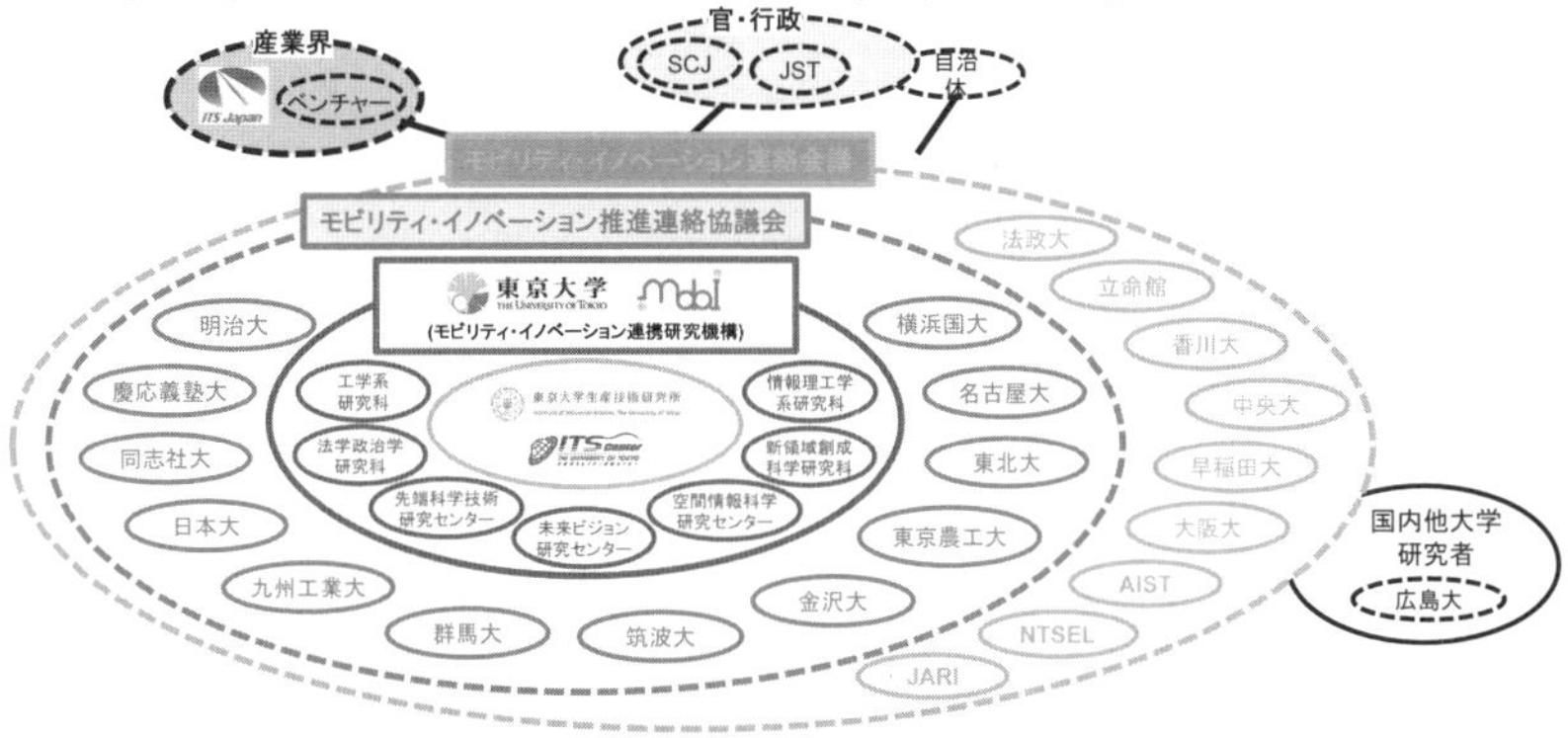

東京大学生産技術研究所　柏キャンパス 大規模実験高度解析推進基盤 (LEAP:旧千葉実験所）ITS R&R 実験フィールド

産官学連携の実践の場：
次世代モビリティ研究センター
＋ 自動車産業・鉄道産業・交通事業者・道路事業者等との共同研究

次世代モビリティ研究センター（ITSセンター

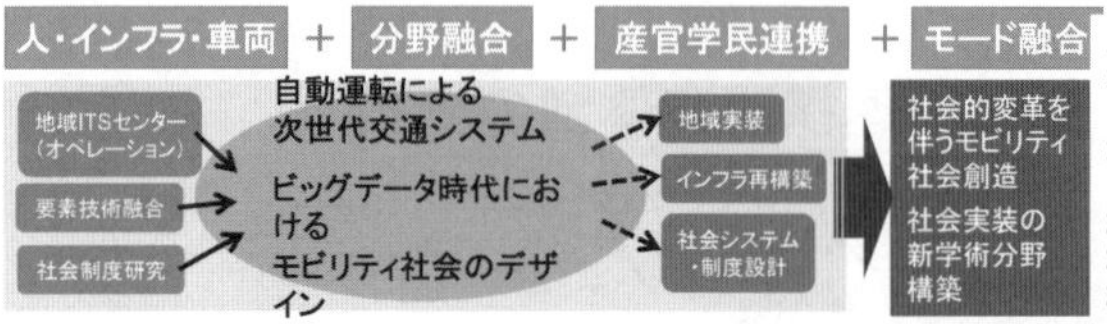

沿革
2003.4 産学官連携プロジェクト「サスティナブルITS」開始
2005.3 先進モビリティ連携研究センター
2009.4 先進モビリティ研究センター
2014.4 次世代モビリティ研究センター
2019.4 同上(所内センター)

ITSセンターは，安全・円滑・快適でサスティナブルなモビリティ・システムの実現へ向けて，ヒト・インフラ・車両のモビリティの三要素の連携，技術分野の融合，産学官民連携，およびモード融合を推進しています。

センター長：大口 敬（人間・社会系部門）
2019年4月には，生研の5つの全研究部門から，講師以上の参加メンバ7名，協力メンバ9名，客員教授2名を迎え，生研教員の緩やかな連携組織として新体制に移行すると共に，2018年7月に発足した「東京大学 モビリティ・イノベーション連携研究機構(UTmobI)」の中核を担っています。

mobI

mobI

東京大学モビリティ・イノベーション連携研究機構
(UTmobI)　2018.7.1発足　2019.7.1拡大

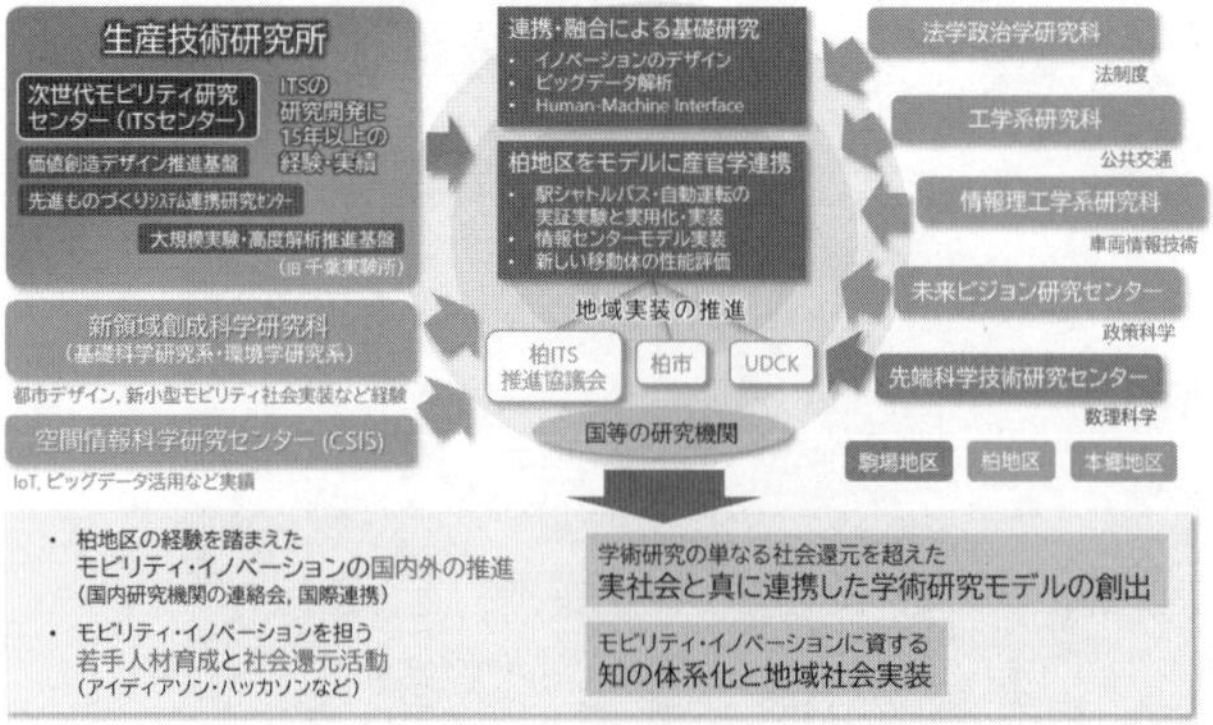

mobI

シンポジウム①（当日投影資料）

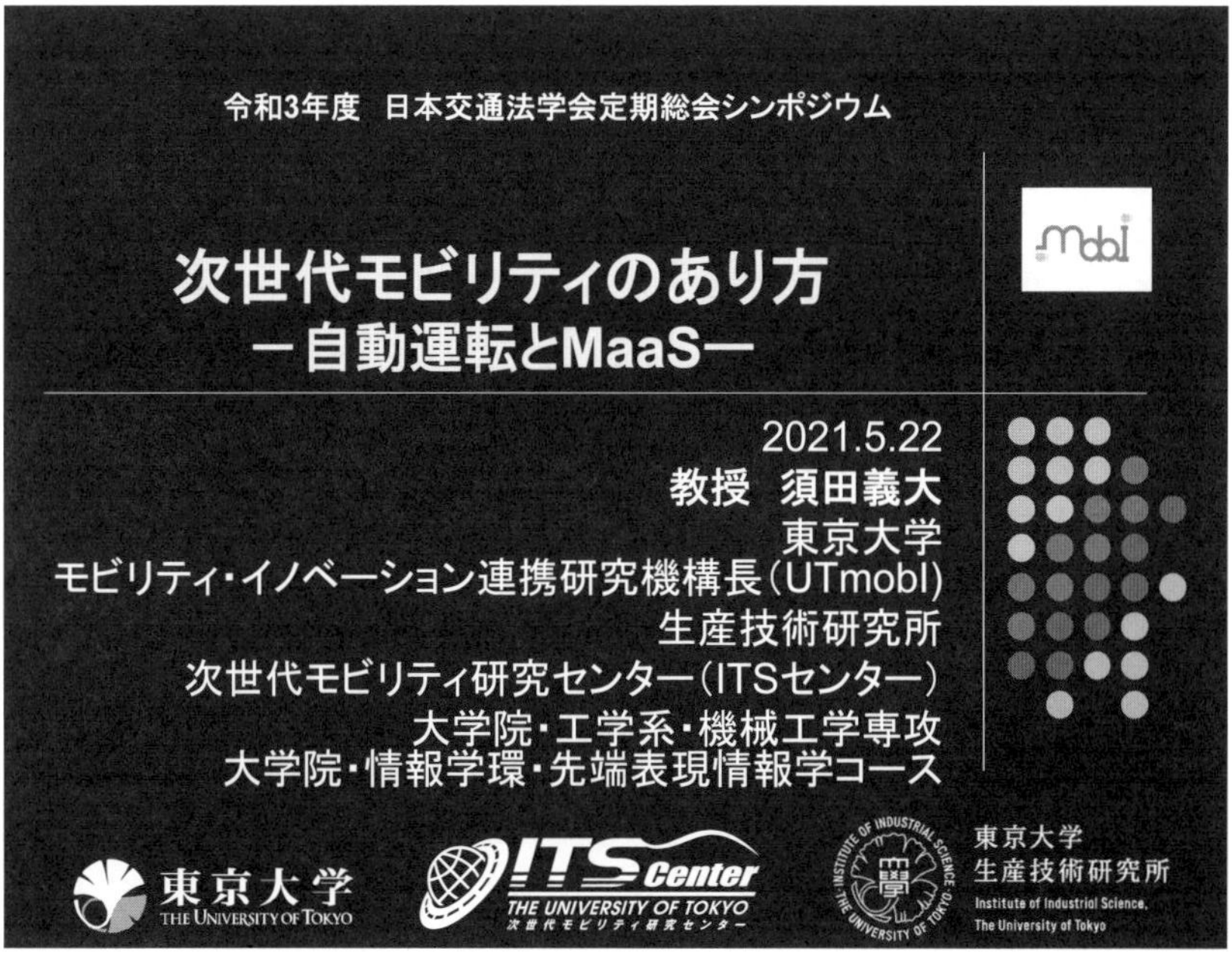

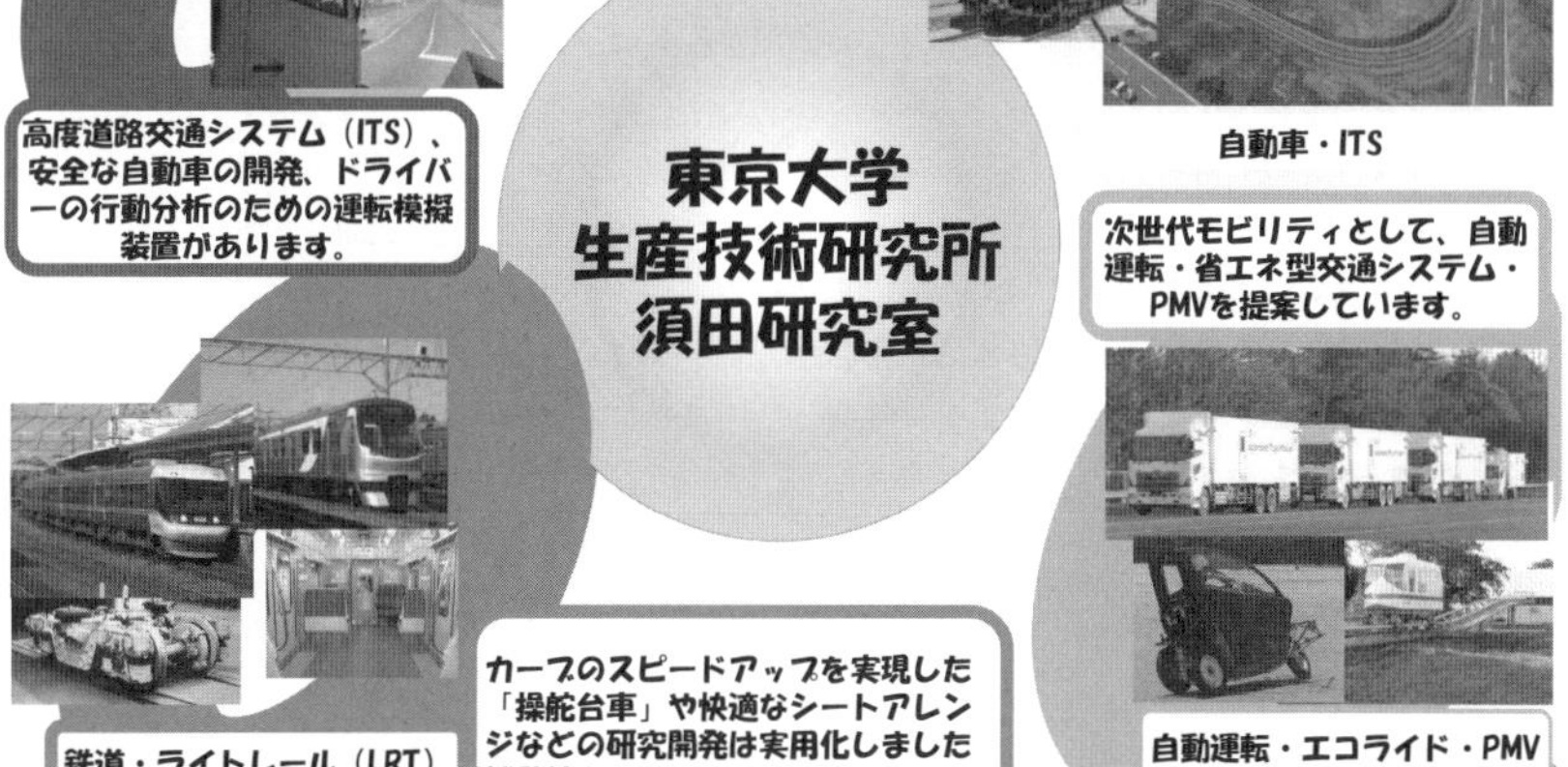

ルート限定などとして、ドライバレス運転をしようという自動運転バス、すなわち、地域限定のモビリティ・サービスへの自動運転の適用が実現性の高いものとして取り上げられている。

このようなルート限定の自動運転バスであれば、安全性・信頼性の向上のためにインフラ協調もやりやすい。すでに、複数の事業者が実現を目指した取り組みを開始しており、国家プロジェクトとしても取り上げられ、内閣官房の未来投資会議において、2020年までに、実装化が目標と定められている。この自動運転バスはファースト・アンド・ラストマイル自動走行サービスと呼ばれている。

3．シェアモビリティと MaaS（モビリティ・アズ・ア・サービス）

自動運転が進展すると、自動車の利用方法、使用方法が大幅に変っていくことが想定される。レベル4相当として、無人移動サービスが実現すると、その次のステップはその活動領域を拡大していくことになる。例えば、専用道路や過疎地のような交通量が少ない場所での実用化から始まると考えられるが、その営業エリアを拡大して中核都市、大都市への適用や、ODD としての限定条件の緩和である。これらの乗り物は、既存の自動車というよりか、自動運転という新たな乗り物である。このように、自動運転システムを活用したモビリティ・サービスが実現してくる。そのため、既存の公共交通（鉄道や一般バス路線、タクシー）との連携が重要になり、自動車を製造して販売するモデルから、車両をモビリティのサービスとして捉える考えが重要になる。モビリティ・アズ・ア・サービス（MaaS: Mobility as a Service）の考えである。

一方、乗用車の自動運転も、レベルの進化と ODD の拡大が想定される。縦軸に手動と自動をとり、横軸に所有とシェアをとると、既存の自動車は2通りのパスをもって、シェアリング車両による自動運転に変貌していくことが想定される。既存の自動車産業は車を販売し、オーナーカーの自動化を進めるが、レベル4、5と進化した暁には、所有する意味が減少し、カーシェアが主体となるとも想定される。カーシェアやオンデマンド交通など、IT によるビジネスモデルの革新を目指す新興グループは、シェアリングモデルを確立して、自動化が進展させる。さらに、現在の公共交通オペレータは、現状のシェアモデルの自動化を進めれば、最終的なゴールに最も早く到達できる可能性もある。

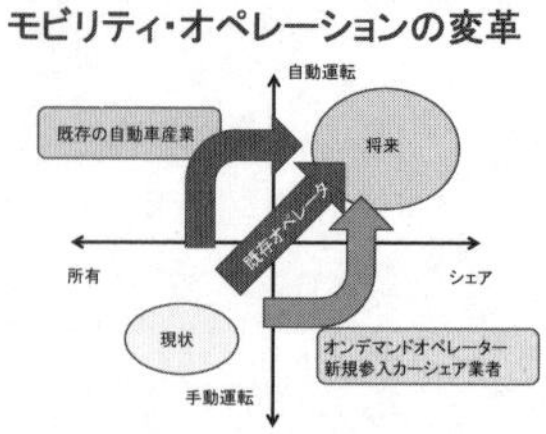

図　モビリティ・サービスの変化

4．おわりに

以上のように、自動運転の進化により、モビリティ・サービスが重要となり、ユーザー目線での議論や、社会ニーズ、地域のモビリティでの自動運転の役割の観点での議論が進展し、エコシステムが確立することが期待されている。それに伴い、個人の移動の最適化が図れるのみならず、事業者としての最適化を含めた、モビリティ社会全体の最適化が期待される。

技術開発のプレーヤーだけではなく、道路管理者、交通管理者、交通オペレータ、利用者、他の交通関係者を巻き込んだエコシステムを構築し、新たなモビリティ社会に向けた取り組みが急務である。監督官庁をはじめ、サービスを提供する側、サービスを受ける利用者においても、自動運転によるモビリティ・サービスがどうあるべきかの検討が重要な課題である。コロナ禍による社会の変化という新たな課題も踏まえて、モビリティ・イノベーションを実現するための変革を期待したい。

シンポジウム①

次世代モビリティのあり方（自動運転とMaaSなど）

須田義大

東京大学モビリティ・イノベーション連携研究機構長、生産技術研究所教授

1．はじめに

自動車の自動運転は、近年、次世代モビリティのツールとして社会実装が期待されるようになってきた。自動運転が社会から注目されるようになった背景は、技術の目覚ましい進展により、ビッグデータとIoTが注目され、その結果AIの進化があるが、それにもまして、社会が自動運転に大きな期待を寄せるようになったことによる。交通安全と環境性能のより一層の向上が求められ、近年わが国が抱えている高齢社会におけるモビリティの課題を解決するツールとして自動運転が位置付けられたのである。モビリティ社会を変革する有力な手段としての位置づけが明確になり、社会受容性の確保のための様々な取り組みが、産学官民において2015年以降、急速に進んできている。特に、自動運転をパーソナルカーではなく、モビリティ・サービスとして活用することが自動運転を早期に社会実装するための、社会への貢献が高い取り組みと考えられるようになってきた。これにともない、次世代のモビリティで注目を浴びているのがMaaS（Mobility as a Service）である。

2．自動運転の進展とエコシステム

自動運転の実用化に際しては、道路交通法や保険などの制度設計の課題や、運用事業者の視点、道路インフラや都市計画の視点、一般の自動車ユーザーからの視点など、様々な観点からの検討が重要であることが浮き彫りになった。すなわち、自動運転のエコシステムを構築し、社会受容性を確保することが、自動運転の社会実装には不可欠であるということである。

内閣官房による、「官民ITS構想・ロードマップ2017」では、2020年までに高度な自動運転（レベル3以上）の実現に向け、関連法制度整備の方針（大綱）を定めることがうたわている。2018年4月には、IT 本部において、「自動運転に係る制度整備大綱」が制定された。

制度整備大綱に従い、2019年には、レベル3および4に対応した道路運送車両法の、レベル3に対応した道路交通法の改正法案が成立し、2020年には施行された。

自動車の運転は、人間による認知・判断・操作という一連の作業を自動化することであり、その自動化の段階を 5 段階にレベル分けする SAE の J3016（2016 年 9 月）の定義が，現在，ほぼ国際標準となっている。当面は、限られた環境下において（ODD：Operational Design Domain 運行設計領域）自動化を実現される。レベル3では、なんらかの障害によって自動運転が継続できなくなったときは、ドライバーが運転を継続する義務を負う。すでに前述の通り、警察庁において、道路交通法の改正が行われ、安全運転の義務は運転者にあるとしながら、運転操作と運転操作に係る道路交通法の遵守の義務は自動運転システム負い、ドライバーに許容されるセカンダリーアクティビティも規定された。

一方、機械のミスを人間がカバーするというコンセプトであり、システムの監視を必要とするため、世界初のレベル 3 の乗用車が 2020 年度内には市販されるが、実際の運用に際してのドライバーの負担や課題がないか等、見守る必要がある。

そのため、いっそのこと、レベル4として人間が関わらないシステムの方がHMI（人間・機械系）の観点から理解しやすいことから、ODDを低速、

報告2　地方におけるモビリティ確保のための施策①

——地域公共交通活性化再生法等の改正——

中山泰宏
（国土交通省北陸信越運輸局次長）

司会・山口　続きまして、二人目の報告者である中山泰宏様をご紹介します。

中山様は、現在、国土交通省北陸信越運輸局の次長であられます。略歴としては、一九九七年に京都大学法学部を卒業され、同年運輸省に入省後、国土交通省の自動車交通局旅客課企画係長、関東運輸局自動車交通部旅客第一課長、自動車局保障制度参事官等を歴任され、その後現職を務めておられます。

今回は、国土交通省における地域公共交通活性化再生法等の改正について、ご報告いただきます。それでは中山様、どうぞよろしくお願いいします。

ただいまご紹介いただいた国土交通省北陸信越運輸局次長の中山です。本日は、どうぞよろしくお願いします。

今、略歴を山口先生の方からご紹介いただきましたが、前職が自動車局保障制度参事官ということで、もともとは日本交通法学会のいわゆる充て職理事という形で、理事を務めており、その立場で報告をするということになっていました。今年の四月一日付けで異動した結果、理事は退任いたしましたが、異動先の私の現職が北陸信越運輸局という、新潟にある交通関係、観光関係の出先機関で、新潟県、長野県、富山県、石川県の四県を所管しています。今回、本来は富山県高岡市で開催されるはずであったシンポジウムということもあり、引き続き、私の方から報告させていただくこととなりました。

これまでの経歴の中で、国土交通省の自動車交通局旅客課や関東運輸局自動車交通部旅客第一課というところで、自動車関係、特に道路運送法関係の業務に携わってきたことがあるのですが、いずれも平成一三年から一七年までの話で、今回のテーマになっている地域公共交通活性化再生法の制定や自家用有償旅客運送制度の創設よりも前の経験ですので、なかなか最近の動きについてキャッチアップできていないところもありますが、前理事、そして現在公共交通を担当する職員の一人として、今般の地域公共交通活性化再生法の改正等について、ご報告したいと思います。よろしくお願いします。

説明は、大きく三つに分けて、まず、今回の活性化再生法等の改正に至りました背景を紹介した上で、活性化再生法等の改正の内容をご説明し、活性化再生法等の改正と併せて独占禁止法特例法というものが新たに制定されていますので、密接に関連する内容として、ご報告をするという形で進めたいと思います。

まず、地域公共交通を取り巻く現状ということで、今回の法律の改正の背景をご説明します。二頁のスライドです。ここには高齢者の不安とありますが、その前提としては、少子高齢化等による人口減少に伴って、公共交通機関の利用がどんどん減ってきているということがあります。スライドにはありませんが、例えば乗合バスで言うと、輸送人員が直近二〇年間で、全国で一割減少、特に、三大都市圏以外で見ると、二五％～二六％の減少になっています。

乗合バスの廃止キロについても、平成二〇年以降で言うと一万三、〇〇〇キロ以上に及び、乗合バスが非常に厳しい状況に置かれているということが分かります。

それに加え、直近の状況は、高齢者の免許返納が近年非常に増えてきていて、二頁の左のグラフを見ると、平成二一年から平成三〇年の一〇年間で、件数が八倍以上増えていますし、これを七五歳以上で見ると一〇倍と、非常に免許返納が増えてきています。自分で車を運転することができませんので、誰かに送ってもらうか、公共交通を使うことになるわけですが、先ほど申し上げたとおり、公共交通がかなり衰退をしているという現状もありますので、自動車が運転できないと生活ができないという不安を覚える方々も非常に多いということが二頁の右のグラフでして、これが年齢層が上がるほど、その割合が高くなっているという現状があります。

三頁のスライドです。これもよく言われることですが、全国の七割のバス事業者において一般路線バス事業の収支が赤字ということで、一般的には高速バスや、あと兼業している場合であれば貸切バスの収益が比較的よいということで、その収益を内部補塡という形で路線バスの方に回して、何とか事業者全体で回しているというのが、今までの現状だったわけですが、このコロナ禍におきましては、そういった原則も大きく崩れつつあるということで、今非常に厳しい状況にあります。

それと自動車における運転手の人手不足ということが非常に顕著に出てきていて、有効求人倍率が、全職種の平均で見ても一・四五と不足しているのに対して、自動車運転では実に三・一〇と、慢性的に深刻な人手不足を抱えているという状況があります。

四頁のスライドは、市町村単位で見たときに乗合バス事業者はどのぐらいの数があるのかというのを示したものですが、実は全国一、七〇〇余ある市町村の中で、四割以上の市町村において、複数の乗合バス事業者が存在しているという現実があります。

グラフを見ていただくと、乗合バス事業者がもともといないか、撤退してしまっていないという形でゼロ社というのが一一％、一社で運行しているというのが四五％あるわけですが、二社以上あるというところも四割以上あるというような現状でして、もちろんその市町村の中でもエリアごとにある程度すみ分けられているというようなところもあるわけですが、次の五頁のスライドを見ると、先ほどの四割と申し上げた二事業者以上が存在する市町村において、競合路線がある市町村は、六割ほどあるということで、乗合バス事業が非常に厳しいという状況の中でも、効率があまりよくないという現状もあります。今般の地域公共交通活性化再生法等の改正や、独占禁止法特例法の制定は、こういった最近の状況を踏まえて行われました。

それでは、具体的な活性化再生法の制度と運用ということで、今回の改正の概要を中心にご説明します。

七頁のスライドです。今までの公共交通に関する政策ですが、規制緩和を徐々に進めてきていて、乗合バスに関しては、平成一四年二月にいわゆる需給調整規制の廃止を行い、さらに平成一八年一〇月には、自家用有償旅客運送の登録制度が創設されました。

それから、活性化再生法を中心とした地域公共交通活性化のための制度が、活性化再生法そのものは平成一九年に制定され、この後平成二六年に改正されて、さらに令和二年一一月の改正、これが今回の改正です。

今回の改正の全体像については、八頁のスライドで示していますが、改正の大きな柱としては、四つの枠で書いてある「地域が自らデザインする地域の交通」、「地域の移動ニーズにきめ細かく対応できるメニューの充実」、「既存の公共交通サービスの改善の徹底」、「交通インフラに対する支援の充実」というものがあり、最後以外の三つについては、今までの活性化再生法でもあった観点ですが、今までの制度をさらに一歩進めて改正したということで、中心となる事項の一つとして、地域公共交通計画の作成を努力義務化したということがあります。

今までは、自治体が地域公共交通網形成計画を策定「できる」ということになっていたわけですが、さらにそれを推し進めて、地域公共交通計画という名称とした上で、地域公共交通全体のマスタープランとして、策定を努力義務ということにしました。

それから、「地域の移動ニーズにきめ細かく対応できるメニューの充実」の一つとして、新たに地域旅客運送サービス継続事業というものを創設しました。

「既存の公共交通サービスの改善の徹底」で言うと、地域公共交通利便増進事業というものを新たに創設しています。これは、今まで地域公共交通再編事業と言っていたものをさらに拡充したものです。

先に一一頁のスライドを見ていただくと、今までの地域公共交通活性化再生法の変遷ということで、平成一九年の制定当時は、地域公共交通総合連携計画というものを市町村が作るということを通じて、地域公共交通の確保・維持、利便性の向上に取り組む計画を立てることからスタートしました。それが、平成二六年の改正により、まちづくりとの連携、コンパクト・プラス・ネットワークという観点を入れ込んだ地域公共交通網形成計画を策定して、これを都市計画と連携させるというような内容にするということと、先ほども少し触れましたが、バス路線の再編等を実施する地域公共交通再編事業というものを創設しています。

今回の令和二年の改正後の地域公共交通活性化再生法の全体的な基本スキームは九頁のスライドでお示ししていまして、地域公共交通計画の下に書いてある各事業が位置付けられるということで、先ほど申し上げた地域公共交通利便増進事業や地域旅客運送サービス継続事業もここに含まれています。

改めて、一〇頁のスライドで地域公共交通活性化再生法の改正後の姿について触れていますが、今ご説明したもの以外ですと、新モビリティサービス事業ということで、MaaS についての取組も円滑にできるように盛り込んでいます。

一二頁のスライドからが、今までご説明したものの具体的な内容となります。地域公共交通計画については、今までは地域公共交通網形成計画と言っていましたが、今回は地域公共交通のマスタープランという形で策定をするということで、今まではどちらかと言うと狭義の公共交通である乗合バスや乗合タクシーといった青ナンバーに係る内容中心になっていたところですが、それ以外の自家用有償や福祉輸送、スクールバス、各種送迎バスといったものも含めて、地域の多様な輸送資源を最大限活用するという、まさに地域における公共交通のマスタープランを作っていただこうということにしたものです。

さらに、一二頁の一番下にありますが、実は今まで地域公共交通網形成計画を策定して、それっきりになってしまうケースも結構散見されたところ、せっかく作った計画ですので、その目標について定量的に設定していただいた上で、その目標に基づいて毎年度の評価、分析もしっかり行うということを併せて努力義務化をして、データに基づくPDCAを回していく、ということにしました。

この毎年度の評価・分析等は、その結果を国にも通知していただき、国からもこの計画の実施の円滑化に向けて、適切な助言等を行うということにしています。

一三頁のスライドは、コンパクト・プラス・ネットワークのための計画制度ということで、右側が今回の改正により、地域公共交通計画となったものですけれども、左側が都市再生特別措置法等に基づく立地適正化計画でして、これらを連携させるということで、これは改正前の姿から変わっていません。

それから、一四頁のスライドにあるように、定量的な目標設定と評価の実施については、具体的に利用者数、収支、公的負担額といった定量的な指標を定めて、それが計画にある取組によりどう変動するのか、ということを確認し、毎年度調査、分析、評価を行うことを明確化しました。

もちろん、自治体によってはこういったことをしっかりと設定し、毎年、PDCAを回すべく検証し、その結果に基づいて計画や施策の見直しを行っているケースもありますが、必ずしも全部がそうではないということで、改めて明確化したものです。

定量的な目標については、一五頁のスライドにあるように、公共交通の利用者数を設定しているというケースはよくあるのですが、例えば公共交通の収支改善とか、経営の効率を上げるとか、あとはクロスセクター効果のような、廃止をしたときと、そうでないときの負担の差はどうなるのかといったようなことまで、分析の中に含めているようなケースというのは結構少ないのが現状です。今後は、こういう目標も含めて計画の中に盛り込むことが期待されますし、あとは、モニタリングの実施時期についても、一五頁の右下のところにあるように、例えば計画期間中に一度とか、数年に一度というところも、結構割合としてはありましたので、これも目標に従って、毎年検証することを努力義務化しました。

それから、地域旅客運送サービス継続事業についてですが、一六頁のスライドになります。鉄軌道、路線バスの廃止が事例として増えていますが、これは住民の利便性の低下につながりますので、地域の関係者が一体となって、廃止した後どうするのかということを議論していく必要があります。そのために、路線バス等が維持困難だというような状況があった場合には、乗合バス事業者等からいろいろご相談もあるような状況になりますので、こういったことを早めに把握して、地域公共交通計画の中に今回新しく作った地域旅客運送サービス継続事業を位置付けて、どのようにその地域の足を守っていくのかということをしっかり関係者間で協議することで、それによって例えば路線バスを継続する必要があるのか、自家用有償で代替ができるのか、既存の送迎バスが使えないのかというようなことも、総合的に検討した上で、いろいろな選択肢を示して、どのような輸送ができるのかということを公募で選定をするという事業です。これを計画として策定した場合については、国土交通大臣の認定を受けて、事業許可等のみなし特例といった法律上の特例措置を受けることができることになっています。

一七頁のスライドは、地域旅客運送サービス継続事業における実施方針の記載事項についてです。例えば、③として「引き続き実施する運送の内容」というものがあり、引き続きどのような形で輸送を確保していくのかということについて、乗合バスでなくても自家用有償の形態もあるでしょうし、乗合バスであったとしても、いわゆる路線で定期的に運行するものではなく、区域運行できるのではないか、といったことも含めて検討する、ということを実施方針として記載します。

一八頁のスライドは、地域旅客運送サービス継続事業のフローですので、後ほどご覧ください。

一九頁のスライドは、地域公共交通利便増進事業についてです。これは、平成二六年の改正で地域公共交通再編事業として創設されたものをさらに拡充したものです。再編事業では、どちらかというと路線の再編、例えば郊外への長大路線を少し短くして乗り継ぎにしたりとか、乗り換えにするといったものが中心となる事業だったわけですが、利便増進ということで、さらに例えば運賃の柔軟な設定とか、パターンダイヤの設定とか、路線の再編のみならず、利便性を上げるための取組についても、計画を策定して、法律上の特例措置を受けられるようにしたものです。

例えば、定額制の乗り放題運賃、あるエリアであれば定額二〇〇円で乗れるといったものについて、エリアによってはバスのみならず鉄道とか、他のモードも含めて提携ができるエリアもあると思いますので、そういったことも含めて検討するといったことができます。

それから、パターンダイヤや等間隔運行ということで、先ほど複数の事業者が競合しているところが結構あると申し上げましたが、これもパターンダイヤにして、一便あたりの乗車効率を上げるというようなこともできるようにしました。

実は、このパターンダイヤにするだとか、乗り放題運賃みたいなパターンとするときには、独占禁止法上のカルテルに該当するということもありましたので、後ほどご説明いたしますが、今回併せて、こういうことについては、独占禁止法の特例として扱うということとしました。

二〇頁のスライドは、従来の地域公共交通再編事業と今回の地域公共交通利便増進事業の比較ということで、地域公共交通利便増進事業については、いろいろな選択肢を増やすということだけではなくて、運賃、料金の設定だとか、ダイヤの設定だとか、こういったことも含めてできるようにしたところです。

あとは、二一頁のスライドにありますが、同意についても、今までの地域公共交通再編事業というのは、あるエリア内でやっている事業者全ての同意を取り付けるというような書き方に法律上もなっていたのですが、それだとなかなか進まないということもありますので、地域公共交通利便増進事業を実施しようとする事業者は当然ですが、これと関連するような事業者で、地方公共団体が必要と認める者というところに少し限定をしまして、同意が取り付けやすくなるように改正をしています。

地域公共交通利便増進事業に関連して、スライドが戻って恐縮ですが、八頁の「地域が自らデザインする地域の交通」の二つ目の項目にある「地域における協議の促進」について触れたいと思います。

乗合バスの新規参入等の申請があった場合、国は地方公共団体に通知するという制度を、今回道路運送法の改正により創設しました。従来、乗合バスが新規参入するときには、基本的には事業者が国に申請をして許認可を受けるということなので、その過程について自治体が関与することが難しかったということで、特に今までの地域公共交通再編事業を考えている自治体において、例えば、その再編の中に含まれていないような再編の申請があった場合については、その再編事業に影響が及ぶ可能性があるにもかかわらず、その許認可がなされるまで分からないということがありました。そこで、こういった新規参入の申請があった時に、国から自治体に通知をするということを道路運送法で規定するとともに、その通知を受けた自治体の中で、改正後でいう地域公共交通利便増進事業の計画を持っているところについては、具体的に利便増進に対してどのように影響するかということについて、地域の協議会で検討ができるようにして、その結果を国に対して意見提出ができるということを、地域公共交通活性化再生法の改正により措置しました。

自治体が意見を国に提出したからと言って、直ちに新規参入が止まるということにつながるわけではありませんが、地域の計画に影響が及ぶということであれば、そういったことも勘案した上で、国が最終的に許認可の判断をするということにしたものです。

以上が今回の地域公共交通活性化再生法の改正の主要事項の概要ですが、それ以外でも、例えばトラックについてもバスについても運転手の人手不足ということは全く同じですので、貨物と旅客を混載することで効率を上げていくというようなことを取り組みやすくするための計画を立てて、法律上の特例の付与をするという貨客運送効率化事業を新設したり、MaaSについても、事業者が単独、または共同して事業計画を作成して、認定を受けた場合については、その運賃についての設定はワンストップでできるといったような特例も設けています。

最後、独占禁止法の特例法について、二五頁以降のスライドにお示ししていますが、合併の特例とカルテルの特例があり、今回の地域公共交通活性化再生法の改正に関連するのは、カルテルの特例になります。先ほどの地域公共交通利便増進事業で、定額制乗り放題やパターンダイヤの設定については、今まであればカルテルに該当するということだったわけですが、これらの取組については、いずれも認定を受ければ独占禁止法上のカルテルとは取り扱わないこととしたものです。

これによって、今までは、自治体が個別に事業者と調整をして、ダイヤや運賃を設定していたというケースについて、事業者間での直接協議等が可能になり、より柔軟に公共交通の利便増進を図ることができるようにしたものです。

私からのご説明は、以上となります。

司会・山口　中山先生、ありがとうございました。ここのところ、様々な場面で、計画を立てて、そして、数値目標を立ててＰＤＣ

Aサイクルに載せるという流れがあり、これは例えば大学などでも推奨されているところで、賛否もあるのですが、ご報告を伺うと、やはりいかに地域で持続可能な形で仕組みをつくるかという目標のためには、このような枠組を構築することが必要不可欠であるとの前提のもとでの取組として伺ったところです。

やはりこういった形で考えていかないと、場当たり的なものになってしまい、地域での交通を維持できないということかと思いました。中山先生、ありがとうございました。

【参考】計画作成のための手引き（活性化再生法・独禁法特例法）

国土交通省

地域公共交通計画等の作成と運用の手引き

（入門編）

（詳細編）

- 地域公共交通計画等の作成にあたり、計画の作成手順、考え方を示した手引きを作成しました。（令和2年11月第１版公表）
- 本手引きは、特に、初めての公共交通計画で何から手を付けてよいか分からない方や、公共交通専任の担当者が少数又は担当者不在の地方公共団体の方が、地域公共交通計画を作成する上で踏まえるべきポイントを明確にし、真に検討すべき事項を明らかにするための観点からまとめております。
- 入門編：計画作成の背景やポイント、基本的な考え方を記載
  詳細編：計画作成の詳細や各種調査・分析手法、事例等を記載

独占禁止法特例法の共同経営計画等の作成の手引き

- 独占禁止法特例法による共同経営計画等の作成にあたり、計画の作成手順、考え方を示した手引きを作成しました。（令和2年11月第１版公表）
- 共同経営の認可申請に必要な計画の具体的記載イメージや、共同経営により提供されるサービスの事例、関連する法制度との関係等について解説しております。

手引きは国交省HPに掲載しています（https://www.mlit.go.jp/sogoseisaku/transport/sosei_transport_tk_000058.html）

28

適用除外の対象になる共同経営によるサービス内容

国土交通省

① ネットワーク内の路線・運行系統について、利用者が一定の条件の範囲内で地域公共交通を利用することができる運賃・料金の設定

– **定額制乗り放題** 等

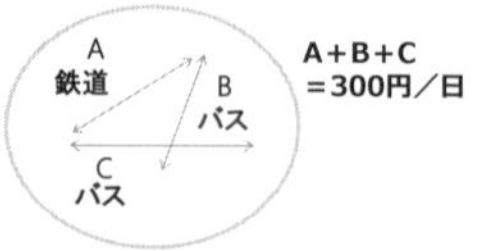

② ネットワーク内の路線・運行系統の共同・分担運行

– **「ハブ・アンド・スポーク型」のネットワーク再編** 等

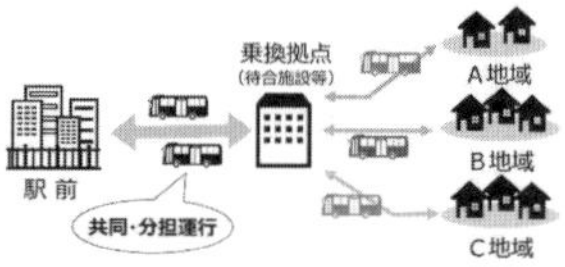

③ ネットワーク内の路線・運行系統の運行回数・運行時刻の設定

– **等間隔運行**、**パターンダイヤ** 等

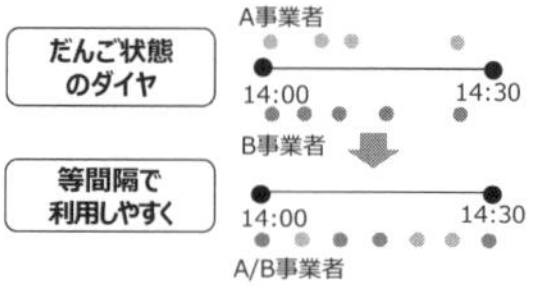

26

独占禁止法特例法により可能となる取組

国土交通省

○ 従来より、**①地方自治体が複数事業者と個別に調整して路線・ダイヤ・運賃の設定を行うこと**（運賃プールを除く）や**②各社の運賃・乗車人員に応じて運賃収入を精算すること**など、競争性が確保される場合は独占禁止法上認められてきた。

○ 一方、独占禁止法特例法を活用することにより、**①事業者間での直接協議を行うこと**や、**②運賃・乗車人員だけではなく、運行回数や運行距離を勘案した収入調整（運賃プール）が可能**となる。

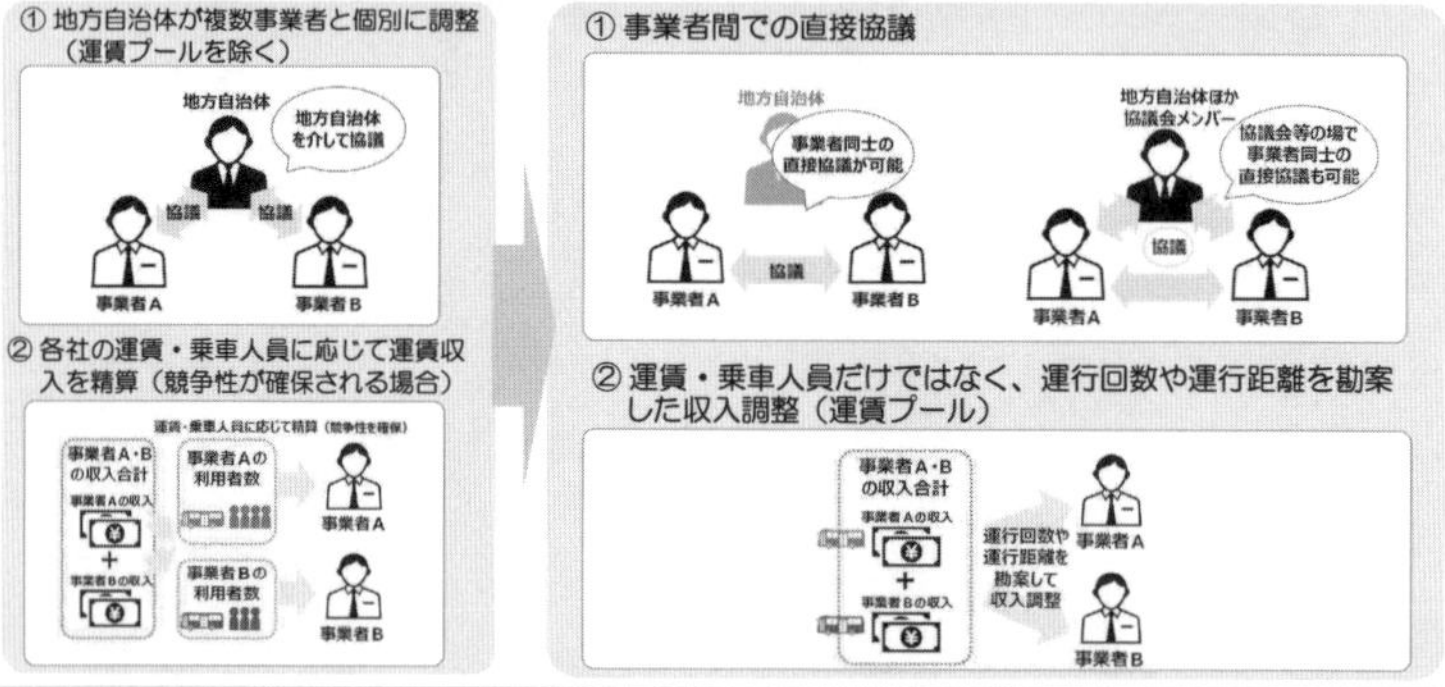

上記の行為により、事業者間での調整や意思決定を迅速かつ円滑に行うことが可能となるほか、運賃プールを活用することで事業者間の収支への影響格差（経営リスク）を最小化することが可能。

27

国土交通省

独占禁止法特例法について

独占禁止法特例法について

国土交通省

目的

この法律は、人口の減少等により**乗合バス事業者及び地域銀行**（「**特定地域基盤企業**」**と総称**）が持続的にサービスを提供することが困難な状況にある一方で、当該サービスが国民生活及び経済活動の基盤となるものであって、他の事業者による代替が困難な状況にあることに鑑み、合併その他の行為について**独禁法の特例を定め、特定地域基盤企業の経営力の強化、生産性の向上等を通じて、将来にわたってサービスの提供の維持を図ることにより、地域経済の活性化及び地域住民の生活の向上を図り、もって一般消費者の利益を確保**するとともに、国民経済の健全な発展に資することを目的とする。

構成

1. **総則** － **法律の目的**（上記）、**定義**（乗合バス事業者（地域一般乗合旅客自動車運送事業者）・地域銀行等）
2. **合併等の認可等**
   - 主務大臣の認可を受けて行う**特定地域基盤企業（乗合バス・地域銀行）・親会社の合併等には独禁法を適用しない**
   - 申請者による**基盤的サービス維持計画**の提出、主務大臣の**認可基準**、**公取委との協議**
   - 主務大臣による**事後的な適合命令（公取委からの措置請求が可能）**
3. **共同経営（カルテル）の認可等**
   - 国土交通大臣の認可を受けて行う**乗合バス等の共同経営には独禁法を適用しない**
   - 申請者による**共同経営計画**の提出、**法定協議会への意見聴取**、国土交通大臣の**認可基準**、**公取委との協議**
   - 国土交通大臣による**事後的な適合命令（公取委からの措置請求が可能）**
4. **雑則・罰則** － 主務大臣（乗合バス→国土交通大臣、地域銀行→内閣総理大臣）、適合命令違反への罰則等
5. **附則** － **10年以内に本法を廃止するものとする**旨等

施行日　**令和２年１１月２７日**（公布後６月施行）

25

貨客運送効率化事業とは

国土交通省

背景 路線バス等の旅客運送サービスについては、地方部における輸送減少による収支の悪化が課題となっており、物流サービスについては、担い手（ドライバー）不足が深刻化。

概要 旅客運送事業者による貨客混載運送（同一の車両を使用して貨物及び旅客を併せて運送する取組）等の導入を円滑化することで、旅客運送及び貨物運送の効率化を図る事業。

事業スキーム

地方公共団体が、関係者と協議し、地域公共交通計画へ
貨客運送効率化事業を位置付け

↓

事業者が、単独で又は共同して、
貨客運送効率化実施計画を作成

↓

国土交通大臣の認定を受けた場合、
法律上の特例措置
（事業許可等のみなし特例等）

貨客混載の取組例

【宮崎県西米良村】

- 平成３０年２月２０日から運行開始。
- ヤマト運輸（株）・日本郵便（株）・宮崎交通(株)が連携して運行。
- 路線バスを利用し、乗客と荷物を同じ車両に載せ目的地まで輸送。
- 西都BC－杉安峡－村所線（村所バス停～西都バスセンター：約46km）を１日１回運行。

※ヤマト運輸(株)・宮崎交通(株)による貨客混載は、平成２７年１０月１日から運行開始。

【宮崎県西米良村】
（出典：宮崎交通(株)資料）

【新潟県】

- 平成２９年４月１８日から運行開始。
- 佐川急便(株)・北越急行(株)が連携して運行。
- 旅客鉄道を利用し、乗客と荷物を同じ車両に載せ目的地まで輸送。
- ほくほく線（うらがわら駅～六日町駅：約47km）を１日１回運行。

【新潟県】
（出典：佐川急便(株)資料）

22

新モビリティサービス事業とは

国土交通省

背景 近年、MaaS等の新たなモビリティサービスが出現しており、地域公共交通の利用者の利便性の向上に資するサービスとして、地域において円滑に普及するための仕組みづくりが必要。

概要 MaaS等の円滑な実施を通じて、交通機関の利便性の向上を図る事業。また、地方公共団体が中心となって新モビリティサービス協議会を組織し、地域の幅広い関係者間での連携が可能。

MaaSとは

- **Mobility as a Service**の略称。
- 複数の公共交通機関や公共交通以外の移動サービスを最適に組み合わせ、観光、小売、医療・福祉、教育等の多様な移動以外のサービスとも連携し、**一括した検索・予約・決済等を提供するサービス**を指す。

事業スキーム

事業者が、単独で又は共同して、
新モビリティサービス事業計画を作成

↓

国土交通大臣の認定を受けた場合、
法律上の特例措置
（共通乗車船券に係る運賃届出のワンストップ）

ＭａａＳの取組例

【伊豆の事例（東急によるIzuko）】

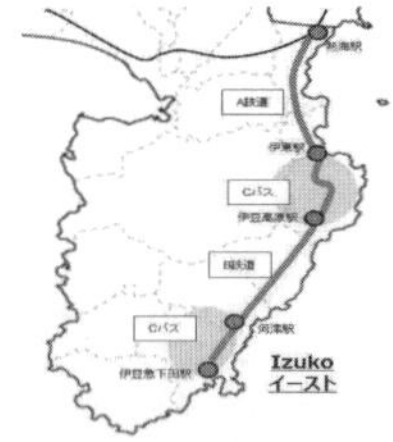

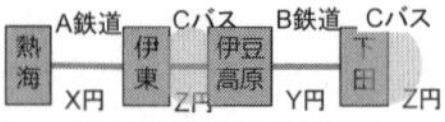

フリーパス料金：3,700円

［MaaSとして提供するサービス］

- 複数交通モード横断の経路検索
- 複数交通モード横断のフリーパスの購入
- 観光施設のチケットの購入
- AIオンデマンド交通の予約　等

23
（出典）東急（株）資料

地域公共交通再編事業と地域公共交通利便増進事業の比較

国土交通省

地域公共交通再編事業

考え方

地方公共団体が中心となって、バス路線網の見直し等により地域公共交通を再編する取組を通じて、コンパクトなまちづくりと連携しつつ、面的な公共交通ネットワークの再構築を図る。

事業の内容（法第２条第11項、施行規則第９条の２）

- ➢ 地域公共交通の再編をするための以下の事業
- ① 特定旅客運送事業に係る路線等の編成の変更
- ② 他の種類の旅客運送事業への転換
- ③ 自家用有償旅客運送による代替
- ④ ①～③と併せて行う事業
  - ・乗継円滑化のための運行計画の改善
  - ・共通乗車船券の発行
  - ・乗継割引運賃、乗降場の改善、乗継に関する分かりやすい情報提供、ICカードの導入　等

関係者の同意（法第27条の2第3項、施行規則第34条）

地方公共団体は、再編実施計画を定めようとするときは、あらかじめ、**特定旅客運送事業者等の全て**の同意を得なければならない。

※　特定旅客運送事業者等
① その全部又は一部の区間又は区域が当該再編事業を実施する区域内に存する路線若しくは航路又は営業区域に係る特定旅客運送事業を営む全ての者
② ①の全部又は一部の者に代わって当該特定旅客運送事業に係る路線もしくは航路又は営業区域において旅客運送事業を営もうとする者
③ ①の全部又は一部の者に代わって当該特定旅客運送事業に係る路線又は営業区域において自家用有償旅客運送を行おうとする者

地域公共交通利便増進事業

考え方

地方公共団体が中心となって、路線ネットワークにとどまらず、運賃やダイヤ等の見直しも含めた利用者の利便の増進に資する取組を通じて、地域旅客運送サービスの持続可能な提供の確保を図る。

事業の内容（法第２条第13項、施行規則第９条の３）

- ➢ 利用者の利便を増進するための以下の事業
- ① 特定旅客運送事業に係る路線等の編成の変更
- ② 他の種類の旅客運送事業への転換（自家用有償旅客運送からの転換を含む）
- ③ 自家用有償旅客運送の導入、路線若しくは運送の区域の変更
- ④ 運賃又は料金の設定
- ⑤ 運行回数又は運行時刻の設定
- ⑥ 共通乗車船券の発行
- ⑦ ①～⑥と併せて行う事業
  - ・ 乗継ぎ円滑化のための運行計画の改善
  - ・ 乗降場の改善
  - ・ 乗継ぎに関する分かりやすい情報提供
  - ・ ＩＣカード又は二次元コードの導入　等

※赤字は改正により新たに追加された取組内容

関係者の同意（法第27条の16第3項、施行規則第36条の14）

地方公共団体は、利便増進実施計画を定めようとするときは、あらかじめ、①**利便増進事業を実施しようとする者**及び②**事業に関係を有する者として地方公共団体が必要と認める者**の同意を得なければならない。

20

地域公共交通利便増進実施計画の区域と同意対象

国土交通省

○利便増進実施計画の区域には、**原則として、利便増進事業を実施する路線等が含まれるよう適切な範囲で設定**する必要があるが、**地域の公共交通ネットワークの変更を伴う事業の場合には、当該事業の内容と密接な関係を有する路線等を含めて計画区域を設定**することも可能。

○また、利便増進事業の内容と密接な関係を有する路線等に係る事業を営む者など、利便増進事業を円滑に実施する上で**「事業に関係を有する者」については、同意を得ておく必要**がある。

※「路線等」＝路線、航路、営業区域

計画区域の考え方

■ **原則**：利便増進事業を実施する路線等を含めるように区域を設定。事業内容に比して過大とならないよう適切な範囲で設定することが必要。

■ **利便増進事業の内容に、地域の公共交通ネットワークの変更（路線の編成の変更等）が含まれている場合**：
地域の公共交通ネットワークとしてダイヤ・運賃が一体的に設定されている等、当該事業内容と密接な関係を有する路線等まで含めた区域を設定することも可能。

同意対象の考え方

【法第27条の16第3項、施行規則第36条の14】
地方公共団体は、利便増進実施計画を定めようとするときは、あらかじめ、**①利便増進事業を実施しようとする者**及び**②事業に関係を有する者として地方公共団体が必要と認める者**の同意を得なければならない。

⇒②については、各地方公共団体が計画区域や事業内容等に応じ、個別具体的に判断することが必要。その際、利便増進事業を実施する路線と地理的に近接する路線や、地域の公共交通ネットワークとして一体と考えられる路線に係る事業を営む者については、同意を得ておくことが望まし
い

▼計画区域の考え方（例）

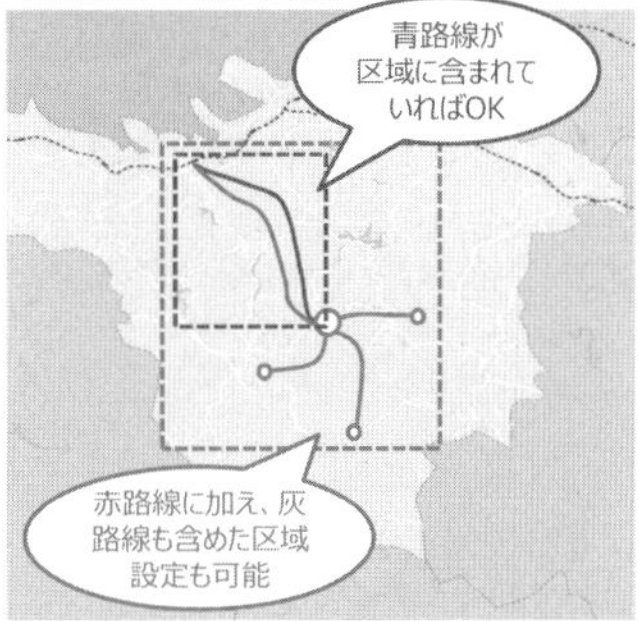
青路線が
区域に含まれて
いればOK
赤路線に加え、灰
路線も含めた区域
設定も可能

——（青路線）：ネットワークの変更を伴わない事業に係る路線
——（赤路線）：ネットワークの変更を伴う事業に係る路線
——（灰路線）：青・赤路線と密接な関係を有する既存路線

21

地域旅客運送サービス継続事業の実施フロー（路線バスの場合のイメージ）

国土交通省

乗合バス事業者	地方公共団体（法定協議会）	他の事業者等（乗合バス事業者、貸切バス事業者、タクシー事業者、自家用有償旅客運送者等）

- 乗合バス事業者：路線バスを運行 → 利用者減や運転者不足のため運行継続が困難な状況に直面
- 地方公共団体（法定協議会）：「地域公共交通計画」の作成

↓

法定協議会等において、継続が困難又は困難となるおそれがあるとの共通認識を明確化

↓

関係者との協議
（移動手段の確保のために適切な選択肢の候補を比較検討）

↓

「地域公共交通計画」の変更
（「地域旅客運送サービス継続事業」を位置づけ）

↓

実施方針の策定・公募
・移動手段の選択肢の範囲や地方公共団体による支援額等の条件等を決定
・実施方針に基づき、提供できるサービス内容等について公募

↓

応募（乗合バス事業者）→ 応募されたサービス内容等を総合評価し、継続事業者を決定 ← 応募（他の事業者等）

↓

「地域旅客運送サービス継続実施計画」の作成・認定
（関係者で合意の上、計画を作成し、国土交通大臣の認定を受ける）

※法律上の特例措置（事業許可・事業計画変更認可等のみなし特例、廃止届出を不要とする特例）
※運行費等に対する予算等の支援

- 乗合バス事業者：自治体等の支援を受けて運行を継続
- 他の事業者等：自治体等の支援を受けて新たに運行を開始

18

地域公共交通利便増進事業とは

国土交通省

背景 運転者不足の深刻化等を踏まえ、地方都市のバス路線等で、単純な路線再編だけでなく、運賃・ダイヤ等のサービス内容の見直しにより利便性を向上させる取組へのニーズが増加。

概要 路線ネットワークの構築や、定額制乗り放題運賃や等間隔運行等の運賃・ダイヤの改善の取組等を通じて、地域公共交通の利用者の利便の増進を図る事業。

事業スキーム

地方公共団体が、関係者と協議し、
地域公共交通計画へ
地域公共交通利便増進事業を位置付け

↓

地方公共団体が、必要な関係者の同意
を得た上で、地域公共交通利便
増進実施計画を作成

↓

国土交通大臣の認定を受けた場合、
法律上の特例措置
（事業許可等のみなし特例等）

事業の実施イメージ（一例）

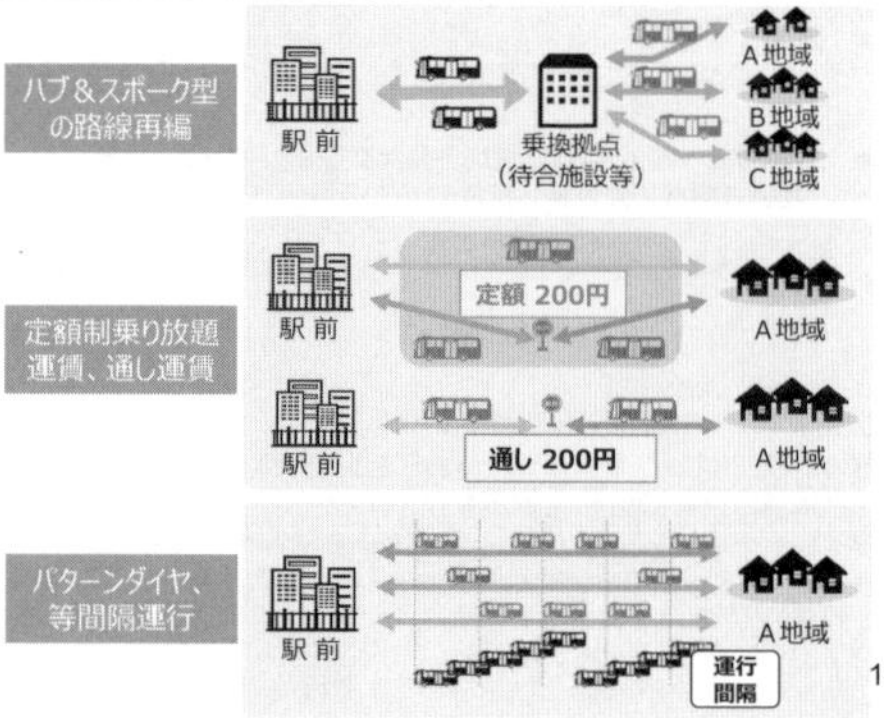

19

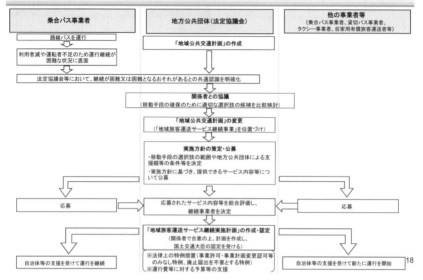

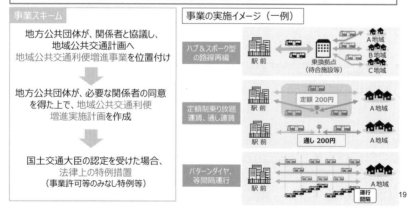

地域旅客運送サービス継続事業とは

国土交通省

背景 地方部を中心に、鉄軌道や路線バス等の廃止に至る事例が増えている中、地域の関係者が一体となって、廃止後の代替サービスを確保することが必要。

概要 地域公共交通の維持が困難と見込まれた場合、地方公共団体による公募により、新たなサービス提供者を選定し、地域における旅客運送サービスの継続を図る事業。

事業スキーム

地方公共団体が、路線バス等の維持が困難な状況を把握（乗合バス事業者等からの相談・情報提供等）

↓

地方公共団体が、既存の事業者を含めた関係者と協議し、地域公共交通計画へ地域旅客運送サービス継続事業を位置付け

↓

多様な選択肢を検討の上、実施方針を策定し、公募により新たなサービス提供事業者等を選定

↓

地方公共団体が、サービス提供事業者と連携して、地域旅客運送サービス継続実施計画を作成、国土交通大臣の認定を受けた場合、法律上の特例措置
（事業許可等のみなし特例等）

事業の実施イメージ（一例）

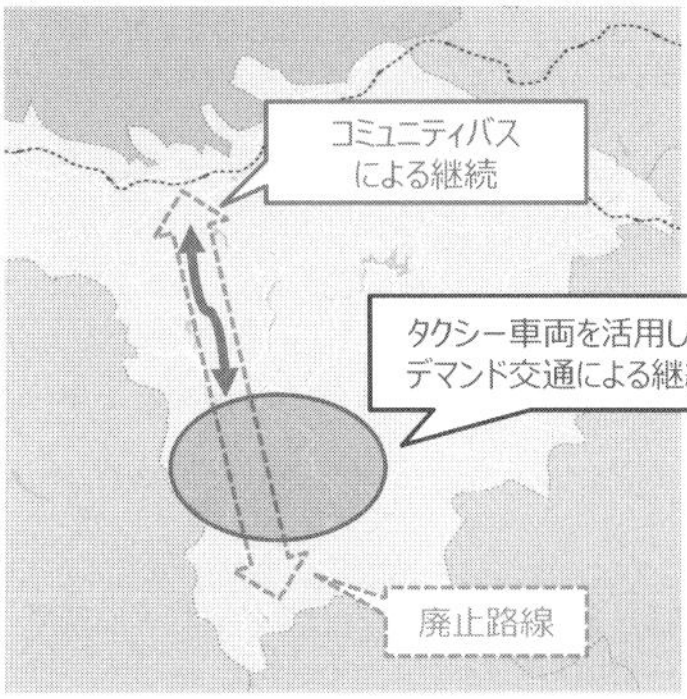

16

地域旅客運送サービス継続事業に係る実施方針の記載事項

国土交通省

■ 地域旅客運送サービス継続事業において、地方公共団体が新たなサービス提供事業者等を選定する方法は、公募とする。
■ また、地方公共団体による公募は、当該公募の実施に関する方針（実施方針）を示して行うものとする。

実施方針の記載事項

①実施区域
- 継続事業を実施する区域を記載
- 地域公共交通計画の計画区域内に含まれる必要があるが、その中の一部の区域を設定することも可能

②現に実施されている特定旅客運送事業の状況
- 維持が困難と見込まれるに至った路線等において、現在提供されているサービス水準（路線、ダイヤ、運賃等）等を記載

③引き続き実施する運送（継続旅客運送）の内容
- 継続旅客運送のサービスの種類（乗合バス・自家用有償旅客運送等）や態様（路線定期・区域運行等）等を記載

④継続旅客運送を実施する者の条件
- 事業所所在地や事業規模（車両数、人員数等）などのほか、輸送実績や欠格事項等を記載

⑤地方公共団体による支援の内容
- 運行費に係る補助金や運行委託費等の予算措置
- 地域住民と連携した利用促進策　等を記載

⑥実施予定期間
- 継続事業の実施予定期間を記載
- 地域公共交通計画の計画期間内で、適切な期間を設定することが必要

⑦公募の期間
- 公募を実施する期間を記載

⑧選定の方法
- 公募型プロポーザル方式等の選定方法や、選定委員会の設置など選定に係る手順等を記載

⑨その他必要な事項
- 公募にあたって地方公共団体が必要と認める事項（申し込みにあたって必要な書類等）を記載

17

定量的な目標設定と評価の実施について

国土交通省

地域公共交通計画の作成に当たっては、「定量的な目標設定」（法第5条第4項）と「毎年度の調査、分析及び評価の実施」（法第7条の2第1項）に努めること。

【定量的な目標の設定に当たって】

◆ 具体的には、「利用者数、収支、公的負担額（サービス費用に係る国又は地方公共団体の支出の額）」等の指標を定めること（施行規則第10条の２）

【評価の実施に当たって】

◆ 施策の実施状況について、関係者で議論の上、毎年度調査、分析及び評価を行うこと

◆ 必要に応じて地域公共交通計画の見直しを行うこと

◆ 調査、分析及び評価を行ったときは、その結果を国へ送付すること

目標設定・評価の例

地域公共交通計画の目標

１．公共交通の利便性を向上させ、利用者を増加させる。
指標１
公共交通利用者数
○人（××年）⇒○人（△△年）

２．持続可能な移動手段を確保するため、収支率の改善を図る。
指標２
◆◆線の収支率
○%（××年）⇒ ○%（△△年）
⋮

評価に関する事項

基本的な方針で定めた事業内容については、以下のスケジュールで評価

指標１
６ヶ月ごと協議会に、■■社、▲▲社が、自社のデータを基に報告

指標２
１年ごと開催する協議会に、▼▼市おいて、「□□統計調査」に基づき報告
⋮

望ましくない目標設定・評価の例

地域公共交通計画の目標

公共交通の利便性を向上させ、利用者を増加させる。

数値指標なし・・・
⋮

評価に関する事項

ＰＤＣＡサイクルを回します！！

いつ、何を、誰が、どのように、やるかが具体的に書かれていない
⇒取組が形骸化するおそれ

14

定量的な目標設定、実施状況の分析・評価の現状

国土交通省

●網形成計画等での数値指標の設定状況（N=516）

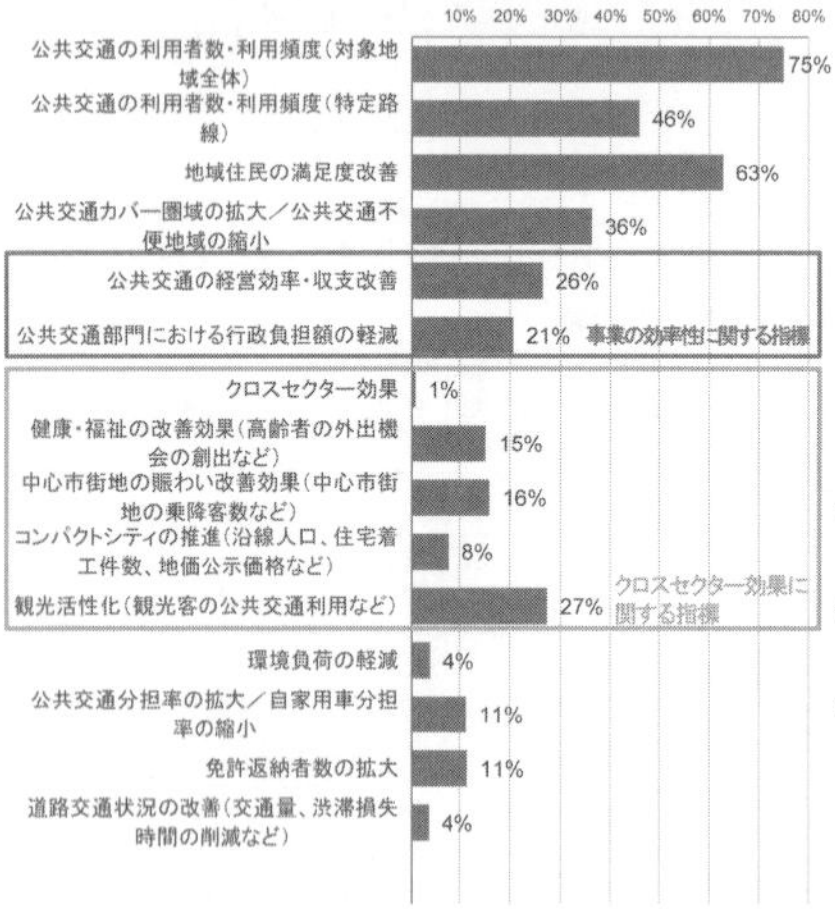

●網形成計画における目標の達成状況の評価・モニタリングの実施状況（N=505）

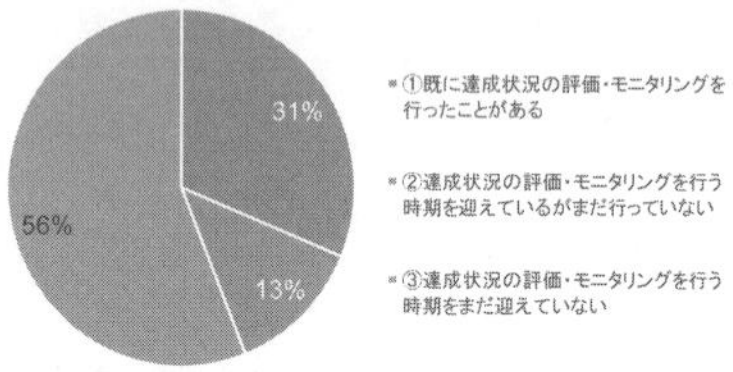

●数値指標別評価・モニタリングの実施時期

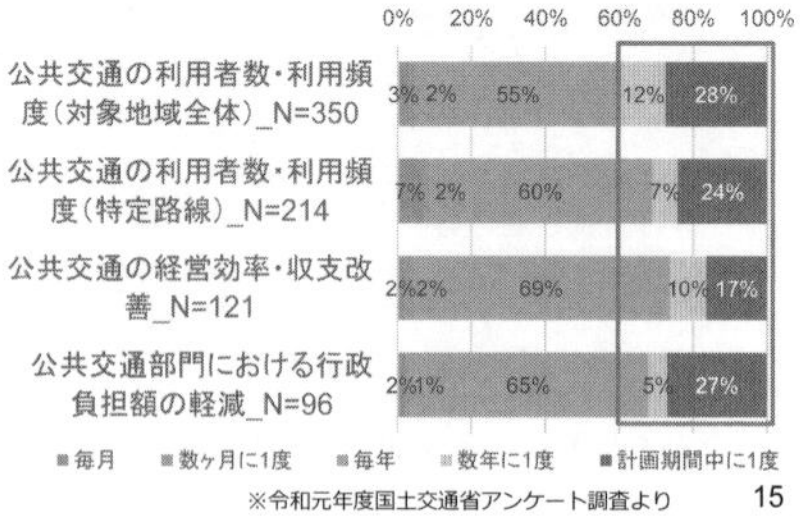

※令和元年度国土交通省アンケート調査より

15

地域公共交通計画とは

国土交通省

○ 地域公共交通の活性化及び再生に関する法律（令和2年11月改正）に基づき、地方公共団体が作成する**「地域にとって望ましい地域旅客運送サービスの姿」を明らかにする地域公共交通のマスタープラン**。

○ 地方公共団体は、地域公共交通計画を作成するよう努めなければならない。

計画のポイント

◆ **まちづくり・観光振興等の地域戦略との一体性の確保**
・コンパクトシティ等のまちづくり施策との一体的推進
・観光客の移動手段の確保等、観光振興施策との連携

◆ **地域全体を見渡した地域旅客運送サービスの持続可能な提供の確保**
・公共交通をネットワークとして捉え、幹線・支線の役割分担の明確化
・ダイヤや運賃等のサービス面の改善による利用者の利便性向上

◆ **地域特性に応じた多様な交通サービスの組合せ**
・従来の公共交通サービスに加え、地域の多様な輸送資源（自家用有償旅客運送、福祉輸送、スクールバス等）を最大限活用
・MaaSの導入等、新たな技術を活用した利用者の利便性向上

◆ **住民の協力を含む関係者の連携**
・法定協議会を設置し、住民や交通事業者等の地域の関係者と協議
⇒地域の移動ニーズに合わせて、地域が自らデザインする交通へ

＋

◆ 利用者数、収支、行政負担額などの**定量的な目標の設定**と**毎年度の評価・分析等**の**努力義務化**　⇒　データに基づくPDCAを強化

地域旅客運送サービス

12

コンパクト・プラス・ネットワークのための計画制度

国土交通省

○ 都市再生特別措置法及び地域公共交通活性化再生法に基づき、都市全体の構造を見渡しながら、居住機能や医療・福祉・商業等の都市機能の誘導と、それと連携して、公共交通の改善と地域の輸送資源の総動員による持続可能な移動手段の確保・充実を推進。

○ 必要な機能の誘導・集約に向けた市町村の取組を推進するため、計画の作成・実施を予算措置等で支援。

立地適正化計画　（市町村が作成）
【改正都市再生特別措置法】（平成26年8月1日施行）

都市機能誘導区域
生活サービスを誘導するエリアと当該エリアに誘導する施設を設定

◆**都市機能（福祉・医療・商業等）の立地促進**
○誘導施設への税財政・金融上の支援
○福祉・医療施設等の建替等のための容積率の緩和
○公的不動産・低未利用地の有効活用

◆**歩いて暮らせるまちづくり**
○歩行空間の整備支援

◆**区域外の都市機能立地の緩やかなコントロール**
○誘導したい機能の区域外での立地について届出、市町村による働きかけ
○誘導したい機能の区域内での休廃止について届出、市町村による働きかけ

居住誘導区域
居住を誘導し人口密度を維持するエリアを設定

◆**区域内における居住環境の向上**
○住宅事業者による都市計画等の提案制度

◆**区域外の居住の緩やかなコントロール**
○一定規模以上の区域外での住宅開発について、届出、市町村による働きかけ

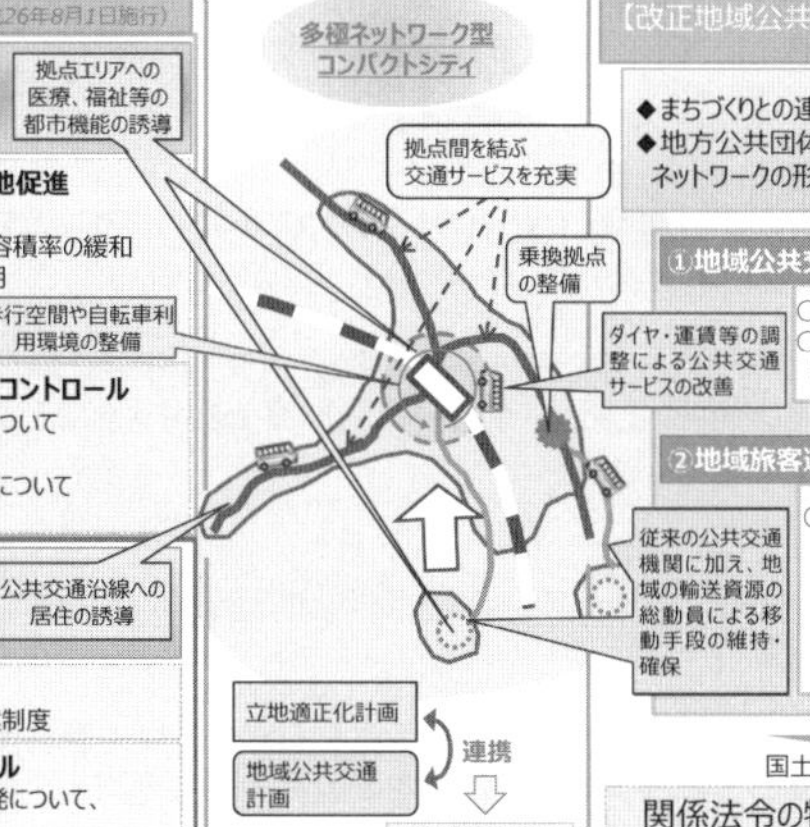

地域公共交通計画（市町村・都道府県が作成）
【改正地域公共交通活性化再生法】（令和2年11月27日施行）

◆まちづくりとの連携
◆地方公共団体が中心となった地域公交通ネットワークの形成の促進

①地域公共交通利便増進実施計画
○路線等の見直し
○等間隔運行、定額制乗り放題運賃等のサービスを促進 等

②地域旅客運送サービス継続実施計画
○路線バス等の維持が困難な場合に、地方公共団体が、関係者と協議の上、公募により代替する輸送サービス（コミュニティバス、デマンド交通、タクシー、自家用有償旅客運送、福祉輸送等）を導入

国土交通大臣の認定

関係法令の特例・予算支援の充実

13

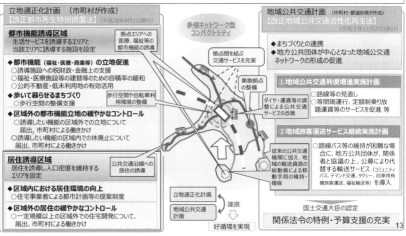

地域公共交通活性化再生法とは

国土交通省

地域公共交通に関する計画や様々な事業に関する措置について定め、地域旅客運送サービスの確保に資するよう、地域公共交通の活性化及び再生のための地域の主体的な取組等を推進する法律。

地域公共交通計画

・「地域にとって望ましい地域旅客運送サービスの姿」を明らかにする、**地域公共交通のマスタープラン**。原則として、**全ての地方公共団体において作成が必要**。

・自治体や地域の交通事業者、利用者等により構成される協議会等を通じて作成。

地域公共交通特定事業

・地域旅客運送サービス継続事業や、地域公共交通利便増進事業等、地域の実情に応じて様々な取組の実施を円滑化するための事業。

・地域公共交通計画に事業の実施を記載し、事業を実施するための計画を作成。国土交通大臣の認定を受けることで、法律上の特例措置を受けることができる。

地域公共交通特定事業

■ **地域旅客運送サービス継続事業**
：公募を通じて廃止予定路線の交通を維持。

■ **地域公共交通利便増進事業**
：ダイヤ、運賃等のサービス改善により交通の利便性を向上。

■ その他LRTの整備、鉄道の上下分離、貨客混載等の取組の実施を円滑化するための各種事業。

→ 地方公共団体又は事業者が、事業ごとに実施計画を作成 → 国土交通大臣が認定、事業許可のみなし特例等の特例措置

その他の事業

■ **新地域旅客運送事業**
：DMV等の複数の交通モードにまたがる輸送サービスの実施を円滑化。

■ **新モビリティサービス事業**
：MaaS等の新たなモビリティサービスの実施を円滑化。新モビリティサービス協議会における議論が可能。

<事業スキーム>

・事業者が単独で又は共同して、事業についての計画を作成。（地域公共交通計画への記載は不要。）

・国土交通大臣の認定を受けることで、法律上の特例措置を受けることができる。

10

地域公共交通活性化再生法の制定・改正の変遷

国土交通省

平成19年制定

✓ 平成19年に**地域公共交通活性化再生法を制定**し、**市町村が主体となって幅広い関係者の参加による協議会を設置。**

✓ **「地域公共交通総合連携計画」の策定**を通じて、地域公共交通の維持・確保や利便性向上に取り組むことを促進する制度を整備。

平成26年改正

✓ ①**まちづくりと連携（コンパクト・プラス・ネットワーク）**、②**面的な公共交通ネットワークを再構築**を図るため、**「地域公共交通網形成計画」**を法定計画として規定。

✓ バス路線の再編等を実施する**「地域公共交通再編事業」を創設**し、その実施計画について国が認定し、法律・予算の特例措置を適用することにより、計画の実現を後押しする制度を整備。

令和2年改正

✓ 地域公共交通網形成計画を**「地域公共交通計画」**と改め、**地方公共団体の作成を努力義務**として規定。

✓ **「地域旅客運送サービス継続事業」、「地域公共交通利便増進事業」等を創設**し、地域における移動手段の確保や地域公共交通の充実を図る制度を整備。

11

61　地方におけるモビリティ確保のための施策①（中山泰宏）

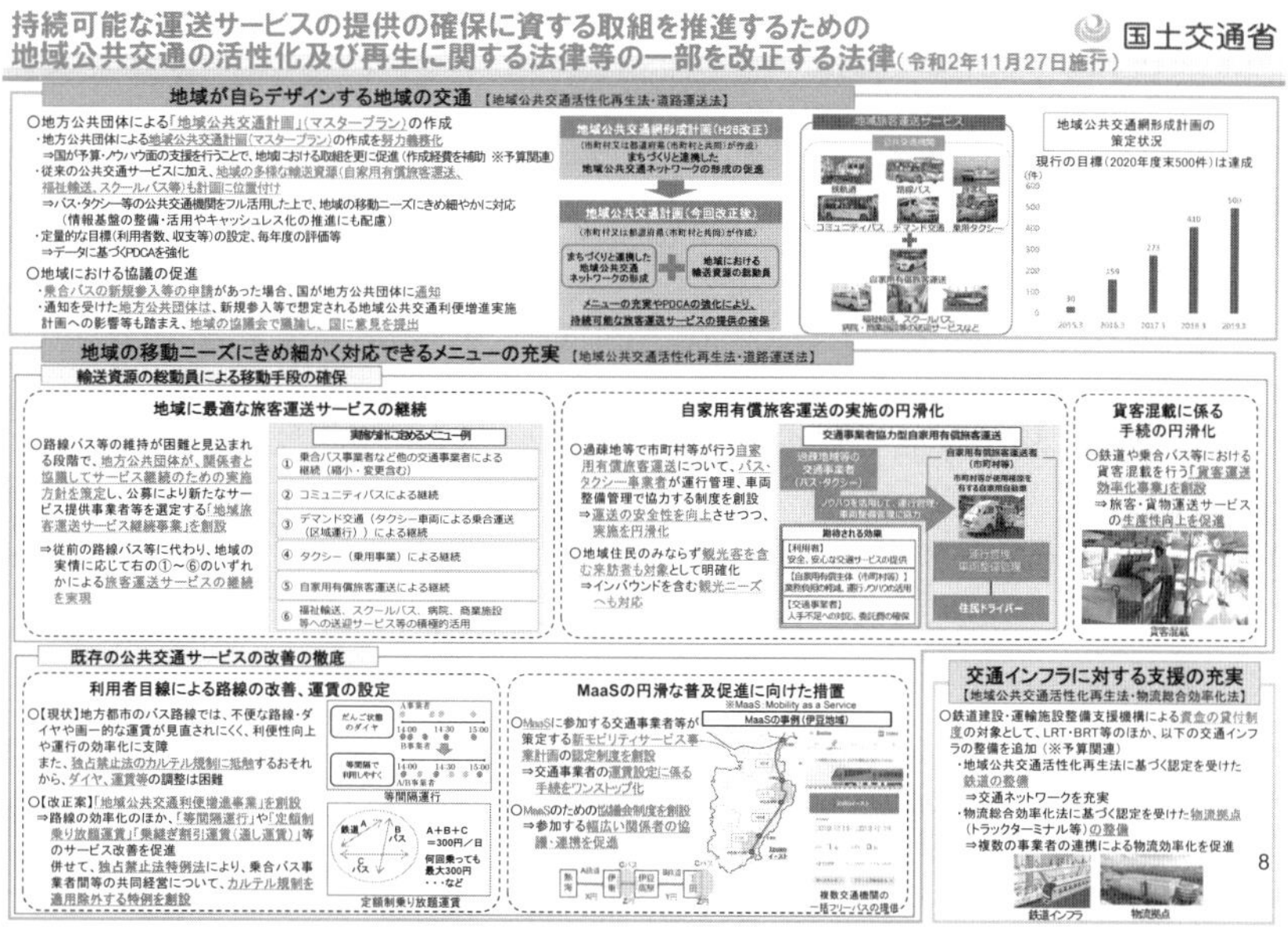

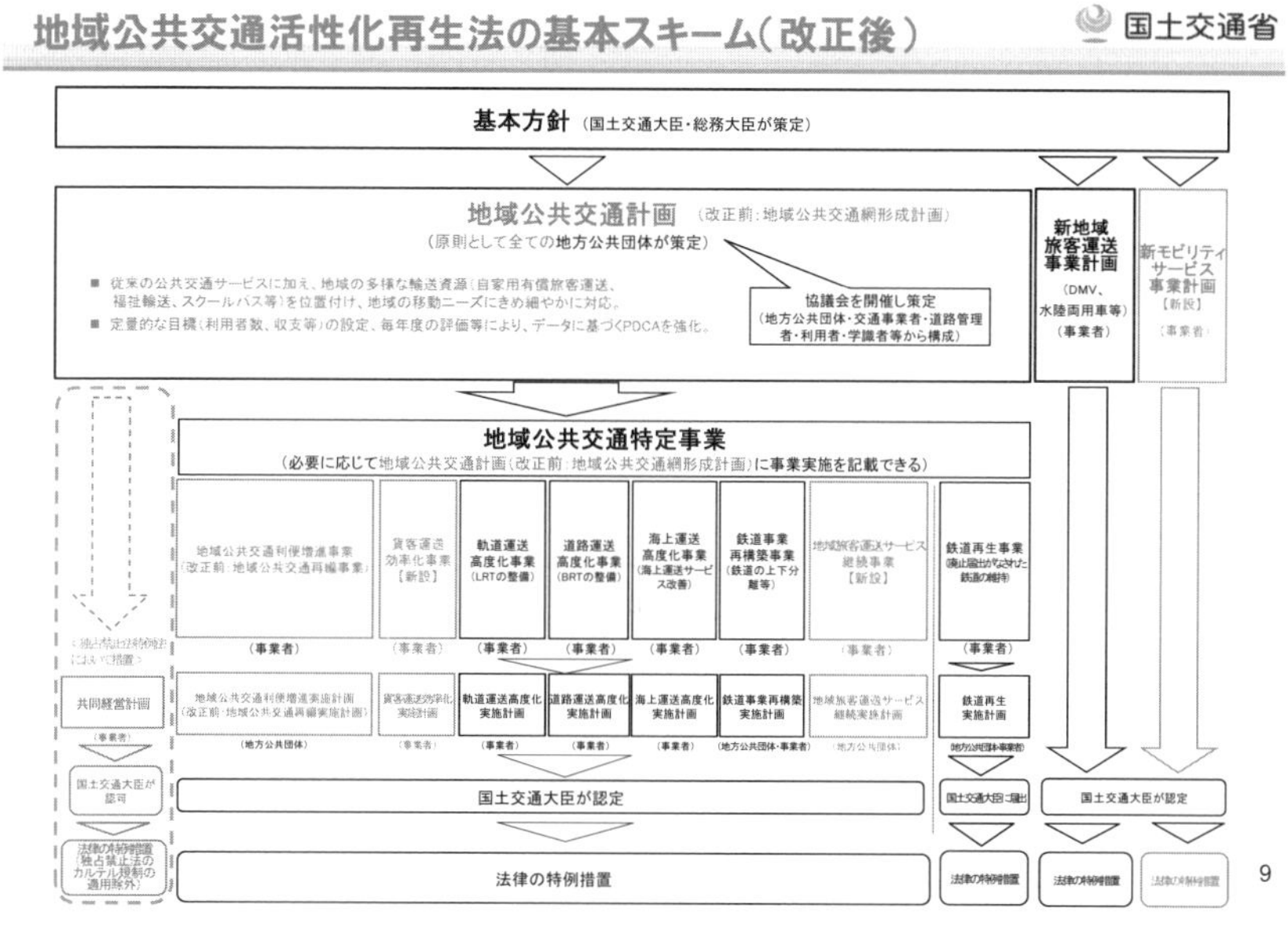

● 地域公共交通活性化再生法の制度と運用

これまでの地域公共交通に関する政策について

国土交通省

■ 平成12年以降、**乗合バスや鉄道等の需給調整規制を廃止**し、新規参入規制を最低限にとどめ、サービスの質・量は交通事業者の経営判断等に委ねることとなった。

■ 一方、**「地域」が主体となって地域交通の最適なあり方を検討し、幅広い主体が連携して取り組むために計画制度や支援制度等を整備**してきたところ。

各事業の規制緩和等

○Ｈ１２年　2月：貸切バス事業（道路運送法）、国内航空運送事業（航空法）の規制緩和

○同　　　3月：旅客鉄道事業（鉄道事業法）の規制緩和

○同　　１０月：国内旅客船事業（海上運送法）の規制緩和

○Ｈ１４年　2月：乗合バス事業・タクシー事業（道路運送法）の規制緩和

○Ｈ１８年１０月：自家用有償旅客運送の登録制度の創設（道路運送法）

地域公共交通活性化のための計画制度・支援策等

○Ｈ１９年１０月：「地域公共交通の活性化及び再生に関する法律」施行

○Ｈ２３年　　：「地域公共交通確保維持改善事業」創設

○Ｈ２６年１１月：「地域公共交通の活性化及び再生に関する法律の一部を改正する法律」施行

○Ｒ２年１１月　：「持続可能な運送サービスの提供の確保に資する取組を推進するための地域公共交通の活性化及び再生に関する法律等の一部を改正する法律」施行

7

市町村ごとの一般乗合バス事業者数の割合

国土交通省

■ 全国1,718市町村（東京23区を除く。）のうち、**4割以上の市町村において複数の乗合バス事業者※が存在。**

市町村ごとの一般乗合バス事業者数の割合

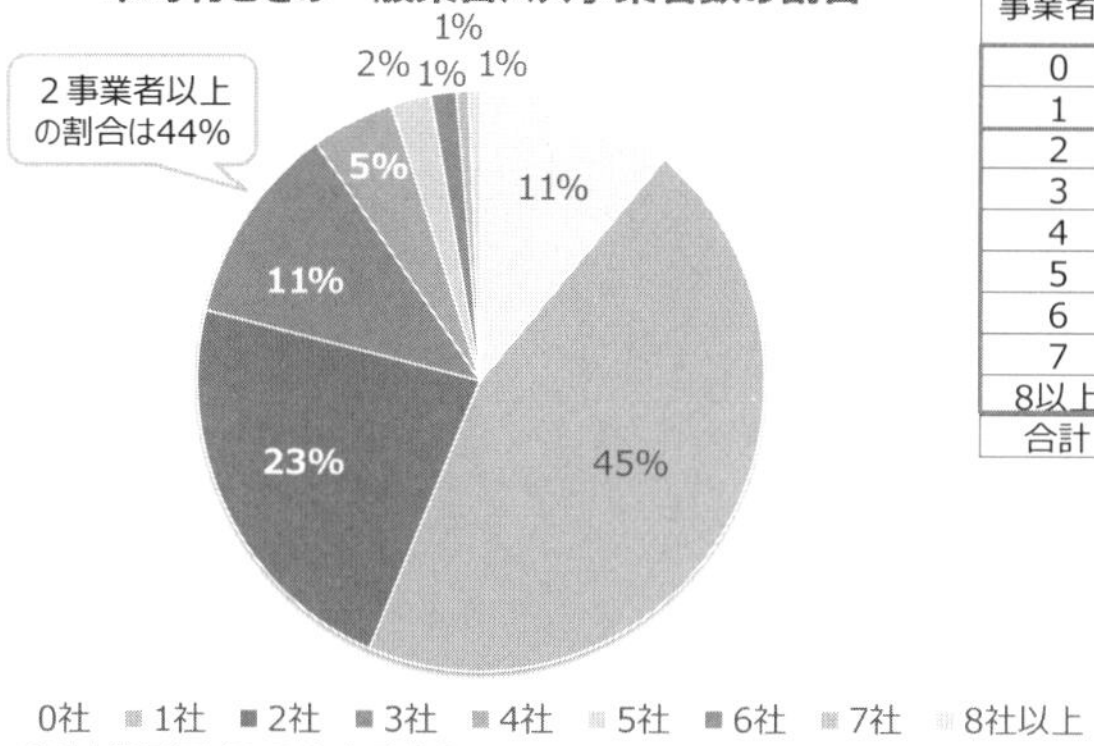

事業者数	市町村数（割合）
0	192（11%）
1	776（45%）
2	387（23%）
3	194（11%）
4	81（5%）
5	39（2%）
6	25（1%）
7	12（1%）
8以上	12（1%）
合計	1,718（100%）

8社以上内訳

8社	6
10社	3
13社	1
15社	1
17社	1

※路線定期運行を行う乗合バス事業者

4

複数の乗合バス事業者が存する市町村での競合路線の有無

国土交通省

■ 複数の乗合バス事業者※が存在する750市町村（東京23区を除く。）のうち、**競合路線を有する市町村は約6割（455市町村）**。

2事業者以上が存する市町村での競合路線の有無

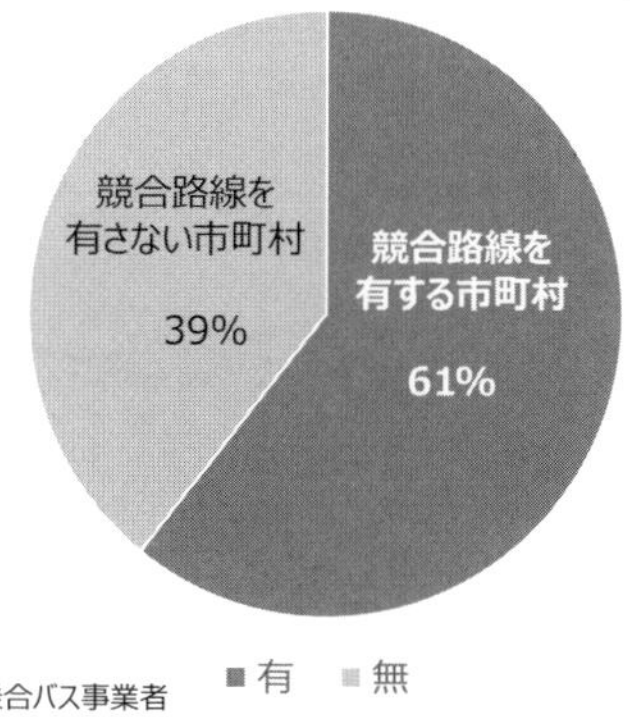

競合路線	市町村数（割合）
有	455（61%）
無	295（39%）
合計	750（100%）

※路線定期運行を行う乗合バス事業者

5

国土交通省

地域交通を取り巻く環境～高齢者の不安

- **高齢者の免許返納の数**は、近年**大幅に増加**。
- 高齢者を中心に、**公共交通がなくなると生活できなくなるのではないか**、という声が大きい。

免許返納は年々増加
（申請による運転免許の取消件数の推移）

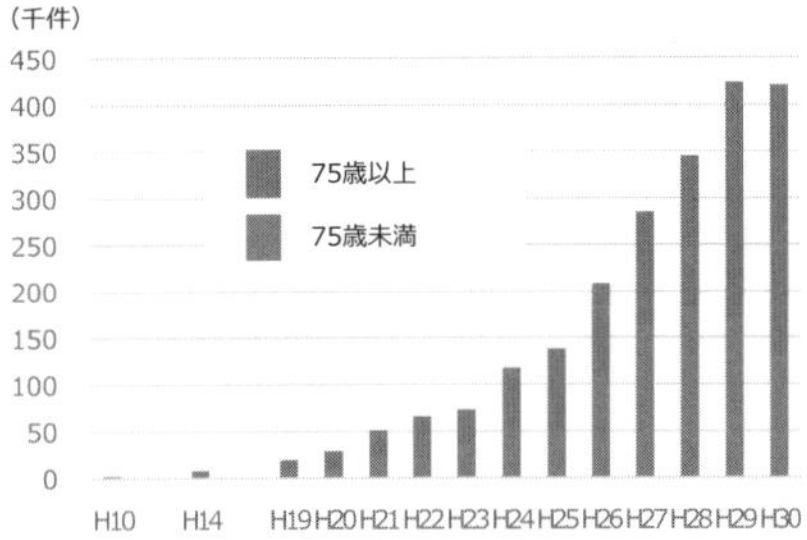

現居住地に対する将来の不安は、公共交通の減

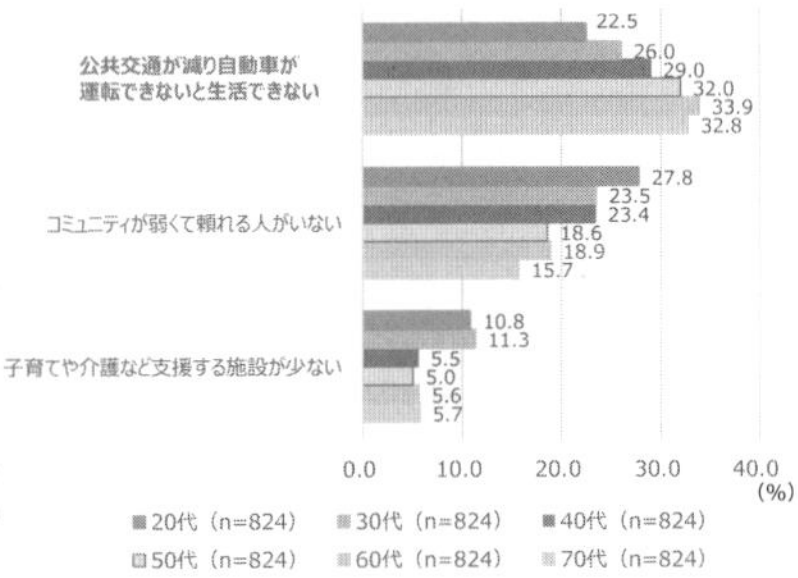

（出典）警察庁公開資料より、国土交通省総合政策局作成

（出典）国土交通省総合政策局作成

国土交通省

路線バス事業の厳しい現状、運転手不足の深刻化

- **全国の約７割のバス事業者において、一般路線バス事業の収支が赤字。**
- 自動車の運転業務の**人手不足が年々深刻化**しており、**有効求人倍率は全職業平均の約2倍。**

一般路線バス事業が赤字である
バス事業者の割合

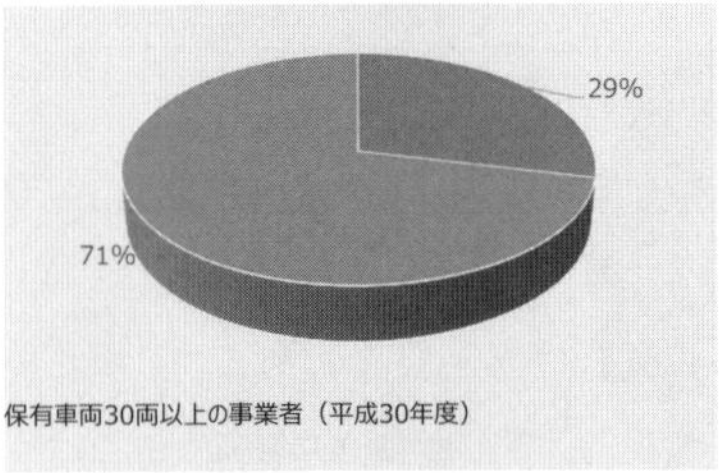

自動車運転事業の人手不足

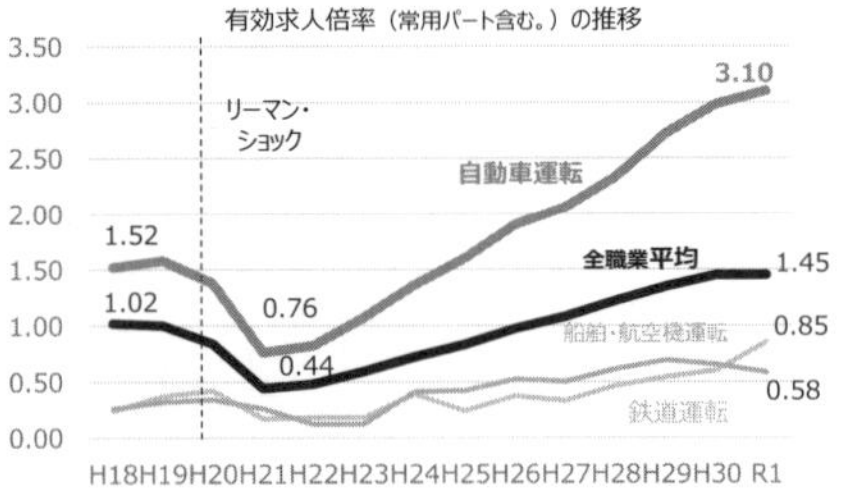

（出典）国土交通省自動車局発表資料より総合政策局作成

（出典）厚生労働省「一般職業紹介状況」より国土交通省総合政策局作成

シンポジウム②

第51回日本交通法学会定期総会

地方におけるモビリティ確保のための施策①
～地域公共交通活性化再生法等の改正～

国土交通省 北陸信越運輸局
次長 中山 泰宏

令和３年５月２２日

国土交通省
Ministry of Land, Infrastructure, Transport and Tourism

● 地域公共交通を取り巻く現状

報告3 地方におけるモビリティ確保のための施策②
――自家用有償旅客運送制度、ラストマイル実証実験（自動運転）――

秋田顕精
（国土交通省自動車局旅客課企画調整官・弁護士）

司会・山口 引き続きまして、秋田先生にご報告をお願いします。テーマは、地方におけるモビリティのうち、自家用有償旅客運送制度、ラストマイル実証実験についてです。秋田先生の経歴等について、簡単にご紹介いたします。現職は、国土交通省自動車局旅客課・企画調整官／弁護士であられます。

略歴としては、二〇一三年に東京大学法学部を卒業され、二〇一五年に東京大学法科大学院を修了されまして、二〇一六年に弁護士登録、二〇一七年、森・濱田松本法律事務所に入所され、二〇一九年七月から国土交通省自動車局旅客課・保障制度参事官室にて執務されています。活動実績等として、現在、国土交通省自動車局において、自家用有償旅客運送制度や自動運転（特に自賠法上の損害賠償責任）をご担当されています。それでは、秋田先生、どうぞよろしくお願いいたします。

ご紹介に預かりました自動車局旅客課の秋田と申します。

弁護士をもともとやっていまして、現在、自動車局にて執務しているという状況です。今現在の業務としては、ご紹介にあった自家用有償旅客運送制度や、許可・登録を要しない運送、レンタカー制度なども担当しています。また、自動運転の関係でいくと、自動運転車による事故時の賠償責任（自賠法の運行供用者責任）を担当しているので、本日はそういった観点からご報告できればと思います。それでは、よろしくお願いします。

まずは、自家用有償旅客運送制度ですが、先ほど中山次長からの報告でもあったように、法改正により、輸送資源の総動員による移動手段の確保として、自家用有償旅客運送制度の円滑化を図っております。そこで、そもそも自家用有償旅客運送制度とは何かというところと、今回の法改正の内容について、ご説明いたします。

そもそも、自動車を用いた地域の移動を担う交通手段としては、スライド記載のとおり、バス、タクシー、自家用有償旅客運送、あとは道路運送法の許可・登録を要しないものがあります。

バスやタクシーは、その事業を経営する場合には道路運送法上の許可が必要になる許可事業です。バスについては、通勤、通学、通院等、地域住民の生活に欠かせない公共交通機関であり、路線バス、コミュニティバス、デマンドバスといった種類があります。タクシーは、ドアツードアのきめ細かいサービスを提供する公共交通機関であり、乗合形態の乗合タクシーといったものもあります。

自家用有償旅客運送制度とは、バス、タクシーなど既存の一般旅客自動車運送事業者によることが困難な場合において、地域における輸送手段の確保が必要な場合に、一定の必要な安全上の措置を取った上で、市町村やＮＰＯ法人等が主体となって、自家用車を用いて提供される運送サービスであり、実施にあたっては、道路運送法上の登録を受ける必要があります。

道路運送法の許可・登録を要しないものは、このようなバス、タクシー、自家用有償旅客運送によることが難しい場合に実施されることが想定されており、典型的にはボランティア送迎などが該当しますが、先ほど中山次長からも説明があった、病院・商業施設等の送迎サービスや、スクールバス送迎も、この類型で実施されている場合があります。

自家用有償旅客運送制度の種別としては、交通空白地有償運送と福祉有償運送がありまして、旅客の対象が異なっています。

交通空白地有償運送は、まさに住民等のための自家用有償旅客運送です。福祉有償運送は、いわゆる身体障害者等で自力で移動することが困難な方のための自家用有償旅客運送になっています。

交通空白地有償運送は、全国一、七二四市町村のうち、五〇一市町村で実施されています。高岡市のご報告にもありましたように、高岡市でも実施されています。

登録にあたっては、バス、タクシーによることが困難であること、及び、地域における必要な輸送であることについて、地域の関係者による協議が調っているということが必要になります。

地域の関係者は、地域住民、（既に自家用有償旅客運送を実施されている場合には）実施主体であるＮＰＯ等、既存のバス・タクシー事業者の団体、運転者の組織する労働組合などが含まれます。関係者が協議会等の場で協議をしていく、協議を調えていただくということが必要になってきます。

さらに、必要な安全体制の確保も必要になり、この安全体制とは、バス、タクシー事業者に求められるような安全体制の水準に比べると若干落ちますが、それでも必要な安全体制は確保していただく必要があります。

登録の有効期間は、基本的には二年で、重大事故を起こしていない場合等には三年に延長されます。また、今般の道路運送法の改正によって、事業者協力型の自家用有償旅客運送制度を創設しましたが、こちらを利用する場合には、有効期間が五年に延長されます。

自家用有償旅客運送の運転者は、バス・タクシー等の緑ナンバーを運転する際に必要となるいわゆる二種免許を保有している者、または、一種免許を保有している者で、大臣認定講習という一定の講習を受講した者になります。

旅客の範囲について、交通空白地有償運送では、地域住民または観光旅客その他の来訪者が対象となっています。今回の法改正によって、観光旅客その他の来訪者のみを運送することも可能となっています。もともと一定の場合には地域住民に加える形で観光旅客その他の来訪者を対象とすることは可能でしたが、今回の改正により、地域住民を対象とせず、観光旅客その他の来訪者のみを対象とするということが可能になっています。

福祉有償運送の旅客の範囲は、身体障害者、精神障害者、基本チェックリスト該当者、その他の障害を有する者で、他人の介助によらずに移動することが困難で、単独で公共交通機関を利用することが困難な者を対象としています。また、その付添人も対象となります。

運送の対価、すなわち、いくらもらうことができるかについては、自家用有償旅客運送は営利事業ではないという性質上、実費の範囲内となります。

ここでいう実費には、ガソリン代はもちろん、ドライバーの報酬も含まれます。運送の対価についても、先ほどの協議事項になるので、運送の対価はいくらであるというところは、地域の関係者で協議を調える必要があります。

登録手続としては、ただいまご説明した、地域における関係者の協議と、道路運送法に基づく登録が必要になります。

よくあるご質問としては、交通空白地有償運送における、交通空白とはどういう意味か、といったものがあります。この点、厳密に、国土交通省として何か定義を置いているというわけではなく、地域において、そこが交通空白であって自家用有償旅客運送が必要であると協議が調えば、そこは交通空白ということになります。

例えば、既存の事業者が存在しない場合しか交通空白と認められないわけではなく、既存事業者が存在する場合でも、その既存事業者のみでは当該地域の輸送のニーズに応えきれない場合には、当該地域は交通空白であるという考え方が成り立ちます。また、時間によっては交通空白に該当するという場合もあり得ます。日中は、交通事業者が稼働しているから交通空白ではないが、夜の時間帯など、これらの交通事業者が稼働していない時間帯において、移動手段がないということであれば、当該時間帯においては交通空白という考え方も成り立つと思われます。

あと、使用する自動車として、例えば住民ドライバー、ボランティアドライバーが持ち込む自動車を使用することは可能かという質問を受けることがあります。基本的に持込みも可能ですが、当該自動車の使用権原を実施主体が有している必要がありますので、自家用有償旅客運送に使用する間の使用権原を実施主体に移していただく必要があります。この場合、車検証上の使用者を変更したりする必要はなく、自動車の使用者と市町村・ＮＰＯ等の運送主体との間で使用許諾書等を交わすことによって、使用権原を実施主体に移していただくことが可能です。

ここから法改正の内容の各論に入りますが（スライド五頁以降）、種別の見直しについて簡単に説明すると、従来は、まず市町村かＮＰＯ等かの主体で分けた上で、交通空白か福祉かの運送目的で場合分けをしていましたが、端的に運送目的で分ければ十分であるということで、交通空白地有償運送と福祉有償運送という形で整理をしました。

この整理に伴い、交通空白地有償運送、福祉有償運送いずれも地域公共交通会議または運営協議会で協議を行うことが、法律上可能になりました。

続きまして、交通事業者協力型の自家用有償旅客運送制度の創設についてですが、どういった制度であるかは、スライド六頁の図を見ていただくのが分かりやすいと思います。もともと市町村等が主体となって自家用有償旅客運送制度を実施していますが、安全体制の確保の観点から行う必要がある運行管理・車両整備管理について、バス・タクシー事業者等の交通事業者に協力してもらうものが、交通事業者協力型の自家用有償旅客運送制度ということになります。

期待される効果としては、利用者目線からすると、交通のプロであるバス、タクシー事業者が、運行管理、車両整備管理を担うことで、より安全・安心な交通サービスが提供されます。実施主体目線でいくと、ノウハウもなく負担が重い運行管理、車両整備管理を担ってもらうことで、業務負担の軽減につながります。交通事業者の目線からすると、交通事業者単独で当該運送を実施することはできないが、自家用有償旅客運送における運行管理、車両整備管理に協力することはできるということであれば、協力することによって実施主体から委託費を収受することが可能になります。このように、三者それぞれにメリットがある制度になっています。

交通事業者協力型を創設した趣旨は、協議会における協議の円滑化を図ることにあります。すなわち、地域に交通事業者で対応しきれていない移動ニーズがあるとなった場合、従来ですと、既存の交通事業者で確保しますという話になるか、自家用有償旅客運送を実施しましょうという話になって、二者択一の選択肢となってしまい、意見が対立しやすく、協議が調うまでに至らないケースもありました。そこで、両者にメリットのある制度を用意し、合意形成を容易にすることによって、協議の円滑化を図っております。

協議の円滑化については、この他、国土交通省としてもガイドラインやマニュアルを策定し、一定の考え方を示しております。直近では、二〇二〇年の一二月に、地域交通の把握に関するマニュアルを公表しました。本マニュアルの活用方法ですが、まず、チェックリストを活用して、交通事情などの対象地域の状況を客観的に把握します。かかる対象地域の状況を本マニュアルで示している目安や、既存の自家用有償旅客運送の導入事例と比較して、対象地域の交通状況が、移動手段確保のための検討が必要な段階にあるのかを確認します。これらにより把握された対象地域の交通状況を、自家用有償旅客運送の導入に係る協議会での協議での検討資料として用いることによって、既存の交通事業者によってできる、できないといったような、抽象的な議論になるのではなく、本マニュアルの活用によって把握された地域の状況に即して実質的な議論が可能になり、協議が円滑に進むものと考えております。

次に、交通事業者協力型の自家用有償旅客運送制度における協力の方法ですが、バス、タクシー事業者が協力する事項は、運行管理、車両整備管理になります。法律上の交通事業者協力型自家用有償旅客運送に該当するには、運行管理と車両整備管理について、バス、タクシー事業者が協力することが必要になります。これを満たさない協力形態というのもあり得ますが、それは法律上の交通事業者協力型の自家用有償旅客運送ではありません。

先ほどご説明したように、交通事業者協力型の場合には、登録の有効期間が五年になります。また、登録にあたっての提出書類について一部省略が可能です。交通事業者協力型の場合、実施主体と交通事業者に委託関係があるものですから、事故時の責任関係をどう考えるのかが問題となります。この点については、ガイドラインにて一定の整理をしていまして、基本的な考え方は、委任契約書において損害賠償責任の内部的負担割合を明確化しておくことが望ましいということを示しております。その内容は、協力事業者である交通事業者が受託した業務内容（運行管理、車両整備管理）を適切に履行しなかった場合を除いては、原則として、市町村やＮＰＯ法人等の実施主体が損害賠償責任を負うというものです。

続きまして、観光ニーズへの対応のための輸送対象の明確化についてですが、従来は、地域住民を輸送の対象とする場合で、地域住民にプラスする形で市町村が認めた場合に、観光客を含む来訪者を輸送の対象とすることが可能でしたが、今回の法律改正により、地域住民または観光客を含む来訪者を輸送の対象としましたので、観光客を含む来訪者のみを輸送の対象とすることが可能になりました。

続きまして、福祉有償運送の旅客の区分の明確化についてですが、基本チェックリスト該当者は、従来は、イロハニの区分において、「ニ」のその他区分で読んでいましたが、基本チェックリスト該当者の人数も増えてきており、また、福祉有償運送の旅客の対象に基本チェックリスト該当者が含まれるのかが明らかでないといった要望もあったところですので、明確化する趣旨で、精神障害者、知的障害者、基本チェックリスト該当者を今回省令に規定することとしました。

運送の対価の取扱いの明確化については、大きな変更は特になく、路線型の自家用有償旅客運送の場合には、乗合バス運賃を目安として、地域公共交通会議等の協議が調った額、区域型の自家用有償旅客運送の場合には、タクシー運賃の二分の一を目安として、地域公共交通会議等の協議が調った額ということになります。また、取扱いの明確化として、タクシー運賃の二分の一を目安という点について、従来から、目安なので、二分の一を超える対価の設定も可能ではありましたが、二分の一が基準であり、これを超えることができないといった誤解をされるケースもありましたので、二分の一はあくまでも目安であることを明確化するため、地域公共交通会議等において調った協議結果に基づき二分の一を超える運送の対価を設定することも可能であると規定することとしました。

協議の場の取扱いの見直しについてですが、こちらも先ほどご説明したとおり、種別の見直しに伴い、地域公共交通会議・運営協議会のどちらでも、交通空白地有償運送、福祉有償運送について協議することが可能になっています。また、スライド一二頁に、※印で記載しているとおり、いわゆる活性化再生法上の協議会で協議を行っていただくことも可能です。

協議に係る文言の改正も行っています。先ほど自家用有償旅客運送の実施にあたっては、協議会の協議を調える必要があると説明しましたが、もともと法律上は関係者の合意と規定されていました。ただ、合意だと、関係者の全会一致が必要になるとの誤解を招きかねないので、協議が調うと法律改正をしまして、全会一致が求められているわけではないことを明確化しました。具体的な決議要件（全会一致、多数決、構成員の三分の二以上の賛成など）は、それぞれの協議会において定めることとなります。

また、地域公共交通会議等で協議が調っているときの他、マスタープランにおいて、自家用有償旅客運送を導入することが定められているときには、関係者間の協議が調っている場合にあたるとする法改正も行っています。ただ、マスタープランは、地域の交通計画の大枠を定めるものですので、運送の対価や運送の区域が具体的に定められていない場合には、別途協議会等で協議を調えることが必要になります。

続きまして、ラストマイル実証実験（自動運転）について、簡単に説明します。

まず、自動運転に関する取組についてですが、自動運転は、交通事故の削減、今回のテーマに関わるラストマイルなどの高齢者等の移動支援、国際競争力の強化、渋滞の解消・緩和に資するものです。国土交通省としても、自動運転車に関する安全基準の策定や、無人自動運転移動サービスの実証実験などに取り組んでいます。

自家用車に関する実績について簡単に説明すると、日本は、国連における国際基準（技術基準）の策定を主導する立場であるとともに、国内においては、高速道路の渋滞時の自動運転（レベル3）に関する保安基準（技術基準）を世界に先駆けて整備をして、世界で初めて自動運転車（レベル3）の型式指定を行っております。

次に、福井県の永平寺町において実施されているラストマイル実証実験について説明します。国土交通省は、最寄り駅等と目的地を結ぶラストマイル自動運転について、経済産業省と連携し、二〇一七年度より車両技術の検証やビジネスモデルの検討のための実証実験を全国で実施しています。

そして、二〇二〇年一二月、福井県永平寺において、一人の遠隔監視・操作者が三台の無人自動運転車両を運行する試験サービスを開始しました。これはレベル2の自動運転にあたり、運転者が遠隔に存在し、運転席に人は乗っていません。この段階では、後部座席に保安要員は乗っていますが、運転者はいわゆる遠隔監視操作室にいるという状態で試験サービスを開始しました。

これに続けて二〇二一年三月に、同じ福井県永平寺で、全国で初めてレベル3の自動運転サービスを開始しました。

今後の取組としては、サービスの全国展開に向けて、様々な形態の車両や運行方法による安全な実証・実用化を進めていくとともに、さらに上のレベルを目指すため、二〇二二年度目途で遠隔監視のみの自動運転移動サービスの実現に向けて技術開発を推進していきます。

永平寺における自動運転車（レベル3）の認可については割愛します。

次に、このような自動運転の場合の損害賠償責任、すなわち、自動運転の事故時における損害賠償責任がどうなるかについてですが、国土交通省は、自動車損害賠償保障法、いわゆる自賠法を所管しておりまして、自賠法との関係で、自動運転の場合にどうなるのかが論点となります。現在、自賠法は、民法の不法行為の特則として、運行供用者に事実上の無過失責任を負わせています。運行供用者とは自動車の所有者等をいいます。事実上の無過失責任とは、いわゆる免責三要件を立証しなければ責任を負うということで、過失の立証責任が転換されています。被害者救済の観点から、このような制度になっているわけですが、この制度が自動運転の場合どうなるのかが論点です。この点については、既に自動運転における損害賠償責任に関する研究会において検討を行っており、一定の方向性が出ています。同研究会報告書では、レベル4までの自動運転システム利用中の事故については、迅速な被害者救済のため、従来の運行供用者責任を維持することとしております。レベル4の自動運転であっても、自動車の所有者等にいわゆる運行支配や、運行利益を観念できるので、既存の制度で対応可能であるということです。

同研究会報告書では、無人自動運転サービスについては、いわゆる車両の保有者である自動車運送事業者を運行供用者として観念できるといった整理がなされています。

最後に、地域の移動手段確保は、重要な課題であると認識しています。地域の移動手段の確保にあたっては、地域の実情に応じて、関係者が十分な協議を経て適切な役割分担のもとで、持続可能な移動手段の確保がなされることが重要であると考えています。そういった意味において、先ほどご説明した、関係者の協議を経て実施される自家用有償旅客運送制度は、移動手段の確保において、重要な役割を担うと考え、ご紹介させていただきました。駆け足となりましたが、私からは以上です。ありがとうございました。

司会・山口　秋田先生、ありがとうございました。先ほどの、須田先生のモビリティ・オペレーションの変革のモデルでいうと、下の方から行くものと、上の方から行くという二つのルートがありましたが、秋田先生の前半部分のお話が、この下の方から行くルートのための取組であって、ただ、その下の方から行くルートについても、まだやはり相当いろいろな協議を踏まえ、地道に解決していかなければいけない部分があり、その前提となる仕組み、その第一歩に該当するお話として認識したところです。

一方、上のルートの自動運転については、平成二九年に当学会のシンポジウムがなされたわけですが、自動運転の制度整備大綱はその後に出されているということになります。ですので、この部分についても最後に触れてくださいました。

そうすると、自動運転がMaaSの一部を担った場合において、協議がどうなるのであるかなど、そのような部分も今後気になるところです。どうも秋田先生、ありがとうございました。

自動運転における損害賠償責任に関する検討

国土交通省

○ 現在の自賠法では、民法の特則として、運行供用者（所有者等）（※１）に事実上の無過失責任を負わせている（免責３要件（※２）を立証しなければ責任を負う）が、自動運転システム利用中の事故における本制度の維持が論点。

○ 平成28年11月より、自動運転における損害賠償責任に関する研究会において検討を行い、平成30年3月20日に報告書をとりまとめ・公表。

○ 主要な方向性については、平成30年4月にとりまとめられた「自動運転に係る制度整備大綱」にも盛り込まれたところ、レベル4までの自動運転システム利用中の事故については、迅速な被害者救済のため、従来の運行供用者責任を維持することとした。

（※１）運行供用者：自己のために自動車を運行の用に供する者をいい、自動車の運行についての支配権（運行支配）とそれによる利益（運行利益）が自己に帰属する者をいうと解されている（自賠法第３条）（判例・通説）。

（※２）免責３要件：①自己及び運転者が自動車の運行に関し注意を怠らなかつたこと、②被害者又は運転者以外の第三者に故意又は過失があつたこと、③自動車に構造上の欠陥又は機能の障害がなかつたこと（自賠法第３条）

【移動サービス】ラストマイル自動運転

国土交通省

政府目標
○限定地域での無人自動運転移動サービスの実現（2020年まで）
○遠隔監視のみの自動運転移動サービスを開始（2022年度目処）

これまでの取組

- □ 最寄駅等と目的地を結ぶ「ラストマイル自動運転」について、経産省と連携し、2017年度より、車両技術の検証やビジネスモデルの検討のための実証実験を全国で実施。
- □ 2021年3月に、福井県永平寺町において、全国で初めてレベル3としてサービスを開始。
- □ また、2020年度には、全国5地域において、中型自動運転バスの実証実験を実施。

全国初のレベル3運行（福井県永平寺町）

- ➢ 2020年12月に、1人の遠隔監視・操作者が3台の無人自動運転車両を運行する形（自動運転レベル2：遠隔監視・操作者が3台を常時監視）で試験サービスを開始
- ➢ 2021年3月に、自動運転レベル3としてサービス開始

1人の遠隔監視・操作者が
3台の無人自動運転車両を運行

遠隔監視・操作室

中型自動運転バスの実証実験

- ➢ 2020年度に、全国5地域において、中型自動運転バスの実証実験を実施。

滋賀県大津市	2020年7月12日 ～9月27日
兵庫県三田市	2020年7月20日 ～8月23日
福岡県北九州市	2020年10月22日 ～11月29日
茨城県日立市	2020年11月30日 ～2021年3月5日
神奈川県横浜市	2021年2月9日 ～2021年3月5日

滋賀県大津市

神奈川県横浜市

今後の取組

- □ サービスの全国展開に向けて、様々な形態の車両や運行方法による安全な実証・実用化
- □ 「2022年度目途の遠隔監視のみの自動運転移動サービス実現」に向けて、技術開発を推進

16

永平寺ラストマイル自動運転車（レベル３）の認可

国土交通省

○令和3年3月、（国研）産業技術総合研究所から申請のあった車両に対し、自動運行装置搭載車（レベル3）として認可
○車両に搭載された自動運行装置は、自転車歩行者専用道に設置された電磁誘導線上を走行し、歩行者、自転車及び障害物等を検知し対応する装置

全国初の遠隔監視・操作型自動運転車（レベル3）の認可

1人の遠隔監視・操作者が3台の
無人自動運転車両を運行

遠隔監視・操作室

車両に福井県版図柄入り
ナンバープレートを装着

名称：ZEN drive Pilot

遠隔監視・操作者による常時周辺監視から解放され運転負荷を軽減

走行環境条件

1．道路状況及び地理的状況
(道路区間)
- 福井県吉田郡永平寺参ろーど：京福電気鉄道永平寺線の廃線跡地
- 町道永平寺参ろーどの南側一部区間：永平寺町荒谷～志比（門前）間の約２ｋｍ

(道路環境)
- 電磁誘導線とRFID による走行経路

2．環境条件
(気象状況)
- 周辺の歩行者等を検知できない強い雨や降雪による悪天候、濃霧、夜間等でないこと

(交通状況)
- 緊急自動車が走路に存在しないこと

3．走行状況
(自車の速度)
- 自車の自動運行装置による運行速度は、12ｋm/ｈ以下であること

(自車の走行状況)
- 自車が電磁誘導線上にあり、車両が検知可能な磁気が存在すること
- 路面が凍結するなど不安定な状態でないこと

17

国土交通省

● ラストマイル実証実験（自動運転）

自動運転に関する取組

国土交通省

○ 交通事故の削減等に資する自動運転の実用化に向け、国土交通省では、自動運転車に関する安全基準の策定や、無人自動運転移動サービスの実証実験等の取組を推進している。

■自動運転とは

【自動運転のレベルの定義】

システムが周辺監視	レベル5	完全自動運転
	レベル4	特定条件下における完全自動運転
	レベル3	特定条件下における自動運転
ドライバーが周辺監視	レベル2	高度な運転支援（自動の追い越し等）
	レベル1	運転支援（衝突被害軽減ブレーキ等）

※特定条件とは、場所（高速道路のみ等）、天候（晴れのみ等）、速度など自動運転が可能な条件。

■政府目標と国交省の取組

	自家用車	移動サービス

政府目標	高速道路において ● レベル3の実現（2020年目途） ● レベル4の実現（2025年目途）	限定地域において ● 無人自動運転移動サービスの実現（2020年まで） ● 遠隔監視のみのサービス開始（2022年目途）
実績	● 国連における基準策定を主導 ● 高速道路（渋滞時）のレベル3 ・保安基準を整備（世界初） ・型式指定（世界初）	● 全国多数箇所で公道実証を実施 ● 無人自動運転移動サービス事業化（福井県永平寺町）
今後の取組	● より高度な自動運転機能の安全基準を策定	● 様々な形態の車両や運行方法による安全な実証・実用化

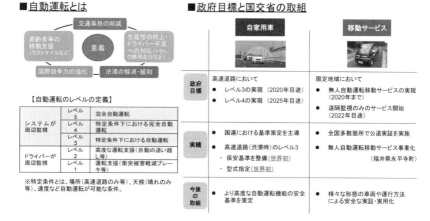

R2改正⑧協議の場の取扱いの見直し

国土交通省

・自家用有償旅客運送の種別の見直しに伴い、種別に関わらず、当該運送の実施について、地域公共交通会議、運営協議会等において協議が可能に。

（改正前）

自家用有償旅客運送の種別の見直しに併せて改正

（改正後）

地域公共交通会議

実施主体 ＝ 市町村

市町村運営有償運送（交通空白）

市町村運営有償運送（福祉）

について協議

運営協議会

実施主体 ＝ ＮＰＯ法人等

公共交通空白地有償運送

福祉有償運送

について協議

※「地域公共交通の活性化及び再生に関する法律」第6条に規定する「協議会」においても協議を行うことが可能

地域公共交通会議・運営協議会

（地域の実態に応じて会議体を選択）

交通空白地有償運送

福祉有償運送

について協議

※「地域公共交通の活性化及び再生に関する法律」第6条に規定する「協議会」においても協議を行うことが可能

12

R2改正②協議の方法に関する明確化⑧協議の場の取扱いの見直し

国土交通省

・協議にかかる文言の改正等の見直しを行うとともに、地域において会議が組織されていない場合の取扱いを規定。

・**文言の改正（道路運送法79条の4第5号）**

（改正前）「合意」 ▶ （改正後）「協議が調う」

※全会一致が求められるとの誤認を回避する趣旨

・**関係者による協議にかかる要件の見直し**

（改正前）

地域公共交通会議等で協議が調っているとき

（改正後）

地域公共交通会議等で協議が調っているとき

地域公共交通計画（※）において、**自家用有償旅客運送を導入することが定められている**とき

（※）「地域公共交通の活性化及び再生に関する法律」第5条に規定する、地域旅客運送サービスの持続可能な提供の確保に資する地域公共交通の活性化及び再生を推進するための計画

・**地域において会議が組織されていない場合の取扱いの規定**

申請者は、以下の関係者に持ち回りで了解を得るなどの方法で協議を調えることにより地域公共交通会議等の協議に代えることが可能。

①関係地方公共団体の長　②バス、タクシー事業者及びその組織する団体
③住民又は旅客（市町村において選定した代表者）　④バス、タクシーの運転者が組織する団体
⑤その他、当該市町村において協議を調える必要があると判断する者

13

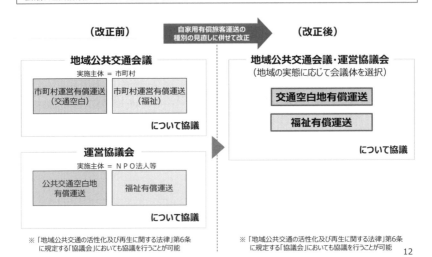

R2改正⑥福祉有償運送の旅客の区分の明確化

国土交通省

・福祉有償運送の旅客の範囲の区分について、「基本チェックリスト該当者」が対象となること等を省令において明確化

（改正前）

イ. 身体障害者福祉法第四条に規定する身体障害者

ロ. 介護保険法第十九条第一項に規定する要介護認定を受けている者

ハ. 介護保険法第十九条第二項に規定する要支援認定を受けている者

ニ. その他肢体不自由、内部障害、知的障害、精神障害その他障害を有する者

（改正後）

イ. 身体障害者福祉法第四条に規定する身体障害者

ロ. 精神保健及び精神障害者福祉に関する法律第五条に規定する**精神障害者**

ハ. 障害者の雇用の促進等に関する法律第二条第四号に規定する**知的障害者**

ニ. 介護保険法第十九条第一項に規定する要介護認定を受けている者

ホ. 介護保険法第十九条第二項に規定する要支援認定を受けている者

ヘ. 介護保険法施行規則第百四十条の六十二の四第二号の厚生労働大臣が定める基準に該当する者（**基本チェックリスト該当者**）

ト. その他肢体不自由、内部障害、知的障害、精神障害その他障害を有する者

10

R2改正⑦運送の対価の取扱いの明確化

国土交通省

・自家用有償旅客運送の種別の見直しに伴う改正を行うとともに、目安の取扱いを明確化する改正

1．自家用有償旅客運送の種別の見直しに伴う改正

（改正前）　→ 自家用有償旅客運送の種別の見直しに併せて改正 →　**（改正後）**

（改正前）

【自家用有償旅客運送（市町村が主体）】
○路線型
・乗合バス運賃を目安
○区域型
・タクシー運賃の1/2を目安

【自家用有償旅客運送（NPO等が主体）】
○区域型
・タクシー運賃の1/2を目安
・運営協議会で協議が調っていること

（改正後）

【自家用有償旅客運送（路線型）】
・乗合バス運賃を目安
・地域公共交通会議等の協議が調った額

【自家用有償旅客運送（区域型）】
・タクシー運賃の1/2を目安
・地域公共交通会議等の協議が調った額

2．取扱いの明確化

・ 改正通達に「地域公共交通会議等において調った協議結果に基づき、1/2を超える運送の対価を設定することも可能である。」と規定。

11

R2改正③交通事業者が協力する自家用有償旅客運送制度の概要

国土交通省

【制度のねらい】

（利用者）

・バス・タクシー事業者が、運行管理、車両整備管理に協力することで、より安心、安全なサービスを受けることが可能。

（運送主体）

・運行管理等に関する業務負担の軽減や運行ノウハウの活用を図ることが可能。

（バス・タクシー事業者）

・委託費の確保等による収入面での向上が期待。

【「協力」の方法】

・バス・タクシー事業者が協力する事項は、運行管理、車両整備管理。

・協力する事業者で運行管理者等に選任されている者が、運行管理の責任者、整備管理の責任者として選任され、業務を行う必要がある。

【手続きの円滑化】

・新規登録や、一定要件を満たす場合の更新登録の有効期間は５年（通常は２年又は３年）。

・運転免許証（写）など、一部の提出書類の省略が可能。

【事故時の責任関係】

・ 運行中に生じた事故等によって生じた第三者に対する損害賠償責任の内部的な負担割合を明確にするため、「事業者協力型自家用有償旅客運送における事故時の責任関係に係るガイドライン」を参照し、業務の受委託に際して、損害賠償責任の内部的な負担割合や、協力事業者の業務について明確化しておくことが望ましい。

R2改正⑤観光ニーズへの対応のための輸送対象の明確化

国土交通省

■ 地域住民だけでなく観光客を含む来訪者も対象とすることを法律において明確化。

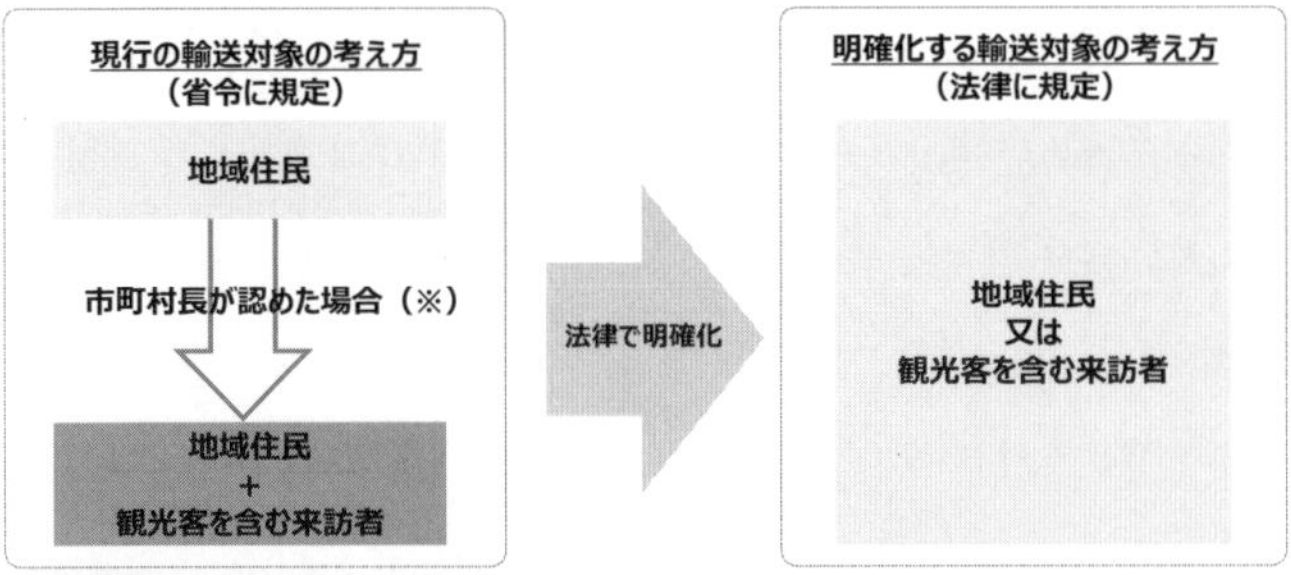

（※）地域の交通が著しく不便であることその他交通手段の確保を図ることが必要な事情があることを市町村長が認めた場合

【期待される効果】

・インバウンドを含む観光ニーズの取り込みにより、生活交通も含め、地域交通の持続性が高まる

・観光客の移動ニーズに対応し、地域の観光資源の活用を図る

R2改正③交通事業者が協力する自家用有償旅客運送制度の創設

国土交通省

過疎地等で市町村等が行う自家用有償旅客運送について、バス・タクシー事業者が運行管理、車両整備管理で協力する制度を創設
⇒運送の安全性を向上させつつ、実施を円滑化

○事業者協力型自家用有償旅客運送の概要

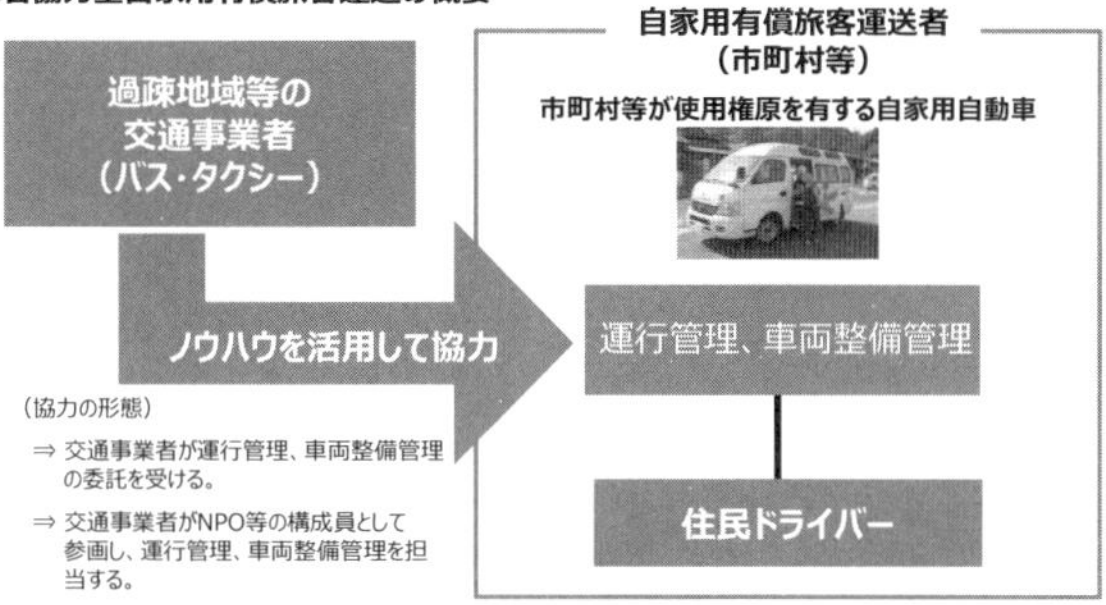

【期待される効果】

【利用者目線】	【主体目線】	【交通事業者目線】
・安全、安心な交通サービスの提供	・業務負担の軽減 ・運行ノウハウの活用	・委託費の確保 等

6

R2改正③交通事業者協力型自家用有償旅客運送制度の趣旨

国土交通省

課題	○地域に、既存の交通事業者では対応しきれていない移動ニーズが明らかになった場合、 ・交通事業者（バス・タクシー）による移動手段の確保 ・市町村等による自家用有償旅客運送の実施 の二者択一の選択肢についての協議となり、意見が対立し、合意形成がハードルになりやすい。

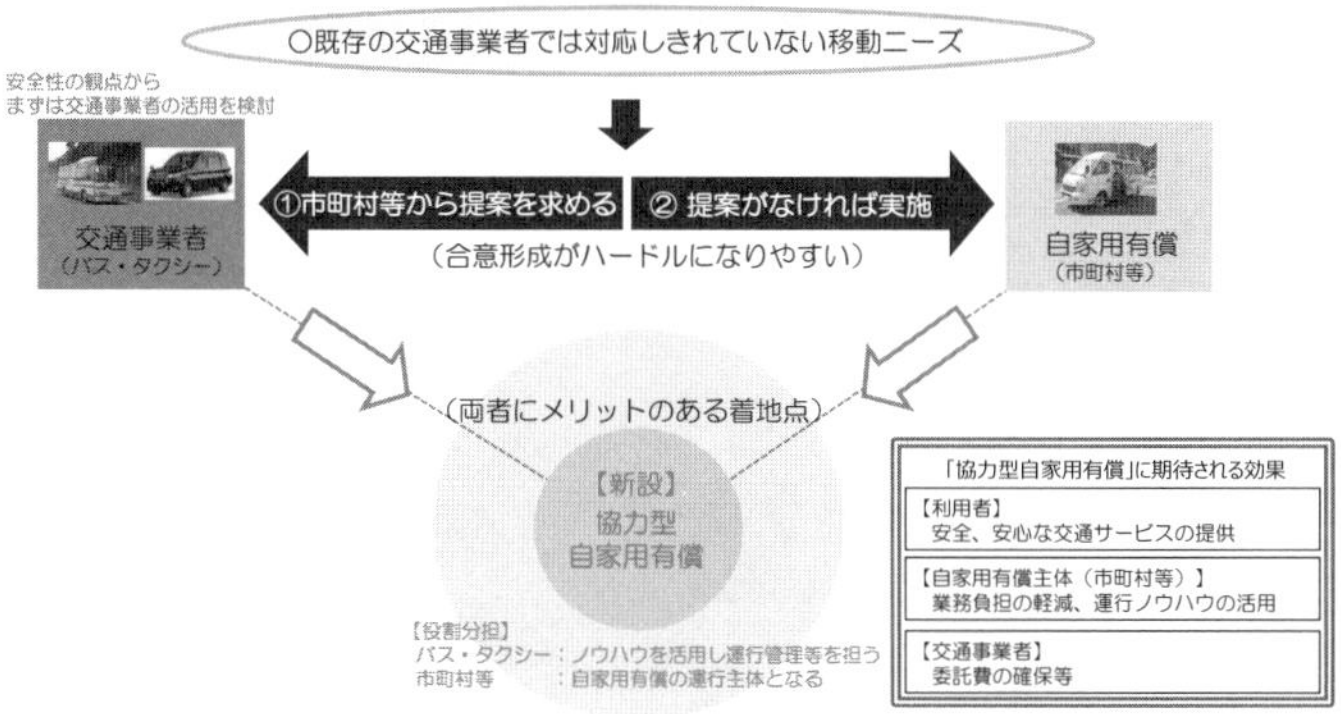

「協力型」の制度化により、両者にメリットのある着地点を提案し、合意形成を容易化

7

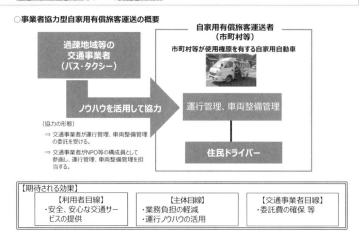

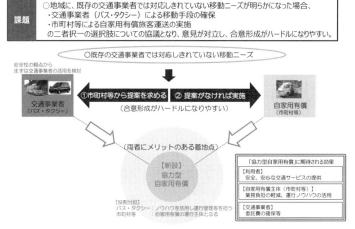

自家用有償旅客運送制度（平成18年創設）

登録等	運転者	・2種運転免許保有 又は ・1種運転免許保有＋自家用有償旅客運送の種別に応じた大臣認定講習の受講 R2改正④運転者講習の合理化
	旅客の範囲	**交通空白地有償運送** ・地域住民 ・観光旅客その他の当該地域を来訪する者　R2改正⑤観光客の明確化 **福祉有償運送** ※以下に掲げる者のうち、他人の介助によらず移動することが困難で、単独では公共交通機関を利用することが困難な者及びその付添人 ・身体障害者、精神障害者、知的障害者、要介護者、要支援者、基本チェックリスト該当者、肢体不自由その他の障害を有する者　R2改正⑥区分の明確化
	運送の対価	・実費の範囲内であると認められること ・合理的な方法により定められ、かつ、旅客にとって明確であること ・営利目的とは認められない妥当な範囲内であり、かつ、協議が調っていること R2改正⑦取扱いの明確化
	登録手続き	①地域における関係者の協議　R2改正⑧協議の場の取扱いの見直し ▼ ②道路運送法に基づく登録　R2改正⑨申請書類の簡素化　R2改正⑩各種様式の変更

4

R2改正①自家用有償旅客運送の種別の見直し

国土交通省

・交通空白地における住民の輸送と福祉目的の輸送は、議論すべき内容が異なるため、実施主体ではなく、運送目的に応じて協議できるよう、運送目的に応じて種別を見直し。

（改正前）

実施主体 ＝ 市町村
- 市町村運営有償運送（交通空白）
- 市町村運営有償運送（福祉）

実施主体 ＝ ＮＰＯ法人等
- 公共交通空白有償運送
- 福祉有償運送

（統合）　（統合）

（改正後）

交通空白地有償運送

・実施主体 = 市町村、NPO等
・地域住民及び観光客を含む来訪者を対象
・地域公共交通会議又は運営協議会において協議

福祉有償運送

・実施主体 = 市町村、NPO等
・身体障害者等に該当する、地域住民及び観光客を含む来訪者を対象
・地域公共交通会議又は運営協議会において協議

5

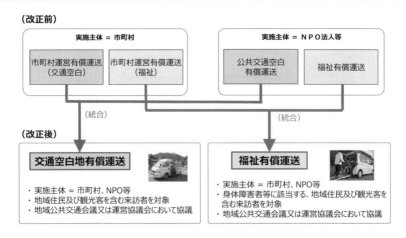

地域の移動を担う交通手段

国土交通省

種類		特徴
バス	路線バス	路線やバス停、運行時刻を定めて定時・定路線で運行するバス。通勤・通学、通院など地域住民の生活に欠かせない公共交通機関。
	コミュニティバス	路線バスで対応しきれないニーズに応えるため、市町村が主体的に計画し、定時・定路線で運行するバス。
	デマンドバス	区域を定めて、利用者の要望に応じて、機動的に最短ルートを運行したり、利用希望のある地点まで送迎したりするバス。
タクシー	タクシー	子供からお年寄りまで幅広い利用者の日常生活における多様な移動ニーズに応える、ドアツードアのきめ細かいサービスを提供する公共交通機関。
	乗合タクシー	地域の生活交通を維持するため、タクシー事業者が自治体と連携して提供する乗合の運送サービス。定時・定路線からデマンドまで地域のニーズに応じて多様な形態で運行。
自家用有償旅客運送		バス・タクシー事業が成り立たない場合であって、地域における輸送手段の確保が必要な場合に、必要な安全上の措置をとった上で、市町村やNPO法人等が、自家用車を用いて提供する運送サービス。
道路運送法の許可・登録を要しないもの（共助）		地域の移動手段の確保のため、道路運送法の許可又は登録を要しない助け合いによる運送。（収受することが可能な範囲は、運転者が実際の運送に要するガソリン代、道路通行料、駐車場料金、自発的な謝礼）

2

自家用有償旅客運送制度（平成18年創設）

概要

□ **過疎地域での輸送**や**福祉輸送**といった、**地域における必要な輸送**について、それらが**バス・タクシー事業によっては提供されない場合**に、市町村、NPO法人等が**自家用車を用いて有償で運送できる**こととする制度。

種別

住民等のための「自家用有償旅客運送」（交通空白地有償運送）

R2改正①種別の見直し

実施団体数（旧種別ごと）：
市町村運営有償運送（452団体）
公共交通空白地有償運送（124団体）
※全国1,724市町村の内501市町村で実施
（※平成31年3月31日時点）

身体障害者等のための「自家用有償旅客運送」（福祉有償運送）

R2改正①種別の見直し

実施団体数（旧種別ごと）：
市町村運営有償運送（109団体）
福祉有償運送（2482団体）
（※平成31年3月31日時点）

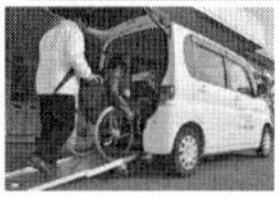

※平成27年4月より、事務権限（登録、指導・監督）の市町村長等への移譲（手上げ方式）を開始。
平成31年4月1日現在、事務・権限の移譲先として19自治体（8県、11市区町村）を指定済み。

登録等

登録要件	①**バス、タクシーによることが困難**、かつ、 ②**地域における必要な輸送**であることについて、**地域の関係者（※）の協議が調う**　R2改正②「合意」→「協議が調う」 ※地方運輸局又は運輸支局、地域住民、NPO等、バス・タクシー事業者及びその組織する団体、運転者の組織する労働組合 ③**必要な安全体制の確保**
有効期間	2年（重大事故を起こしていない場合等は3年）※事業者協力型は5年　R2改正③事業者協力型の創設
指導・監督	上記③について、必要に応じ、監査等を実施。さらに是正命令や登録取消等の処分を実施。

3

シンポジウム③

第51回日本交通法学会定期総会

地方におけるモビリティ確保のための施策②
～自家用有償旅客運送制度、ラストマイル実証実験（自動運転）～

国土交通省　自動車局旅客課
企画調整官　秋田顕精

令和3年5月22日

国土交通省
Ministry of Land, Infrastructure, Transport and Tourism

● 自家用有償旅客運送制度

報告4　MaaSを含めた次世代モビリティにおける法的問題

南部あゆみ
（立正大学データサイエンス学部准教授）

司会・山口　それでは、続きまして、南部先生のご報告に移ります。南部先生からは、MaaSを含めた次世代モビリティにおける法的問題をご報告いただきます。

南部先生の略歴を、簡単にご紹介します。南部先生の現職は、立正大学データサイエンス学部の准教授です。二〇一三年九月に、早稲田大学社会科学研究科博士後期課程を修了され、二〇一三年から平成国際大学法学部に着任後、准教授を経て、二〇一九年に立正大学法学部に移られ、そして立正大学データサイエンス学部が二〇二一年に新設されたとともに同学部に移られたと伺っています。

活動実績、著書等としましては、インターネット取引のトラブル等について研究されていまして、「インターネットのプラットフォーム型複合契約」という論文などがありますけれども、このようなプラットフォームに関して、非常にお詳しい先生です。それでは、南部先生、どうぞよろしくお願いします。

立正大学データサイエンス学部の南部です。この度は、報告の機会を与えていただき、ありがとうございます。私が担当しますのは、「MaaSを含めた次世代モビリティにおける法的問題」というテーマです。私は民法が専門でして、特に最近は、プラットフォームビジネスについて勉強しています。

ですから今回は、そうした切り口でお話ししていきたいと考えています。配布資料は一〇八頁以降になります。

まず、この報告の目的と流れをご説明します。与えられたテーマは非常に広いので、ひとまず対象をMaaSに絞ります。

そして、MaaSで生じる法的問題を整理することを第一の目的とします。整理していきますと、大小様々な論点が出てきます。

そこで、そうした論点の中から、主要なものを三点選び検討するのが第二の目的です。ここで法的な論点をあぶりだすための軸として、二つの視点から整理することにしました。

一つは、MaaSが交通サービスを提供する契約であること。もう一つは、MaaSがプラットフォームビジネスであることです。この二点から、民事責任を中心に検討します。

それでは、MaaSがどのような契約構造なのかを見ていきます。レジュメでは一〇七頁に詳しい図が載っています。実際には、こんなに単純ではありませんし、もっとたくさんの利害関係人が絡んでいます。

ですので、MaaSの一つの例をシンプルに表現したものぐらいに捉えてください。ポイントは、MaaSオペレーターという存在を中心に、複数の当事者がそれぞれ別個の契約を結んでいるという点です。交通サービスを提供する存在、例えば鉄道会社やタクシー会社などを、サービス提供者と表しました。

サービス提供者とMaaSオペレーターは、事業者ごとにMaaSシステムの利用契約を結びます。オペレーターは、サービス提供者にシステムを利用させます。そしてその対価として、サービス提供者が手数料を支払います。サービスを利用する客が利用者です。利用者も、MaaSオペレーターとシステムの利用契約を結びます。オペレーターは、利用者にシステムを利用させますが、恐らく利用者が手数料を支払うことはないと思います。手数料の代わりに、利用者の情報が提供されるというのが一般的なプラットフォームの形態です。

サービス提供者が提供するサービスを利用者が利用します。サービス提供者と利用者との間には運行契約が結ばれますが、契約内容について個別のやり取りはありません。オペレーターを介した全体的なビジネス構造が存在するというイメージです。

あと左下には、クレジットカードなどの決済会社を位置付けました。MaaSでは、サービス提供時に金銭の受け渡しはしません。海外の事例を見ますと、基本的に料金は一括決済で、前払いのようです。

ですから、料金の支払いを代行する決済機関が必要になります。今回は、一般的なクレジットカード会社を想定しました。決済会社は、オペレーターとの間では加盟店契約を、そして利用者との間では会員契約を結びます。

一〇七頁の図では、交通サービスの対価としての料金の流れが、太い矢印になっています。決済会社がMaaSオペレーターに立替えて、それをオペレーターがサービス提供者に分配します。そして、利用者は、決済会社に支払います。

こうした複合的なビジネス構造のことをプラットフォームと言います。定義としましては、「他社が有する情報やサービス、コンテンツ等をユーザーに提供するための基盤」となります。

プラットフォームを提供する事業者がプラットフォーム事業者です。MaaSですと、MaaSオペレーターがプラットフォーム事業者に位置付けられます。交通サービスの提供者はプラットフォームという基盤を通してサービスを届けます。利用者は、プラットフォームを使って必要なサービスを検索したり、決済をしたりします。

つまりプラットフォーム事業者というのは、サービスの提供者と利用者を繋ぐコーディネーターのような役割だと言えます。

ここで、どのプラットフォームにも共通する特徴を説明します。まず、プラットフォームは事業を拡大しやすく、その結果、独占や寡占が進むという傾向があります。拡大しやすいのは、拡大のためのコストが低いからです。例えば製造業ですと、事業を拡大するには、工場を増設するなど費用がかかります。

しかし、ＩＴビジネスは、そこまでの拡大費用がかかりません。一度拡大路線に乗れば、ネットワーク効果が働き、さらに拡大します。「独占化」のところにネットワーク効果と書いてあるのですが、これはあるネットワークへの参加者が多いほど、そのネットワークの価値が高まり、さらに参加者が増えるという現象のことを言います。

例えばMaaSで言いますと、サービス提供者が増えればサービス内容が充実するので、利用者が増えます。そして利用者が増えれば利益が見込めるので、サービス提供者もまた増える、このような構造です。

その結果、プラットフォームは拡大を続けて巨大化するという現象が起こります。さらに、プラットフォームでは情報の集約性が高くなります。プラットフォームには多くの情報が集まります。利用者は、利用契約を結ぶ際に個人情報を入力しますし、さらに閲覧履歴や購入履歴といった様々な情報を、プラットフォームを利用するたびに提供しています。

これが利用者の支払う対価でもあるため、情報集約というのは、もうプラットフォームの宿命ともいえます。

そこでプラットフォームは、こうした情報をたくさん抱えることになり、契約当事者間で格差が生じてきます。「先行者が有利」というのは、ユーザーは、一度利用するプラットフォームを決めると、なかなか他のプラットフォームに乗り換えないということです。それは、新しいシステムに対応するのを嫌がったり、使ったことのあるプラットフォームの方が信頼できると考えるからです。ですから、先に市場を独占した者が、そのままずっと勝ち続けるという現象が起こります。

こうした傾向から、プラットフォームには共通する典型的な論点があります。一つは不公平な取引、優越的地位の濫用の問題です。プラットフォームは巨大化しやすいので、どうしてもプラットフォーム事業者の交渉力が高まります。そのため、不公平な契約内容を相手に無理やり押し付けるという実態があり、近年、問題になっています。

次に、個人情報の問題です。情報を集約するのがプラットフォームの特徴です。そのため、情報の漏えいであったり、情報の不適切な利用といった問題がどうしてもつきものです。課税というのは、国際的な問題です。国をまたぐ巨大プラットフォームの場合、管轄がはっきりせずに、結局どこにも納税しないという現象が起こります。ただ、MaaSに関しましては、地域性の高いプラットフォームですので、課税に関しては問題は起こらないと思います。

こうしたMaaSの特徴を踏まえて問題を整理します。レジュメですと一〇八頁に詳しく書いてあります。まず、MaaSの特徴としまして、システム面とハード面に分けました。システム面としては、情報の一元化、一括予約・一括決済、そして定額制です。これは、MaaSの統合レベルから導き出しました。そして、ハード面としましては、新たな移動手段の存在です。シェアサービス、デマンド型交通、ライドヘイリング、自動運転を挙げました。これを縦軸にします。

次に横軸としまして、法的な問題点を並べてみました。それをさらに、交通サービスに着目した問題点とプラットフォームに着目した問題点とに分けました。従来の交通サービスの問題点としましては、交通事故や債務の不履行、盗難や労働問題などが考えられます。また、プラットフォーム特有の問題としましては、先ほど述べましたとおり不公平な取引と個人情報を取り上げました。

それをまとめたのが、一〇六頁の表になります。いろいろと思いつく問題点を書き込んでみました。今回はこの中から三点、交通事故、不公平な取引、個人情報を論点として取り上げたいと思います。

論点の一つ目、交通事故についてです。交通事故が生じた際、一般的には以下のような民事責任が考えられます。運転手の責任、車両の所有者の責任、車両のメーカーの責任です。それでは、プラットフォーム事業者であるMaaSオペレーターには、何らかの責任が生じるのかというのが、検討課題です。

オペレーターは、交通サービスの提供については、契約当事者ではありません。直接サービスを提供する当事者でもありません。ただ、システムを運営しているだけです。それでも交通事故が起こったときに、責任が問われる可能性はあるのか。あるとしたら、どこに根拠があって、具体的にどのような責任が考えられるのか、この辺りを検討していきます。

レジュメの一〇三頁から一〇五頁に詳しく書いてありますので、そちらも併せてご覧ください。

今までもプラットフォーム事業者の責任というのは、多く論じられてきました。ただ、ほとんどがアマゾンのようなマーケットプレイスであったり、ＳＮＳのようなコミュニケーションツールを想定したものです。オンラインモールについては、経済産業省が「電子商取引及び情報材取引に関する準則」で幾つかの責任について、言及しています。名板貸責任の類推適用、利用契約に基づく信義則上の付随義務、不法行為責任がその根拠として挙げられています。

また、判例でも有名なものがありまして、名古屋地裁のいわゆるヤフーオークション事件です。これは、インターネットオークションで、代金を支払ったのに商品が届かないという詐欺被害が相次いだ事件でして、裁判所は利用契約に基づく信義則上の付随義務として、システム安全管理義務と情報提供義務、注意喚起義務を認めました。

まとめますと、プラットフォーム事業者の責任というのは、利用契約に基づく信義則上の付随義務と位置付けるものが多いです。他にも、プラットフォームという構造から権利関係が発生するというシステム責任論・システム構築責任などもありますが、これはまだ学説レベルです。

さらに、プラットフォーム事業者が悪質な行為をしたとか、何か特別な事情がある場合は、不法行為責任などが認められる余地はあります。

具体的な責任の内容は、結局はプラットフォームによって異なります。それは一口でプラットフォームといっても、その構造や力関係、契約関係が全く違うからです。取引の構造や力関係の実態から、個別具体的に判断していくことになります。決定権がどこにあるのか、支配従属関係がどの程度強く存在しているのか、相互依存関係があるのかなど、いろいろな要素から判断されます。そしてプラットフォーム事業者に強い権限があるほど、その責任も重くなるという傾向にあります。

一般的にその内容としては、システムを維持する義務、何かトラブルが起きたときに被害が拡大しないようにする義務、情報提供義務や注意喚起義務が中心になってきます。

今お話ししたものは、ネットショッピングを想定したものがほとんどです。そこで次に、交通サービスを提供するプラットフォームに応用してみたいと思います。交通系のプラットフォームには、以下のような特殊性があります。まず、事故の際の被害が財産的損害にとどまらず、身体的損害に及ぶこと。そして情報の集約性が高いこと。また、エリアによっては、他のプラットフォームが存在しないため、相互依存関係が強くなることです。

その結果、交通系プラットフォーム事業者に対しては、特に安全性の面で社会的な期待が高まります。そこで想定し得るプラットフォーム事業者の責任を検討してみました。

まず、システム安全管理義務やトラブル時の情報提供義務、注意喚起義務は、今までどおり当然に認められると思います。

また、あまり現実的には考えられないのですが、ドライバーが危険な運転をしていることをオペレーターが知りながら、それを放置しているような状況があれば、不法行為責任が問われる余地もあるでしょう。トラブル時の調査確認義務は、注意喚起義務を遂行するのに必要なので認めてよいと思います。

最後に、プラットフォーム事業者には、事前にサービス提供者の安全性を調査したり、監督する義務があるのかという点、ここを検討してみたいと思います。一般的に考えますとプラットフォーム事業者は、トラブルを認識した時点から義務を負います。

ですから、トラブルが起こらない段階での、事前の確認義務、調査確認義務、監督義務というのは認められません。では、交通サービスという特殊性を持つ場合はどうなのかという問題です。

ここから先は、私見になってしまうのですけれども、そもそも交通事業には様々な規制が既にかけられています。例えば、鉄道会社やタクシー会社は、経営許可を得なければ事業ができませんし、法律で様々な安全管理が義務付けられています。それは、交通サービスにはリスクがつきものなので、それを想定して安全性を確保するためです。ですから、既存の交通事業の枠内で、既存の業者がサービス提供者として加わる分には指導・監督するものが存在していますので、あえてプラットフォーム事業者が監督をする必要はないと思います。二重の義務を負わせることになるからです。

では、そういう指導・監督者がいない場合はどうなのかというのを考えてみます。今の段階では法的に無理なので、あくまでも仮定の話になるのですが、将来的にUberのようなライドヘイリングを導入するのであれば、これは結構厄介な問題になります。

運転手が個人事業主であるため、監督者がいないからです。管理の仕組みがないと事故や事件のリスクが高まります。運転手の管理としては、免許を持っているのか、運転履歴はどうなのか、犯罪歴はあるのか、健康状態はどうなのか。また車両管理の面では、ライドヘイリングの稼働率は自己使用よりもかなり高くなりますので、より高度な管理が求められます。

さらに保険の問題もあります。ライドヘイリングは業務使用になるため、個人の任意保険では補償を受けられない可能性が出てきます。では、ライドヘイリングに対応した保険に加入しているのを誰が確認するのか。もしくは、プラットフォーム事業者が契約者になることも考えなければなりません。例えばUber Eatsでは、Uber Eats側が契約しているようです。

また最近の傾向としまして、運転手の労働者性の問題もあります。イギリスやフランスでは、Uberの運転手を労働者だと認める判決が出ています。ここが認められますと、交通事故の際には、プラットフォーム事業者が使用者責任や運行供用者責任を負うことになります。

いずれにせよ、もしライドヘイリングが導入されますと、プラットフォーム事業者の責任ががらりと変わるということは確かだと思います。

論点の二つ目です。不公平な取引、レジュメで言うと一〇三頁にあたります。先ほどのプラットフォームの性格のところでご説明しましたように、プラットフォームは、構造的に格差や支配従属関係を生み出しやすいものです。

さらに、交通系プラットフォームの場合、地域によっては独占状態となりまして、リスクが高まります。重要なのは、構造的に優越的地位の濫用となるリスクが高いということを理解して、あらかじめそれを防ぐルールを導入しておくことです。具体的には、まずは積極的な情報提供、それから評価制度を透明化すること、交渉する機会を設けておくこと、さらにそうしたルールが守られているかを監督する仕組みを整えておくこと。

もちろん、そんな悪質なMaaS事業者が出てくるとは考えていませんが、まずは構造的な問題であると理解して、備えておく必要はあると思います。

論点の三つ目です。個人情報の問題です。MaaSの大きな特徴の一つが、情報の一元化です。集めた情報を分析することで、より効率的な運行をしたり、新しいサービスを生みだすことが可能になります。

しかし、一方で個人情報の取扱いについては、近年非常に難しい対応が求められています。そこで情報・データに関する論点を整理しながら検討してみたいと思います。

まず、MaaSオペレーターとサービス提供者の間で生じる問題です。レジュメでは一〇三頁になります。ここでは、サービス提供者同士のデータの連携が課題になります。路線図や時刻表といった情報から顧客情報まで、様々な情報を一元化するからです。そこで、それぞれの事業者が有している情報を共通の規格でデータ化する必要があります。また、データの正確性を維持する仕組みも必要です。

次に、連携の問題です。サービス提供者が、どの情報を提供してどの情報の提供を拒めるのかという問題です。これについては、国土交通省が「MaaS関連データの連携に関するガイドライン」を作成しています。データを性格によって分類して、それが協調的データなのか競争的データなのかによって、提供の基準を分けるものです。

さらにデータの相互利用という、利用者保護とも関係する問題もあります。例えば、サービス提供者Aが取得した個人情報を、サービス提供者Bが利用するにはどうすればよいのかという問題です。

個人情報を第三者に提供するには、本人の事前同意が必要ですが、仮にデータの共同利用が認められれば手続は簡単になります。ただ、個人情報保護法で規定されている共同利用は、グループ会社のような関係性を想定していますので、プラットフォームをそれに当てはめるのは、結構難しいのではないかと考えられます。

となると、やはり本人の事前同意をどうやって得るのかというのが課題になってきます。このあたりは、個人情報保護法の管轄になってしまうのですけれども、つまり利用者情報のやり取りは、慎重に行わなければならないということです。

では、MaaSオペレーターと利用者との間の問題です。レジュメ一〇二頁以降です。情報の取得、情報の管理、情報の利用という三つに分けて検討してみました。利用者情報の取得や管理については、個人情報取扱事業者としてのルールに従います。例えば、取得であったら、事前にプライバシーポリシーなどで、利用目的を通知・公表する必要があります。そして、適正な手段で情報を取得しなければなりません。管理についても、安全管理措置など様々な義務が課されています。

さらに、情報の取得や管理の面で不適切な行いをすることは、優越的地位の濫用になる恐れがあると公正取引委員会が指摘しています。なぜ、公取が関わってくるのかと言いますと、情報の不適切な取扱いは、その対価に相応しい品質を備えていないと考えられるからです。

ですから、情報の問題というのは、個人情報保護の観点だけでなく、公正な競争という面からも問題にされるのです。もちろん、公取で取り上げるのはかなり悪質な業者ですので、インフラを担うようなMaaSがそんなことをするとは考えられないのですが、今回はひとまず法的な整理という観点で取り上げてみました。

次は、情報の利用についてです。こちらは少々難しい問題になってきます。まず個人情報保護法の話なのですが、情報は個人を識別できる程度によって、個人情報、匿名加工情報、仮名加工情報、個人関連情報の四つに分類できます。そして、この四つの分類に従って、情報の取扱いについて異なる規定が設けられています。

システムの利用契約や交通サービスのプロセスで取得したデータを、ビジネスとして広告につなげようとか、新しいビジネスを生み出そうと考えるのは当然のことです。

ただし、利用者への配慮を欠くと、思わぬトラブルを引き起こします。今回は実際の例としまして、ジャパンタクシーが起こした二つの事例を基に検討してみたいと思います。ジャパンタクシーは、タクシーの配車アプリを提供する会社です。今年の四月からは、違う会社名になっています。

ジャパンタクシーが手配するタクシーには、社内にタブレット端末が設置され、そこに広告が流れます。その端末にカメラが付いていまして、カメラで乗客の顔を撮影して、自動的に性別を推定した上で、表示する広告を選択するという、こんな設定になっていました。

顔の画像は個人情報です。個人識別符号といいます。そして、個人情報の取得や利用については、本人にあらかじめ通知または公表しておく必要があります。しかし、ジャパンタクシーでは、カメラが存在することや画像の利用目的について、説明が不十分でした。そのため二〇一八年、個人情報保護委員会から行政指導が入りました。その後、対策がとられまして、カメラで顔を撮影することやそれに合わせたコンテンツを配信すること、画像データは利用後すぐに廃棄すること、撮影や配信を拒否したい場合はオフ設定ができると分かりやすく表示することなど、対策がとられました。

もう一つのジャパンタクシーの事例です。ジャパンタクシーは、配車アプリで取得した位置情報を、利用者の明確な同意なしにインターネット広告会社に提供していました。もちろん、元々タクシーを手配する際に、利用者の位置情報を取得する必要がありますので、その点は利用者にも伝わっています。

ただ、利用者が位置情報の取得を「常に許可する」と設定した場合、配車のとき以外でも位置情報が提供され続けていました。位置情報を基に、効率的な広告を配信することが目的でした。

もちろん、この位置情報は匿名化した上で提供されています。またプライバシーポリシーには、位置情報などを第三者の広告配信に利用することがありますと明記されていました。しかし、位置情報自体は個人を識別できませんが、利用者からすれば、様々な情報を組み合わせることで、個人を特定できるのではないかと不安になりました。

さらに、プライバシーポリシーの表記も非常に分かりにくく、結局ネット上で炎上する事態となりました。そこで、違法行為とはいえないのですが、ジャパンタクシーは広告利用の停止とデータ削除に追い込まれました。

この二つの事例から、以下の点が指摘できます。個人情報の不適切な利用は、もう論外です。違法行為になる恐れがあります。しかし、個人情報以外の関連情報であっても、やはり不適切な利用は問題なのです。例え違法ではなくても、利用者に不信を抱かれたら、簡単にネットで炎上します。それはビジネスとしては失敗です。

プラットフォーム事業者は、利用者の検索履歴や乗降履歴、位置情報など様々なデータを集めます。それを使ってビジネスを効率化するのが悪いわけではありません。重要なのは、利用者にしっかりと説明して、同意を得ることです。特に、

MaaSは地域に住む人々が利用者になります。中には、インターネットに疎い人もいます。ですから、分かりやすく表示して丁寧に説明し、適切な形で同意を得ることが必要になってきます。

現在、こうしたデータ利用に関するルールは、刻々と変化しています。今は合法でもいずれは違法になるかもしれないぐらいに考えて、慎重にデータを取り扱わなければならないのです。

今回、本当に多岐にわたるテーマがありまして、一つひとつの検討には不十分な点もあったかと思います。問題点を整理することを目的としましたので、まだまだ今後細かい点は詰めていきたいと考えています。

また、机上の空論的な部分もありましたので、後ほどいろいろとご指摘いただければ幸いです。それでは、以上で終わります。ありがとうございました。

司会・山口　南部先生、ありがとうございました。この部分については、何というか学生言葉で言うと「無茶ぶり」とも言えるような形で、非常に広範なご報告を先生にお願いいたしました。やはりMaaSであっても、それが、例えば地方によっても、誰が事業者になるのか異なるかもしれず、また、同じMaaSでも、例えば福祉などに関連するものと、観光に関連するものとではまた違うかもしれないというように、様々な具体的な事情に基づき考え方が異なるかもしれないので、ケースに応じた多様な難しい問題が生じ得ると思います。しかし、今回は、さしあたり一般的に考えられる諸論点を先生にまとめていただきました。南部先生には、大変難しい作業をありがとうございました。

JapanTaxi の問題点

A について

- 個人情報の収集や利用について、本人への通知・公表が不十分
  - → 本人が気づかないうちに、個人情報が取得されていた（法に違反するおそれ）
  - → 通知・公表は、利用者が認識しやすい形態で、理解しやすい表現を用いなければならない

B について

- 位置情報は個人情報ではないため、今回の行為は違法ではないが、利用者が不信を抱いた
  - → 位置情報の取得を「常に許可する」設定の場合、タクシーに乗車していないときでも（匿名化された状態で）位置情報が提供されていた
  - → プライバシーポリシーには、位置情報を第三者の広告配信・表示に利用することがある旨が表記されていたが、利用者から分かりにくいと指摘された（同意の取得方法が不十分）
- こうした行為は炎上につながり、ビジネスへの信頼を失うおそれがある

MaaS への示唆

- 利用者から集めた情報（検索履歴、乗降履歴、位置情報等）を活用することは、ビジネスの効率化につながる
  - → 問題は、どのように同意を得るべきか、という点
- 法律違反でなくても、利用者に不信を抱かれる行為は避けるべき
- MaaS は多種多様な情報を集める一方、利用者にはデータ管理に疎い人もいる
  - → 分かりやすい表示、丁寧な説明、適切な同意取得
  - → ダークパターン（消費者を不利な決定に誘導する表記やサイト設計のこと）は合法だが、問題視されている
    例）情報取得の同意を得る際に「同意する」ボタンだけを目立たせる

【5　まとめ】

① 交通事故が生じた際の、責任の所在とその内容
- PF の責任：システム安全管理義務／不法行為責任／（トラブル発生時の）情報提供義務、注意喚起義務、調査確認義務
- 将来的に、安全管理責任者が存在しない移動手段を組み込むのであれば、PF に責任が発生することが考えられる（運転手の管理、車両の管理、保険）

② 不公平な取引（優越的地位の濫用）
- プラットフォームは構造的に支配従属関係を生みやすく、交通系プラットフォームも同様
  - → 不公平を是正するルールの構築（情報提供、評価制度の透明化、交渉機会の確保）

③ 個人情報の取扱い
- サービス提供者間の情報連携について、基準を設ける
- 利用者の情報を利用する際、法に抵触しなくても問題視されるおそれがある
  - → 分かりやすい表示、丁寧な説明、適切な同意取得

②　情報の管理

個人情報取扱事業者としての義務

・　安全管理措置を講じる義務
・　個人データや加工方法等情報が漏洩した場合、個人情報保護委員会への報告義務および本人へ通知義務（2020年改正で義務化）

優越的地位の濫用となるおそれ

安全管理の怠慢は、サービスとして十分な品質を備えていないということ

③　情報の利用

個人情報：特定の個人を識別できる情報
（特定の個人を検索できるように構成されたものを「個人データ」）

匿名加工情報：特定の個人を識別できないよう個人情報を加工したもの　＋　復元不可能

仮名加工情報：他の情報と照合しない限りは個人を識別できないよう、個人情報を加工したもの
（照合すれば個人を識別できるため、個人情報になりうる）

個人関連情報：個人に関連する情報で、個人情報・匿名加工情報・仮名加工情報以外のもの
例）個人が識別できない乗降履歴や位置情報、クッキーなどの識別子

＜利用の際の取扱い＞

個人情報：取得の際に、利用目的を公表または通知
目的外の利用や第三者提供には、本人の同意が必要

匿名加工情報：本人の同意は不要

仮名加工情報：基本的に第三者提供をしてはならない
目的外利用の際には、新たな目的の特定・公表（本人の同意は不要）

個人関連情報：第三者提供をする際、提供先で個人データとして取得することが提供元において想定される場合には、提供先が本人から同意を得ていることを、提供元が確認する義務を負う

＜JapanTaxiの例＞

A　タクシー車内のタブレット端末で乗客の顔を撮影し、性別を推定したうえで広告を表示していた

→　カメラの存在や利用目的の通知・公表が不十分だとして、個人情報保護委員会から行政指導（2018）

→　その後、撮影とそれに合わせたコンテンツ配信をすること、画像データは性別推定後すぐに破棄し一切保存しないこと、撮影や配信を拒否したい場合はカメラや画面をオフできることを表示するよう変更

※　顔画像は個人情報（個人識別符号）となる

B　配車アプリで取得した位置情報を、利用者の明確な同意なしにインターネット広告会社に提供していた

→　SNSで問題視され、広告利用の停止とデータ削除が行われた

※　位置情報そのものは、個人情報に該当しない

検討１ PF とサービス提供者

① 各事業者（サービス提供者）の情報提供・利用

「MaaS 関連データの連携に関するガイドライン ver.1.0」（国土交通省、令 2）

- 各事業者においてデータ化を進める、データの項目・内容・形式を共通化、データの正確性を維持・向上
- 提供するデータについて基準を設ける

  公共交通等関連データ、MaaS 予約・決済データ、移動関連データ、関連分野データに分類

  → 「協調的データ」「競争的データ」で基準が異なる

② サービス提供者 A が取得したデータを、PF がサービス提供者 B に提供する場合

→ 個人情報を第三者提供するには、本人の事前同意が必要

同意をとる仕組みを整える

→ 共同利用（個人情報保護法 23 条 5 項 3 号）が認められれば、本人の同意は不要

共同利用する旨を、あらかじめ本人に通知するか、本人が容易に知りうる状態に置く

検討２ PF と利用者

① 情報の取得

個人情報取扱事業者としての義務

- 偽りその他不正手段により、個人情報を取得してはならない
- 取得の際には、利用目的を通知・公表しなければならない

優越的地位の濫用となるおそれ

→ 個人情報の提供を拒みたくても、提供しなければサービスを受けられない（事実上拒めない）

「デジタル・プラットフォーム事業者と個人情報等を提供する消費者との取引における優越的地位の濫用に関する独占禁止法上の考え方」（公正取引委員会、令元）

＜個人情報の不当な取得となる例＞

ア 利用目的を消費者に知らせずに個人情報を取得すること

イ 利用目的の達成に必要な範囲を超えて、消費者の意に反して個人情報を取得すること

ウ 個人データの安全管理のために必要かつ適切な措置を講じずに、個人情報を取得すること

エ 自己の提供するサービスを継続して利用する消費者に対して、消費者がサービスを利用するための対価として提供している個人情報とは別に、個人情報等その他の経済上の利益を提供させること

特にアイウについて、「個人情報の取得に関して有すべき必要最低限の品質を備えていないものと認められるので、対価を得てそのようなサービスを提供することは、消費者に対して、不利益を与える」

→ 不適切な取得は、個人の権利侵害だけでなく、公正・自由な競争への悪影響となる

※ MaaS では上記のような悪質な行為は起こらないであろうが、可能性として認識しておく必要がある

２－４．ライドヘイリングの特殊性

ライドヘイリングの場合、運転手を管理する事業者がいないため、PFにその役割が求められる

・　運転手の管理（免許、運転履歴、犯罪歴、健康状態　等）

・　車両の管理（ライドヘイリングの稼働率は、普通の自家用車の約10倍）

→　海外では、Uber運転手を労働者だと認める判決も出ている

　事故の際に、PFが使用者責任や運行供用者責任を負う可能性

→　任意保険ではライドヘイリングは業務使用となるため、内容によっては保障を受けられない可能性

　PFが保険内容を確認する、PFが保険契約者になる　等の対応が求められる

【3　不公平な取引（優越的地位の濫用）】

プラットフォームでは、PFとサービス提供者との間で支配従属関係が生まれやすい

＋

交通系プラットフォームは地域性が高く、特に地方部で独占状態になりやすい

→　交渉力に格差が生じ、サービス提供者や利用者に不利な状況を生む

　一方的な規約変更、手数料の値上げ、アカウントの停止など

↓

システムとして、不公平な取引が生じにくいルールを導入することが求められる

・　情報提供：契約条件

　条件の変更に関する事項（内容、理由）

　検索順位を決定するための基準

　取引を拒絶する際の基準（アカウント停止）

　データの取扱いに関する基準

・　評価制度の透明化（ユーザー評価等）

・　PFとサービス提供者が交渉できる機会を設ける：問合せや苦情の対応

さらに、上記ルールが守られているかを監督する仕組みも必要

【4　個人情報の取扱い】

MaaSは、サービス提供者や利用者の情報を活用することによって、価値を高める

→　個人情報（氏名、住所、クレジット情報）、位置情報、利用履歴など膨大な量の情報を一元化

→　情報を分析することで、効率的なサービス提供が可能となる

一方で、個人情報の取扱いについては、近年厳しい目が向けられている

→　取得する情報やその目的について、利用者に十分に説明しなければならない

　目的外の使用がなされないよう、システムを整備する責任が生じる

・ 利用契約に基づく信義則上の「欠陥のないシステムを構築して本件サービスを提供すべき義務」を負う
　→ 具体的には、当時の「社会情勢、関連法規、システムの技術水準、システムの構築及び維持管理に要する費用、システム導入による効果、システム利用者の利便性等を総合考慮して判断」する
・ 利用者に対する注意喚起義務が認められた
　→ エスクローサービスの提供義務、第三者機関による信頼性評価システムの導入義務、補償義務、出品者情報の開示義務は認められなかった

２－３．交通系プラットフォームの特殊性

交通系プラットフォームの場合、
- 事故の際の被害が甚大（財産的損害にとどまらない）
- 情報集約性が高い（一元化）
- 相互依存関係が高い（地域によっては独占性が高い）

→ その結果、PF に対する社会的期待は高まる
→ 想定しうる PF の責任
　・ システム安全管理義務（利用契約の付随義務）
　・ 情報提供義務、注意喚起義務（利用契約の付随義務）
　・ 不法行為責任　→　危険な状況（サービス提供者の違法行為）を知りながら放置する場合など
　・ トラブル時の調査確認義務（情報提供や注意喚起に必要）
　・ サービス提供者の調査義務、監督義務　→　要検討

[検討]　PF（MaaS オペレーター）には、サービス提供者の調査監督義務があるか
一般的な PF では、認められない（具体的トラブルが発覚してからの対応）
→ 安全管理の責任者が存在しない移動手段を組み込む場合、検討を要する
　事故を事前に防止し、安全を確保するため

＜例＞
公共交通機関（鉄道、バス、タクシー）
　[国土交通省]　－ 許可／指導・監督 →　[事業者（管理者）]　－ 指導・監督 →　[運転手]
　※　法律（鉄道事業法、道路運送法等）や監督官庁が存在する
民間事業（レンタカー、事業者カーシェア）・・・同上
プラットフォーム型事業（個人所有型カーシェア、ライドヘイリング）
　[監督官庁]　→　[PF]　→　[運転手]

そもそも、交通サービスに様々な規制があるのは、安全性を維持するため（運行管理、車両整備、保険）
→ 指導・監督する者が存在する場合、PF は責任を負わない
→ 指導・監督を行う者が不在の場合、安全性を確保できない
　導入するのであれば、PF が担うべき（次項）

【2　交通事故が生じた際の、責任の所在とその内容】

２－１．一般的な民事責任

運転手：不法行為（民法709条）

運行供用者責任（自賠法3条）

契約責任（民法415条）　→　タクシーの事故で乗客がケガをした場合等

車両の所有者：運行供用者責任（自賠法3条）

使用者責任（民法715条）→　被用者が事故をおこした場合

車両のメーカー：製造物責任　→　車両の瑕疵が原因で事故が生じた場合

２－２．プラットフォーム事業者の責任

「電子商取引及び情報財取引等に関する準則」（経済産業省、平30）

オンラインモールのトラブルでは、原則としてPFは責任を負わないが、以下は例外

・　名板貸責任の類推適用（PFが売主であるかのような外観を呈している場合）

・　利用契約に基づく信義則上の付随義務

・　不法行為責任（PFが危険な状況を認識しながら放置していた場合）　等

名古屋地判平20・3・28判時2029号89頁（控訴審名古屋高判平20・11・11）

詐欺トラブルが生じた際の、オークションサイトの責任

・　システム安全管理義務（利用契約の付随義務）

・　情報提供義務、注意喚起義務（利用契約の付随義務）

特定デジタルプラットフォーム透明化法

特定デジタルプラットフォーム提供者に限定して規制

・　出店者に対し、取引条件の開示、規約変更等の通知を義務付け

・　毎年度、経産省に取組状況を報告

・　苦情対応等につき、手続きや体制の整備

・　違反した場合、改善命令や罰金

※　責任の所在や内容は、取引構造や実態から、個別具体的に判断される

→　権限の所在（誰が実質的な取引当事者なのか、価格決定権を持つのは誰か）

支配従属関係の有無（ルールやサービス内容、料金について交渉できるか）

相互依存関係（他のプラットフォームの利用可能性）

＜名古屋地判平20・3・28とは＞

オークションサイトにおける詐欺の被害者ら（代金を支払ったが商品が届かない落札者）が、オークションサイトに対して、債務不履行・不法行為・使用者責任に基づき損害賠償を請求した事案。

・　オークションサイトは、仲立・準委任・請負のいずれでもない　→　これらに基づく責任を否定

<table>
<tr><th colspan="2">問題点
要素</th><th colspan="5">交通サービスに関する問題</th><th colspan="2">プラットフォーム特有の問題</th></tr>
<tr><th colspan="2"></th><th>交通事故</th><th>サービス提供の不履行</th><th>料金</th><th>盗難</th><th>労働問題</th><th>不公平な取引</th><th>個人情報</th></tr>
<tr><td rowspan="3">システム</td><td>情報の一元化</td><td></td><td></td><td></td><td></td><td></td><td>データ連携／情報の格差</td><td>不適切な取得／データ流出／不適切な利用</td></tr>
<tr><td>一括予約・一括決済</td><td></td><td></td><td></td><td></td><td></td><td>収益の分配</td><td></td></tr>
<tr><td>定額制</td><td></td><td></td><td></td><td></td><td></td><td>収益の分配</td><td></td></tr>
<tr><td rowspan="4">新たな移動手段</td><td>シェア（カーシェア・シェアサイクル）</td><td>責任の所在と内容／車両の安全性の確保／任意保険の対象外となる可能性</td><td rowspan="4">基準の取決め／代替手段の提供・払戻し</td><td rowspan="4">前払い／決済機関を利用</td><td>利用中の盗難（借主の責任）／待機中の盗難（管理の問題）</td><td></td><td>規約の一方的な変更／手数料の値上げ</td><td>運転中に取得した個人情報の取扱い（カーナビ履歴など）</td></tr>
<tr><td>オンデマンド（乗合バス・乗合タクシー）</td><td>責任の所在と内容</td><td></td><td></td><td>規約の一方的な変更／手数料の値上げ</td><td></td></tr>
<tr><td>ライドヘイリング</td><td>責任の所在と内容／車両の安全性の確保／任意保険の対象外となる可能性</td><td></td><td>運転手は労働者なのか（労災、失業保険）</td><td>規約の一方的な変更／手数料の値上げ／アカウント停止</td><td>個人情報が運転手や利用者に伝わる危険性</td></tr>
<tr><td>自動運転</td><td>責任の所在と内容</td><td></td><td></td><td>規約の一方的な変更／手数料の値上げ</td><td>運転中に取得した個人情報の取扱い</td></tr>
</table>

107　MaaSを含めた次世代モビリティにおける法的問題（南部あゆみ）

＜PFと仲介（仲立）の違い＞

仲介：他人間の契約が成立するよう尽力する事実行為　→　民法上は準委任、商行為の場合は仲立

仲介業者の業務：顧客探索

（利益）契約が成功した場合に報酬を請求できる（成功報酬）

（義務）専門職として、善管注意義務等を負う

PFの業務　：コンテンツ提供者とユーザーが出会う場（基盤）を提供すること

（利益）コンテンツ提供者やユーザーから利用料を受け取る

（義務）システムを利用させる義務、システムの安全管理義務　　＋α

＜MaaS関係図（例）＞

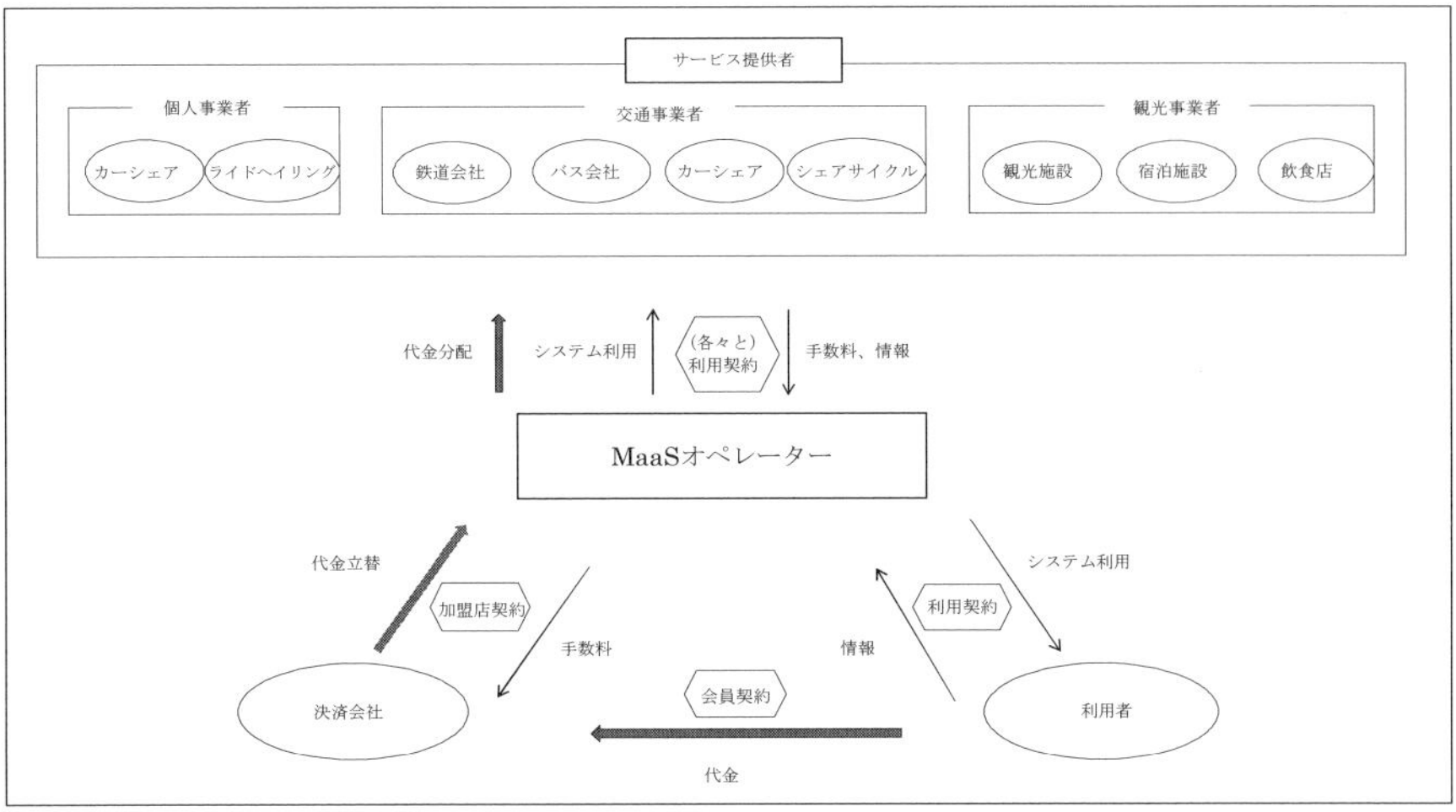

１－３．論点整理

MaaSは ｛ 交通サービスを提供する契約である／プラットフォーム型ビジネスである

① 交通事故が生じた際の、責任の所在とその内容

プラットフォーム事業者の責任（総論）

交通系プラットフォームの特殊性・・・一般論の修正

ライドヘイリングの考察

② 不公平な取引（優越的地位の濫用）

公平な取引を維持するためのシステム

③ 情報の取扱い

サービス提供者との関係・・・連携

利用者との関係・・・情報の取得、情報の管理、情報の利用

シンポジウム④

ＭａａＳを含めた次世代モビリティにおける法的問題

2021年5月22日

立正大学データサイエンス学部　南部あゆみ

【1　問題の整理】

1－1．MaaSの特徴的な要素

システム面

- 情報の一元化：移動ルート、遅延情報、多言語化、緊急時対応など
- 一括予約・一括決済：各移動手段の予約・決済のみならず、商業施設を含む場合もある
- 定額制

新たな移動手段

- シェア：カーシェア、シェアサイクル
- デマンド型交通：乗合バス、乗合タクシー
- ライドヘイリング（将来的に）
- 自動運転（将来的に）

1－2．法的な問題点

従来の交通サービスに関する問題

- 交通事故：責任の所在とその内容、保険など
- サービス提供の不履行：運行の中止、車両の瑕疵
- 料金：料金の不払い
- 盗難：シェアサイクルの盗難など
- 労働問題：運転手の労働環境、労働者性

プラットフォーム特有の問題

- 不公平な取引（優越的地位の濫用）：一方的な約款の変更、手数料の値上げ、アカウントの停止
- 個人情報：データ流出、目的外の使用
- 課税

プラットフォーム・プラットフォーム事業者とは

プラットフォーム：本来は、ソフトウェアが動作する土台となる基本システムやOSのこと

他者が有する情報やサービス、コンテンツ等をユーザーに提供するための基盤

プラットフォーム事業者：プラットフォームを提供する事業者（以下「PF」）

<プラットフォームの特徴>

- 独占化がすすむ：オンライン双方向性市場では、ネットワーク効果が強く働くため
- 拡大しやすい：複製コスト、輸送コストが低い
- 情報の集約：コンテンツ提供者やユーザーの情報を蓄積する　→　情報の格差が生じる
- 先行者が有利：認知度の高さ、乗り換えコスト

《討　論》

司会・山口　討論に入ります。まずは、新美育文明治大学名誉教授から須田先生へのご質問です。MaaSに多くのステークホルダーが関与することは理解できましたが、それらを統合する仕組みはどうなっているのでしょうか。とくにビジネス化を考えた場合、統合的な役割を担う者のあり方、組織論は重要になります。東大が引き続きその役割を担うならばともかく、プライベートカンパニーが担うことを考える場合、参考になるご意見があれば、お教えいただけたら幸いです。それでは、須田先生、どうぞよろしくお願いいたします。

須田　ご質問、ありがとうございます。私の報告のときのご質問だと思いますが、その後、国土交通省の中山さんにいろいろご説明いただき、役所がルールを整備されているということですので、それをうまく活用するというのが基本的な方法ではないかと思っています。

実証実験レベルでは、国土交通省の都市局とか、経済産業省、あるいは国土交通省の総合政策局で進めているMaaSのプロジェクトがあります。これらスマートモビリティチャレンジというプロジェクトがあります。そこで実証事例を集めていますし、ガイドラインというのも作られています。そういうものを参考にして、そこの地域で自治体がいろいろ動いて進めていくというのが、一般的ではないかなと思っています。

柏の場合は、確かに東大が音頭を取って実施したわけですけれども、東大だけではなくて、MaaSに対して非常に先進的に取り組んでいる大学の先生とか、いろいろなメンバーが全国にいます。そういうメンバーが今集まって、JCoMaaSという一般社団法人を作っています。

このJCoMaaSというのは、いろいろなMaaS事例を普及させる仕組みを作ろうということで、毎月のように勉強会を開いています。この場を通じて新しい取組が、実際出てきているという事例もあります。

また、民間会社でも、まさにMaaSのプラットフォームになりたいということで、いろいろビジネスチャンスを狙っている会社がいっぱいあります。有名なところだと、トヨタとソフトバンクが合弁で作ったＭＯＮＥＴという会社があります。それとか、鉄道事業者もリーダーシップをとろうということでＪＲ東日本、東急とか小田急だとか、あとバス会社だと西鉄ですね。こういう取組が有名で、いろいろな地域でのいろいろな課題に取り組んで活動をしていると思います。

そういうようなことで、だんだんいろいろなパターンというものが、皆さんに情報共有されて、それが進められていくと思います。

それに伴っていろいろな法的な課題とか出てきますが、先ほどの南部先生が紹介されたことかと思います。私からは以上です。

司会・山口　ありがとうございます。この点、私も全く同じような疑問というか、どのような運用のイメージになるのか気になっていました。

ですので、もし可能であれば、国土交通省の中山先生でも、秋田先生でもどちらでも結構ですが、先ほどのご説明では、事業者といっても、移動そのものの部分の事業者のお話はありましたけれども、これを統合するような、MaaS の事業者であるとか、そのような運営主体が参入しそうなのかどうなのか、あるいは、あくまでも、その部分は、地域の地方公共団体等が担うことになるのか、その辺り、どのようなイメージで考えられているかなどについて、議論があればご紹介いただきたいと思いますが、いかがでしょうか。

中山　先ほど、今回の地域公共交通活性化再生法の改正の中で、新モビリティサービス事業という枠組を新設し、MaaS を事業者があるエリアにおいて取り組む際に円滑に進めることができるよう地域公共交通活性化再生法上も位置付けたということを申し上げましたが、活性化再生法の基本的な枠組みは、地域公共交通に関するマスタープランである地域公共交通計画の中に、地域公共交通利便増進事業や、地域旅客運送サービス継続事業といった様々な事業をその一部として位置付けていくというスキームになっているところ、MaaS に関しては、地域公共交通計画に位置付けるというスキームにはなっておりません。九頁のスライドの基本スキームをご覧いただくと、左側の大半の事業は地域公共交通計画の下に、地域公共交通特定事業という形でぶら下がっていますが一番右のところにある新モビリティサービス事業計画については、地域公共交通計画の中に位置付けるというスキームにはなっていなくて、かつ事業者と括弧して書いてありますが、あるエリアで MaaS に取り組もうとしている事業者を中心に協議会を作って、事業計画を作り、そのエリアにおける自治体も含めて議論をしていくということになっています。

もちろん、MaaS も公共交通に係る取組ですので、当該地域の地域公共交通計画と密接に連携するような形で自治体がいろいろと取り組むということは、望ましいと思います。新モビリティサービス事業の協議会では、先ほど山口先生のご指摘にもあったとおり、MaaS は公共交通だけでなく、観光や小売りなど移動以外のサービスにも関連し、いろいろな主体が関係者として関与しますので、これらの多様な関係者が当該地域における MaaS を円滑に進めるためにどのようなことが必要なのか、ということも含めて幅広く議論していく役割が期待されると思っています。

司会・山口　ありがとうございます。ちなみに、この人を運ぶ方の事業者については、民間事業者の公募なども積極的に考えておられるわけですか。

中山　そうですね、地域の実情に応じて、どのような事業者が運送を担当するのかということを決めていくことになると思います。

司会・山口　それは、やはりやり方によっては、できるのではないかという見込みがやはり国としてもお持ちであるということでしょうか。

中山　活性化再生法の中に位置付けているので、公共交通というところがメインになりつつも、MaaSというのはそれにとどまらず、先ほど来からの各種事例の中にもあるいろいろな主体が関わってきますので、そういったところが円滑にやるためのスキームをどのように組んでいくかということを、この協議会の中で議論していくということになるのではないかと思っています。

司会・山口　ありがとうございます。新美先生、ご質問がありましたら、お願いします。

新美育文（明治大学）　非常にクリアな説明をしていただいて、よく分かったのですが、今最後のところに出てきました技術がどんどん進んでいって、シェアリングが発達していくと、公共事業としての運送ということでなくて、プライベートでシェアリングという形式で、ある意味で公共交通手段になっていく可能性があると思います。そのとき行政のやっている計画、あるいは政策とどう繋がるのか、あるいはおいしいところだけプライベートが持っていくのではないかと、そういう疑問が浮かびました。その辺今後、多分行政の方でお考えになるのかなと思いながら、伺っていました。ありがとうございます。

中山　シェアリングについては、山口先生の途中でのまとめの中にもライドシェアについての言及があったかと思いますし、ライドシェアについて、諸外国同様に日本もやるべきではないかという議論もあるということは、我々も承知をしていますが、ライドシェアは結局運行管理にしても、整備管理にしても、個人が全てやるということになっていて、かつそういう責任体制というのが確立していない状況の中でやるということになってしまいますので、そうすると安全性の確保が担保できないということになります。運行管理や整備管理といったことをきちんと行う運送事業者を原則としつつ、それの例外としての自家用有償運送、それも結局運行管理や整備管理をしっかりやるという前提の制度になっていますので、このような状況の中では、ライドシェアは認められないというのが、今の国のスタンスですけれども、確かに、今後現在の公共交通というものが、このまま持続可能かということについては、我々としても非常に危機感を持っていますし、危機感を持っているからこそ、その地域におけるあるべき姿ということをしっかり考えていく必要があるということで、今回、活性化再生法等の改正にもつながったわけですが、それもさらに進んでいくと、今新美先生が指摘されたような状況に移行していくということもあり得るのかなという気もしています。かと言って、ライドシェアをそのまま認めるというわけにはいかないということがありますので、現行の道路運送法や活性化再生法のスキームを前提にするだけでなく、今後もう少しいろいろなことを考えていく必要があるのかもしれないという気はしています。

新美　ありがとうございます。現時点で、なかなか対応するというのは難しいということはよく分かりました。

ただ、宿泊でB&Bがアメリカ辺りで出てきていますけれども、プラットフォーマーが出てきて、シェアリングサービスを斡旋するようなことになると、かなり旅館業みたいなものと同じような状況が日本でも出てきてしまうのではないかと想像してしまいますので、問題意識としては持っておいたほうがいいのかと思い伺った次第です。ありがとうございました。

司会・山口　ありがとうございます。関連して司会から、須田先生に質問です。いろいろ問題はあるとはいえ、やはりこういったところで民間の力、やはりある程度ビジネスとして成り立つ部分がないと、いろいろな力といったものが入っていかないと思われるのですが、やはりそういったビジネスとして、きちんと組み立てるためのそれなりの見込みとか、そういったものが今あるのかどうかということについても、教えていただきたいです。

須田　確かにビジネスとして成り立たせようとすると、実は交通事業者だけで成り立つかというのは、実は一番の大きな課題です。もともと、自治体からの補助金がないと動かないと、そういうようなところで、ビジネスが本当にできるのかという話になってしまうわけです。

それで、私のプレゼンでも、ちょっと可能性として紹介したのですけれども、目的と連携する。そういうようなことになると、国土交通省のお話から段々外れてくるところとの関係になってくるのですね。

鉄道事業者とか、あるいは今後、自動車関係の産業が参入してくるというのであればいいのですけれど、通信キャリアが既にいろいろ検討されていますよね。

あるいは、リテールですね。そういうところとか、病院とかと連携していく新たな仕組みが必要になってくるのではないかなとは思います。

司会・山口　ありがとうございます。そういった意味で、先ほど、秋田先生からご紹介いただいたところで、観光についても自家用有償旅客運送制度について適用されるというところは、一つ私は注目されるところかなと実は思っていたところです。

もし、その点、少し補足があれば教えていただきたいと思いますが。

秋田　今のご質問の件ですけれども、自家用有償旅客運送制度において、観光客を含む来訪者というものを対象として明確化した理由としては、地域の観光ニーズに対応するという側面もあると考えています。観光客の移動ニーズがある中で、それがバスやタクシーの町の事業者によって成り立たない場合、それで移動手段がなく、観光客が来ないということになれば、地域全体の観点から見てももったいないということになりますので、その場合に自家用有償旅客運送制度を活用できるように、観光客を含む来訪者を対象にしたというところがあります。以上です。

司会・山口　ありがとうございます。ちなみに、実は、富山か高岡かにおける観光 MaaS についてのニュースを、ちょっと前に拝見したので、それがどうなっているのかについても、お聞きしたいと思ってはいたのですけれども、何かしら情報がありますでしょうか。

今方　富山県全体としての取組、トヨタさんとの事業の中で、MaaS の取組というものを今始めておられるというふうには伺っています。

高岡においてというところでは、まだ、研究段階というところがあります。データベースの部分も構築する必要がありますので、そういった部分での課題というのが、今のところあるということです。

司会・山口　ありがとうございました。それでは、続いての質問に移ります。新美先生から南部先生への質問です。MaaS においても、プラットフォーマーがサーバーを外国に置いている場合、管轄はどうなりますか、というご質問です。それでは、南部先生お願いいたします。

南部　正直管轄については、今回あまり考えていませんでした。というのは、恐らく MaaS というのは非常に地域性が高いプラットフォームになるであろうと考えたからです。海外の企業が日本のとある地域の交通プラットフォームを運営するということは想定しがたいなと。それと関連して、課税の問題も起こらないだろうと考えた次第です。

また、このあたりは専門ではないのですが、クラウド利用も多いということを考えますと、結局はサーバーがどこであれ、どこで行為をしたのかが問題になります。ですから日本のＩＰアドレスからアクセスしていれば恐らく日本法が適用されると思うのですが。この辺り、お詳しい方がいらっしゃいましたら教えてください。

司会・山口　いかがでしょうか。

新美　今の南部さんの説明で、ＩＰアドレスが日本にあるからいいのではないかというのですけれども、外国にサーバーを置いておいて、日本からデータを集めるというのは、簡単にできると思うのですが、それは考えなくてもいいのでしょうか。

南部　そうですね。最近、そうしたトラブルはよく出てきていますので、情報漏えいや情報の取扱いという問題は、かなり難しい課題にはなってくると思います。

特に地域の方々のいろいろな情報を一元化して集めるわけですので、その意味でも運営主体を誰が担うのかという問題は、かなり慎重に捉えなければいけないとは思います。

新美　何かいいアイデアはあるでしょうか。そういう、要するにどこも捕らえることができないというやり方、あるいはそういう事態が出てくることが予想されますね。

南部　私は今回このお話をいただいて、はじめて MaaS という存在を知りました。そこでいろいろと海外の事例も読んだのですが、それを見てイメージしたのが、恐らく日本でやるとしたら自治体が中心となって、地域の様々な交通事業者と自治体とが協力して会社をつくるのではないだろうか、というものです。

新美　分かりました。特に、それとの絡みで心配なのが、捕まえても執行の方法をどうするのかというのが気になっていて、それも今後の課題だと思いますけれども、ぜひその辺り研究を今後進めていただきたいと思います。

南部　ありがとうございます。

新美　一時期、ＥＵにおいて、サーバーはＥＵ域内におかなければいけない（今もそうかもしれませんが）、そういう議論をしていましたし、現在では、中国がサーバーは中国国内に置かなければいけないという方針を採用して、自国の外に出ないようにしていると同時に、コントロールが及ぶようにしています。現時点で確認できるのは中国ですが、そういうようなことが今後必要になるのでしょうか。特にプラットフォーマーを考えた場合には、そういうことも必要になるのかと個人的には思っています。南部さんの研究をお待ちしています。

南部　分かりました。ありがとうございます。

司会・山口　ありがとうございます。今、南部先生がおっしゃったように、MaaSについても、これがどのようなイメージで捉えられるのかによっても、大きく違いますし、正直まだ私もどのような形になるのか、推測はつきません。やはり、南部先生がおっしゃったように、地域の、特に秋元先生の言葉で言うと、「アクセシビリティ」ということで考えた場合においては、その地域と結びつきが少ない事業者の方がそのような仕組みを構築できるのかというのは、少し疑問で、むしろやはり地域密着でやらなくてはいけないということになろうかなと思います。しかし、一方で現在、こういったシェアライディングでイメージされているものなどはUberとか、そういった世界的な企業だったりということになると、やはりこの部分については、今の新美先生のご質問のような話が出てくることになります。

ですので、この部分も、やはりある意味、そうならないように地域などの方で主導権を取っていかなければいけないところかもしれないということを、少し私は感じたところであります。

須田　確かに儲からないようなところは、多分外資は参入してこないと思うんです。ですけれども、既にWhimというアプリで有名なMaaS Globalというフィンランド会社は、日本に実は進出しようと考えていて、実は私の地元の柏ですけれど、そこで三井不動産と組んでいろいろな実証実験をやろうとしている実態があります。

あとUberは、まさに外資ですが、幸いかどうか分からないですけれど、日本のルールではできないという状況にはなっていますが、地元の住民や利用者の立場からいくと、むしろ便利でいいものがもし入ってくれれば、歓迎するのではないかなという感じはします。

そういう意味で、ＧＡＦＡと言われているところが、この交通分野で本当に日本でビジネスを始めるというようなことになると、それこそ全国の鉄道事業者とか、場合によると、自動車産業までこれらのプラットフォーマーに支配されることになる可能性もあり、これは大変なことになるなと実は私も思っているところです。

司会・山口　ありがとうございます。次のご質問に移ります。早稲田大学法学学術院の大塚直教授から南部先生への質問です。通信の問題から交通事故につながった場合、プラットフォーム事業者の責任を問う必要が生じるかと思いますが、この点はどうお考えでしょうか、という質問です。それでは、南部先生よろしくお願いします。

南部　ご質問、ありがとうございます。通信の問題が原因ということですので、利用契約に基づくシステム安全管理義務の義務違反という、契約責任という形で損害賠償を認めるというのはあると思います。

一方で、不法行為で責任を問うことができるという点では、因果関係が成立するのかどうかというところが、高いハードルになると思います。

司会・山口　今のお答えは、契約関係にある方の事故に関するお話でしょうか。交通事故の場合について、利用している方は、そうなのかもしれませんけれども、その被害者については、いかがでしょうか。

南部　たしかに被害者の方は契約関係にないので、やはり不法行為ということになりますが、どうでしょうか。システム管理が原因で、それによって交通事故が起こるという事態がなかなかイメージしにくいのですが、具体的にどのような事故なのでしょうか。

大塚　直（早稲田大学）　ありがとうございました。今日、南部先生のお話とてもクリアで有難かったんですけれども、今の質問との関係は、実際のところ私もよく分かっているわけではないので、教えていただきたいのですが、通信の具合が悪くて途中で画面が見えなくなったりすることもあるぐらいですから、それが原因で、自動運転をしていても、MaaSでつなげていても、何か不具合が起きることはあり得ないわけではないと思います。その場合に、第三者が事故に巻き込まれることはあり得ると思いますけれども、そういうことはあまり考えなくてよろしいのでしょうか。

南部　やはり、交通サービスである以上は、交通事故は一番大きな問題だろうなと考えていました。その場合に、プラットフォーム事業者であるオペレーターがどの程度責任を負うのかというのは、かなり難しい問題でして、まずは、実際に運転していた運転手であるとか、その使用者・事業者が責任を取るとしか、今の法体系の中では言えないのだと思います。

今の段階で、プラットフォーム事業者に責任を問うのは、かなり難しいことです。ですから、プラットフォーム事業者が不法行為責任を負う余地があるとしたら、本当に運転手やその事業者が今までも同じような事故を起こしていて、それを放置していたとか、かなり悪質な場合になるのではないでしょうか。

システムの不具合で、交通事故が起こったときに不法行為を問うというのは、今の段階のプラットフォーム事業者の責任としては、なかなか認められにくいと思います。ですので、やはり個別の契約の中で決めておくとか、今後法改正も見越して検討すべきなのだと思います。

大塚　運転者とか使用者が自分に過失がなかったことの証明が難しいというのは分かるのですが、通信との関係で損害が発生したことについて、因果関係がもし明らかであったら、通信に携わる者の責任を問うことが難しいということは多分七〇九条でいくのであり得ないと思うんですけれども、そこは難しいとお考えですか。

南部　そこまでの責任が問えるのかどうかなのですが、通信の混乱によって交通事故にまで至るというのが、一般的にどれぐらい想定できるのかという問題なのかもしれません。このあたり、実態がよく分からないので、教えていただきたいです。

大塚　私は、実際のことは分からないので、実際にそういうことがなければ、もちろんいいのですが。すみません。このぐらいにします。

新美　オペレーターという言葉が多義的に使われているので、一概に言えませんけれども、ネグリジェンスを前提にしているイギリスが立法化しようとしている作業では、ドライバーとオペレーターを両方上げて、オペレーターはドライバーと同じ立場にあるとする法律ができていますので、今後はオペレーターの中にプラットフォーマーが入るのかどうかという議論になってくると思います。その方向に進むとすると、我が国では、自賠法の運行供用者の中にオペレーターも取り込む可能性が大いにあり得ると思います。ただ、どういう方向で議論されるかは、もう少し実際に見てみないといけないかと思います。

ただ、そうしようとすると、プラットフォーマーからの抵抗は相当強くなると思います。イギリスはそんな状況ですので、南部さんが現行では難しいというのはおっしゃるとおりで、ただ、我が国は自賠法がありますので、そちらの解釈で何とかなる可能性もあるということです。特に、運行供用者の概念が非常に広がりつつあるのが、最高裁判例の状況といえますから、そっちの方向に行く余地はあり得ると思います。

中山　今、新美先生がおっしゃったとおりで、運行供用者の概念が広がっているということで、その中でどう判断していくかということになると思いますが、少なくとも現在、MaaS を前提とした自賠法の扱いについて議論されているという事実はありません。今後そういうことが必要かどうかも含めて、検討が必要になってくるとは思いますが、自動運転については、先ほど秋田の方からご紹介をさせていただいたとおりですし、交通法学会の皆様もご承知いただいているとおりですけれども、MaaS というところに関して、そういった議論というのはなされていないと承知しています。

司会・山口　ありがとうございます。私も、自動運転で例えば永平寺の例のように、三つぐらいの自動運転車を遠隔で監視・操作するというような場合、まさにオペレーターが操作しているといった形になるので、通信障害で事故が起こるということはあり得るのだろうなと思ったのですけれども、なかなかMaaSで運行サービスを統合する場合に通信障害等で生じる事故といったものが、私も、あまりイメージできなかったところです。

ただ、そうであったとしてもオペレーター概念の拡大等によって、運行供用者という形で責任を認める可能性といったものは、確かに今後あり得るかもしれないので、そこら辺の議論は、当然出てくる可能性があるなと思いました。大塚先生、そのようなことでよろしいでしょうか。

大塚　どうも大変ありがとうございました。ご親切にどうもありがとうございます。

司会・山口　それでは、高野真人弁護士から南部先生への質問に移ります。Uberの話が出ましたが、自転車で配達をするタイプのサービスの場合、誰と誰と誰の間にどういう契約が成立していると考えるべきでしょうか、というご質問です。〔※当該質問に関する質疑応答については、討論末尾も参照のこと。〕

南部　ご質問、ありがとうございます。おそらく、Uber Eatsを想定されているのだと思います。Uberのように車で人を運ぶというのは、今の日本の法律ではできませんが、Uber Eatsは料理を運ぶものであるため、可能です。Uber Eatsがプラットフォーム事業者となって、料理を提供する飲食店、料理を配達する配達員、料理を注文する客とそれぞれ利用契約を結びます。

ですから、飲食店と客の間には契約関係はありませんし、飲食店と配達員の間にも契約関係はないという、プラットフォーム契約という形になっております。Uber Eatsと配達員の間に何らかの使用者、被用者関係というのは存在しませんし、本当に単なるシステムの利用契約であって、その結果として仕事が割り振られるというような、そんなイメージで使われていると思います。

高野真人（弁護士）　そうすると、結局、情報提供だけだということになるわけですか。ただ、その点の今後の詰めが必要になるかと思うのですが、情報提供だけをして、一体誰のためにその運転者は、どういう契約関係に基づいて動いているのだろうというのが、はっきりしないんですね。これに対して学説ではある程度、議論があるのでしょうか。

南部　その辺りは、プラットフォーム事業者の位置付けや責任ということになりますが、今のところ仲介でもなければ請負でもないという、そういう判断になっています。マッチングする場の設定にすぎないと、プラットフォーム事業者は主張します。ただ、あえてプラットフォーム事業者に責任が発生するとすれば、各々で結んでいるシステムの利用契約に基づく信義則上の義務という範囲に、今のところではとどまっています。

高野　私が疑問に思っているのは、そうすると、どうして配達行動が行われるのだろうなという点です。情報提供を受けただけであって、こうやって動きましょうということに関しては、誰との間にも契約がないということになってしまい、今までの知識から言うと、何か変な権利関係で、一体どうやって整理するのかと。それが損害賠償責任の有無についての判断というか、論理に影響してくるのかなと思ったので、お聞きしました。

南部　明確にお答えできなくて申し訳なかったです。

司会・山口　この辺り、どうなっているのかということは、私も高野先生と同じような形で疑問に思った点ではあるので、課題として残るかなと思いました。実際、学説上も固まっていないところなのかもしれませんが、それでいいのかというのは、やはり検討していかなければならない点と思いましたので、南部先生の方でも引き続きご検討いただければと思います。

そろそろ予定の時間になりました。今回のテーマは、私自身は非常に面白いものだったなと思っております。もちろん、何かしらまとまった方向性が明らかになったということではありません。むしろ、今後どのような形でこの問題が考えられるか、すなわち、地域の交通の在り方、そして、それと関連する、新しいいろいろな技術や手法といったものがどのように考えられるのか、そして、それを当てはめていった場合に、どのような問題点があるのかといったことをイメージして、その上で生じ得る問題点といったものを上げておくというような、そういった議論であったと思います。

そして、今後どのような方向で固まっていくのかというのは、そもそもこれがどのような使われ方がされるか、つまり、やはり地域によっても違うだろうと思いますし、全国的に使われる場合と、その地域に特殊なものとして使われる場合とでも違うと思います。そして、その地域の特殊性に応じたものである場合においては、そこでの参加者といったものが、どういった人になるのかによって、すなわち、事業者がうまく入ってくれるのか、全く新たな事業者が入ってくるのか、あるいはその地域の住民だけでやらなければいけないのかなど、そういったことによってかなり法的な枠組みといったものが違ってくるのだろうと思います。

ですので、引き続きこの議論をしていくことが必要になると思いますが、国の方の取組も、すでにかなり真摯にやられていると理解しました。ただ、国の取組を拝見した限りでは、須田先生の示してくれたような、わくわくするようなところに行き着くまでには、やはり大変でいろいろな調整が必要なのだということも認識したところですので、やはりまだ大変な道程が残されているということは実感した次第です。

それでは、これにてシンポジウムを締めます。本日は、どうもありがとうございました。

※　本討論後、討論一一七頁（上）段右から一一行目の質疑につき、南部あゆみ准教授（立正大学データサイエンス学部）から、以下のとおり訂正・補足がありました。

〈訂正〉

この点につき、質疑応答の時点で理解が不十分であり、間違った回答をしておりました。改めまして、以下の回答をいたします。

① Uber Eats（UE）の契約関係について

UEの一般利用規約では、自らを「アプリケーションの提供業者」と表現しています。UEがプラットフォーム事業者であり、飲食店・配達員・利用者（客）とそれぞれシステム利用契約を結びます。たいていの決済が現金以外で行われるため、クレジットカード会社などの決済機関がそれを担います。

UEと飲食店の間では、システム利用契約が結ばれます。これに基づきUEは飲食店にシステムを利用させる債務を負い、アプリに飲食店の情報（メニュー等）を表示し、また利用者からの注文や支払いを代行する等のサービスを提供します。一方で飲食店は手数料を支払います。

UEと利用者の間のシステム利用契約でも、UEはメニュー等の表示や注文・支払いの代行といったサービスを提供する債務を負います。利用者は、システム利用の対価は支払いません。注文の際の代金は料理や配達に対するものであり、システム利用自体は無料です。

飲食店と利用者の間では、料理の売買契約が成立します。飲食店は料理を提供し、利用者は代金・配達料・サービス料等を支払います。ただし料理や代金のやり取りについては、UEが間に入り両者を代行しますので、両者が直接やり取りをすることはありません。

UEと配達員との間でもシステム利用契約が結ばれます。UEは配達員にシステムを利用させ、配達サービスとのマッチングや報酬の支払い等を行います。利用者から注文が入ると、UEから配達員にリクエストが送信され、配達員がそのリクエストに応えるか否かを選択します。配達員に登録料等の金銭的負担はありません（支給されるバッグはデポジットとなっており、バッグの代金は報酬から差し引かれるが、バッグ返却時に返金される）。ただし配達員はUEの諸ルールに従う義務があり、違反行為によりアカウントが停止されることもあります。

② 配達員の問題（依頼主は誰か）

配達員の位置付けについては、いくつかの見方が可能です。特に「誰が配達員に仕事を依頼しているのか」「契約内容は何か」について、検討します。

依頼主は飲食店なのかUEなのか、またその根拠は何なのかが問題です。例えばオンラインモール等のマーケットプレイスでは、出品者の商品を利用者が購入するという意味で、UEと類似しています。そして、マーケットプレイスでは出品者が自分で配達業者を手配しますので、出品者が配達サービスの依頼主です。UEもこれと同様に捉えれば、飲食店が配達員に配達を依頼していると解釈できます。この場合、UEは飲食店の依頼をリクエストという形で配達員に伝えている（依頼の代行）、という位置付けになります。

一方で、リクエストが仕事の依頼（申込みの意思表示）だとすれば、UEが依頼主です。UEが利用者に対して配達義務を負っており、その履行代行者として配達員を手配するという構造になります。

結局は、誰に配達義務があるのかという問題なのですが、それを「誰が意思表示をしたのか」という点に求めるのは、プラットフォームビジネスでは難しいのかもしれません。システムが自動的にマッチングを行うため、明確な意思表示が見え難いからです。そこで「誰に配達員を選ぶ裁量権があるのか」に注目しますと、飲食店には裁量の余地はありません。利用者にもありません。UEがリクエストの優先順位等のアルゴリズムを構築している以上、UEに裁量権があると考えるべきでしょう。したがって、UEが料理を利用者に配達する義務を負い、その仕事を配達員に依頼していると考えられます。

③　配達員の問題（契約内容）

配達員は料理を配達することで、報酬を受け取ります。利用者が受け取りに現れない等の場合は、ルールに従い対応しますが、基本的には配達終了により報酬請求権が発生します。この点から、仕事の完成を債務とする請負契約だと解されます。

配達員に労働者性はあるのかという点については、確かに海外（仏や英）でUberの運転手に労働者性を認める判決が出され、注目を集めました。しかし、UEは一般利用規約において「Uber自身は輸送サービスを提供しません。」「Uberと輸送業者との間には、雇用関係は存在しません。」と明記しています。運転手は独立した個人事業者という位置付けです。そして現在のUEでは、労働者性を認める根拠は見出せません。一方で、他の同様のサービスでは最低時給保証を導入しているものもあります（Wolt等）。このような場合は、実態から労働者性を帯びる可能性があります。結局は、実態から契約内容を導くことになります。

④　疑問1（免責条項）

以上のような一般的な法的な見解に対し、二つの疑問が生まれます。一つは、一般利用規約の中の「Uber自身は輸送サービスを提供しません。」という文言です。UEは配達というサービスに法的に関わっていないと明言しているように読めるからです。UEが請負債務を負わないと仮定した場合、例えば配達に不履行があったとしてもUEは契約責任を負いません。これに対し、「Uber自身は」輸送サービスを提供しない（自社の人員は使わない）けれど、債務は存在するので配達員に代行させるという意味で受け取れば、UEを配達の依頼人だとする見解と矛盾しません。

一方で、利用者との間で配達債務はあるものの、免責特約を結んでいると解することも可能です。規約の中では、免責に言及する項目が多く存在します。その場合、当該条項の有効性が問われます。利用者の利益を一方的に害するものだといえるのかを考える必要があります。

⑤　疑問2（独立した第三者の提供業者）

UEは、配達員との間で結ぶ「Uber Eats配達サービス契約」において、配達員を「独立した第三者の提供業者」と称し、雇用関係を明確に否定しています。そこで、配達員が交通事故等の不法行為をした場合、ＵＥに使用者責任は問えるのかという問題が生じます。

　雇用関係になくとも、ＵＥと配達員の間に実質的な指揮監督の関係があれば、使用・被用の関係が認められます。「独立した第三者の提供業者」がどのような位置付けになるのかは、実際の関係性を詳細に吟味する必要があります。

　なお、ＵＥは配達中の事故について、対人・対物賠償責任保険に加入しています。そのため上限はあるものの、被害者や配達員の損害は補償されます。この点は使用関係を判断する材料にはなりませんが、ＵＥが社会的責任を期待され、それを認識しているのは確かです。

⑥　まとめ

　以上から、ＵＥと配達員の契約関係については二つの見解が可能です。一つは、一般的な請負契約であるものの、免責特約や「独立した第三者の提供業者」等の文言により、特殊性を強調している（実態をカモフラージュしている）と考えるものです。もう一つは、従来とは異なる特殊な無名契約だと捉えるものです。いずれが妥当なのかは、現時点の私の知見では言及できませんので、今後の課題とさせてください。この度は不勉強をお詫びいたしますとともに、訂正の機会を与えていただき、心より感謝申し上げます。

報告1　モビリティ確保のまちづくり
――富山市のコンパクトシティ政策を事例として――

秋元菜摘
（静岡大学情報学部情報社会学科講師）

全体司会・厚井　個別報告に入ります。個別報告の一番目は、静岡大学情報学部情報社会学科の秋元菜摘講師による「モビリティ確保のまちづくり――富山市のコンパクトシティ政策を事例として――」です。司会は、山口斉昭理事が務めます。それでは、山口理事、秋元様のご紹介をお願いいします。

司会・山口　今回のテーマは、「地域におけるモビリティ」です。地域においては、特に高齢者などが多い中で、その足をどのように確保していくのか、現在はほとんどの地域において、一人に一つ自動車を所持するというような状況になりつつありますが、いいことばかりではない、むしろ悪いことの方が多いという部分もあるかと思います。高齢者の事故等もありますし、歩かないことによる健康の衰退等もあります。

そして、何かあったときに、ライフラインが断たれてしまう側面もある中で、これらを含め全体を見ていかなければなりません。個別報告の最初は、秋元先生にまちづくりという観点から、交通との関係をご報告いただきます。

秋元先生のプロフィールをご紹介します。秋元先生は、二〇〇九年に筑波大学を卒業され（経済学学士）、二〇一一年に東京大学の博士前期課程で修士（学術）を取得し、二〇一六年に同大学博士後期課程を修了して博士（学術）の学位を取得されています。その後、複数大学で非常勤講師等を務められ、二〇一八年三月より現職の静岡大学情報学部に講師として着任し、二〇一九年四月より同大学防災総合センター、二〇二〇年一〇月からは同大学土木情報学研究所も兼任されています。

二〇〇九年よりコンパクトシティ政策について地理情報システムによる解析と現地調査に基づいてアクセシビリティやモビリティをキーワードに研究され、その成果は既に日本地理学会等をはじめとする学術界で学会発表・学会論文として報告をされています。

それでは、秋元先生、よろしくお願いします。

ご紹介をありがとうございました。本日は、最初に本報告の位置付けをご説明した上で、都市と交通・まちづくりについて富山市の事例を基にご報告させていただきます。

私は地理学・地理情報科学分野を専門としており、コンパクトシティやスマートシティについて取り組んでおります。今回は一般向けに、交通だけでなくまちづくりの側面から講演していただきたいとのご依頼がありましたので、望ましい都市と交通の在り方について発表させていただきます。シンポジウムにて、技術や法律の専門家からのご報告がございますので、それら先進的なご発表の想像力を喚起するような発表となりましたら幸いです。また、次のご発表にて高岡市より詳しい地域の事例報告がございますので、具体的なことはそちらを参照いただければと思います（基本的なことは富山市においても同様に進められております）。

交通とまちづくりは密接な関係にあります。理論的にも経験的にも、交通の発達とともに都市（都市的エリアを含む）が新たに形成され、また、都市が発展するために交通もさらに構築されるという相互補完的な様相を呈します。それ故に、現代では都市における交通は環境問題の重要な要因として捉えられており、例えばＯＥＣＤの報告書〝Cities and Climate Change〟（2014）やSDGsなどの取組においても、将来的に大きな懸念とされています。二〇世紀後半から環境問題や渋滞混雑などの課題を克服するために政策的な規制なども導入されていますが、現在は交通を軸としてまちづくりをデザインしていく考え方が主流となりつつあります。

この度は、富山市の事例で「モビリティ確保のまちづくり」についてとの演題をいただきましたが、まちづくりにおいてはアクセシビリティという類似の概念も一緒に考えていく必要があります。

モビリティとアクセシビリティは、少し異なる概念でありながら非常に関連しています。

モビリティは、分かりやすく述べれば、人の移動しやすさを表します。その際、交通はほとんどの場合において、何らかの目的を達成するための派生需要であることを思い出してください。

そこで入手可能性を示すアクセシビリティという用語を取り入れてみましょう。アクセシビリティには、特定の場所に行く（アクセスする）ことだけでなく、社会・経済的サービスを入手できることも含まれています。移動せずに目的を達成（財・サービスを入手）できれば、移動したりモビリティを高めたりする必要はなくなります。以上のことは理論上の話ですので、具体的なまちづくりでは一方のみで完成することはありません。

さて、富山市のまちづくりはコンパクトシティ政策で有名になりましたが、現在は全国の多くの自治体が同様の政策を行っています。国土交通省をはじめとしてコンパクト・プラス・ネットワークのまちづくりや立地適正化計画、地域公共交通の活性化及び再生に関する法律の一部改正など、二〇一〇年以降は急速に新しいまちづくりが推進されています。その際、公共交通の確保は前提となりますが、同時に、公共交通の利便性の高い地域に人口を誘導することが新しいまちづくりの取組であるといえます（公共交通の維持・向上だけでなく、住民の移住等も想定されている）。

単にモビリティを確保して移動しやすくするだけでなく、居住地周辺で安定して快適な日常生活を送れる都市・地域デザインが重要になります。すなわち、スーパーや医療施設などの生活関連施設に無理なくアクセスし、必要な物品を入手したりサービスを利用したりできるということです。

コンパクトシティは、一九七〇年代にDantzig & Saaty (1974) により数学的なモデルや概念として提案され、欧州で環境政策として取り入れられた後、自然環境問題以外の生活環境や社会・経済的な問題、中心市街地の衰退の改善などにも役立つ可能性が期待されてきた経緯があります。日本に導入されてからも、一九九〇年代には中心市街地の再生や都市基盤整備が主な目的でした。初期に有名であった事例として青森市の一極集中型コンパクトシティがあり、他にも東北地方など積雪対策が必要な地域でも先んじて進められていました。しかしながら、二〇〇八年に富山市がクラスター型コンパクトシティという概念に基づいて、交通弱者という概念を中心に据えたまちづくりを提案した頃から全国的な様相が変わりました。二〇一〇年代以降には、高齢者の運転ミスなどによる交通事故等にも社会的な関心が高まり、免許返納者も大幅に増えるようになりました。併せて、高齢者に適切なモビリティを提供する必要があると考える自治体や市民も多くなりました。

富山市のクラスター型コンパクトシティは、都心である中心市街地以外にも周辺地域の核（旧自治体の中心地に相当）が複数あり、それらを公共交通で物理的にネットワーク化する都市モデルです。富山市都市マスタープラン（二〇〇八年初出、二〇一九年改訂）に具体的な地域構想・計画が図示されています。公共交通にはＪＲや富山地方鉄道が運行する通常の鉄道路線に加え、富山市を有名にしたＬＲＴである富山ライトレール（現・富山地方鉄道）や路面電車などの軌道が含まれています。そして、これら鉄軌道と同様に、一定程度の運行頻度を保っているバス路線も基幹的な公共交通網として維持していくことを打ち出したことが重要な点です。このような交通基盤を備えた都市構造においても、持続可能なまちづくりのためには、単に公共交通の利便性を維持・向上させるだけでは十分ではありません。利便性の高い公共交通の沿線に設けられた居住推進地区に人口を集約化することが必要になります。富山市では、バス停から半径三〇〇ｍもしくは鉄道駅から五〇〇ｍであり、かつ用途地域が定められている区域が居住推進地区に設定されています。富山市の現状を確認すると、人口は四二万人程度（二〇一〇〜二〇二〇年）であり、二〇〇五年に七つの市町村が合併した経緯がありま す。クラスター型の都市モデルが採用された背景には、旧自治体の中心地を継続的に維持できることも挙げられるでしょう。富山市は、以前から自家用車や持ち家の保有率が高く、郊外化の顕著な地域でしたが、二〇〇〇年から二〇一〇年にかけても郊外化がさらに進行しています。高齢者（六五歳以上）の人口割合も高く、二〇一〇年には市域の半分以上の地域で高齢化が深刻になっています。

これまでの交通計画や関連施策などを時系列で確認すると、富山市クラスター型コンパクトシティ政策が提示される二〇〇八年以前から様々な取組が先行して実施され、二〇〇六年に富士ライトレール（元はＪＲ富山港線）が開業されたり、バス輸送の社会実験なども行われたりしていました。二〇〇九年には市内軌道の環状線化（セントラム）が実現され、その後もＪＲ高山本線で運行本数の向上（二〇〇六年）や新駅の設置（二〇〇九年）などの実験的な施策が行われてきました。ライトレールやセントラムは先進的な車両フォルムが採用され、バリアフリーなどにも対応しています。一方、富山地方鉄道が運営してきた市内軌道は昔ながらの路面電車のイメージであり、まちづくりにおいては新旧の混在もまた特色となっています。バス交通については、路線網を再編する他、街なかのバス停から改修が進められて待ち時間も快適に過ごせるようになっています。富山市へのヒアリングによれば、街なかと郊外の格差については市民から意見等もありますが、まずは中心地の活力を高め、その影響を郊外へ広げていきたいとのことです。

これらの公共交通の利用状況を統計データにより確認すると、ライトレールは開業時から五、〇〇〇人以上の利用者があり、現在まで維持しています。セントラムは市内軌道とともに集計されていますが、開業以降は全体的に乗客数が向上しています。二〇一五年には北陸新幹線も開業されたため、ＪＲや市内軌道の利用者の増加率が高くなっています。路線バスは二〇〇五年から二〇一五年にかけて系統数が八五％程度に整理され、利用者数も緩やかな減少傾向にありますが、維持している状況であるといえます。

実は、住民の利用だけで公共交通を維持することは難しく、その他の需要である観光等での利用も踏まえて整備することが重要であることも指摘できます。「市内観光地観光客ヒアリング調査」（富山市、二〇一二）により、域外の人々が観光等においてどのような交通手段を利用しているか確認すると、富山市までは自動車や鉄道でアクセスすることがほとんどですが（自動車二八％に対し、鉄道三〇・四％、観光バス二七・七％など）、その後の市内の移動では路面電車が利用される割合が高いことが分かります（自動車二五・八％に対し、鉄道八・九％、路面電車は二七・七％、観光バス二二・三％など）。ただし、路線バスは依然として低い利用率に留まっています。

このような背景を踏まえ、住民の視点でアクセシビリティの向上について、空間統計データや公共交通の運行データなどを用いて地理情報システム（ＧＩＳ）により定量的に計測しました。例えば、居住地から市の中心駅（富山駅）までのアクセシビリティについては、一九九五年から二〇〇五年にかけて低下傾向にありました。富山ライトレールとして再出発する直前である二〇〇五年まで、当該沿線は利便性に問題があったことが明らかです。

また、モビリティの一つの目安として、居住地から道路距離ネットワークに基づいてアクセス可能範囲を計測すると、自動車を利用できる人とそれ以外の人のモビリティには明瞭な差異があることを図示できます。今回は、コンパクトシティ政策における郊外拠点の一つである婦中地区（旧婦中町）で計測しました。当該地区の中心地は速星という場所であり、中心駅からは五～六㎞の距離にありますが、鉄道や路線バスなど公共交通の結節点となっています。計測結果を確認すると、自動車を利用した場合、婦中地区や富山市という境域を超えて広い範囲に五～一〇分という短時間でアクセスできることが分かります。一方、自転車やバス（時刻表に基づく平均待ち時間を算入した結果）、徒歩についてはアクセスできる範囲が大幅に狭められています。さらに、自動車移動に最適化された施設配置まで考慮すると、自動車を利用せずに地域で居住するには心もとない状況です。

アクセス可能範囲の計測においては、若年・中年層と高齢者による移動速度の差異やバス利用なども考慮し、多様な条件下や複合的な条件を置いた分析もできます。例えば、徒歩のみの移動という単純な仮定の下では、高齢者のアクセス可能範囲は居住地周辺の狭小なエリアに留まっています。しかし、バス交通を含めると、同じ時間で郊外拠点と都心周辺にアクセスできることが示され、公共交通の維持がモビリティ確保のまちづくりにおいて有用であることが明白です。最近では、富山市でも高齢者の免許返納者数が増加しており、まちづくりの方向性や社会的な動向が人々へ影響を与えていることが分かります。

次はコンパクトシティ政策の実施前後の変化を確認するため、二〇〇〇年と二〇一〇年における居住地から中心駅への公共交通を利用したアクセシビリティを計測して比較します。二〇一〇年は富山ライトレールが開業して約四年が経過していますが、この間に住民視点で路線の運行頻度や運行時間帯を再編しており、計測結果にもアクセシビリティが向上していることが表れています。他にも、JR高山本線においても増便や新駅設置の効果によりアクセシビリティが向上しています。地図による可視化だけでなく、人口ベースでアクセシビリティを集計すると、二〇〇〇年から二〇一〇年にかけて全体的に大きな改善が見られます。ただし、都心と郊外では格差が大きい状況であり、郊外におけるアクセシビリティが相対的に劣位にあるだけでなく、高齢者の改善効果が小さいことも課題です。

これまで中心駅を対象としてアクセシビリティを多角的に確認しましたが、これはコンパクトシティの中心性についての分析としては適切ですが、他の目的地も検討する必要があるでしょう。日常生活ではスーパーマーケットや病院など多くの施設を利用することから、ここでは居住地から生活関連施設へのアクセシビリティを確認します。代表的な施設として、総合病院とスーパーマーケットを取り上げますが、総合病院については、二〇〇〇年と二〇一〇年でほとんど変化はありませんでした（施設数が激増／激減する種類の目的地ではないため）。一方、スーパーマーケットについては施設数の減少が著しいことから、二〇〇〇年から二〇一〇年にかけてアクセシビリティが低下していることが明らかになりました（地図による可視化と人口ベースの集計結果）。ただし、他都市で同様の計測を行うと状況が著しく劣悪になった事例もあるため、富山市の生活環境は保たれていると言えます。

最後に、コンパクトシティ政策の有効性をアクセシビリティの側面から簡易にシミュレーションした結果をご紹介します。これまでと同様に婦中地区を対象としていますが、速星周辺には鉄道駅や期間となる路線バス停に沿って居住推進地区が設定されています。分析では、居住推進地区に人口を集約化させるとともに、路線バスの運行頻度を高めることを想定しました。例えば、二〇〇五年時点の国勢調査メッシュデータを確認すると、婦中地区のほぼ全域で人口が低密度に広がっていることが分かります。この状態において、各メッシュから居住推進地区に該当するメッシュへ人口移住が進むと仮定すると、生活関連施設へのアクセシビリティにはどのような影響があるでしょうか。公共交通が改善されると、スーパーマーケットへのアクセシビリティも向上しています。特に高齢者や要支援者などでは少しの荷物を持って移動することも困難であるケースがあり、身近な施設にもバスを利用してアクセスする必要があります。また、既に説明したとおり、富山市の地理的条件は平野であり市街地が広がりやすく、自動車での移動を前提とした施設配置となっていることも再確認しましょう（現地調査による写真等を提示）。

計算結果を移動手段別に見ると、現状では自動車とバス・徒歩の差異が顕著です（任意の時刻にバスを利用できるよう、単純に平均待ち時間で計算した結果）。しかしながら、バス時刻表に合わせて生活するならば、路線バスの沿線は比較的利便性が高い状態であることも判明しました（バス到着時刻の五分前にバス停にアクセスすることを条件とした結果）。後者は多くの地域の住民が既に行っていることでもありますが、それを当然の生活様式にする必要があるでしょう。バスの運行頻度を高めると、当然ながら沿線でアクセシビリティは向上しますが、運行頻度が五倍以上になるとほとんど改善が見られなくなります。路線バスの維持コストを考慮すれば、少しの利便性のために改善率が高くない施策を行うことは適切ではありません。

さらに人口ベースで集計した結果について見てみましょう。居住推進地区に人口を集約化する場合と、バスの運行頻度を高める場合の二つの指標がありますが、さらに人口集約化の程度とバス運行頻度の向上の二つが同時に組み合わされたシナリオも考えられます。今回はどのシナリオにおいても見られた全体的な傾向として、人口の集約化は現状の五〇％以上の人口が移住した場合にアクセシビリティに対して高い効果があることが分かります。人口移住は政策としては時間を要するものですが、中長期的にまちづくりに取り組む必要性があることが示されていると言えます。

同様にバスの運行頻度の向上は、人口を考慮した結果においても、一定の水準でアクセシビリティの改善効果が逓減するようになります。そのため、どの程度まで利便性を確保するかについては地域や住民、行政、運営会社などでよく検討する必要があります。二〇二〇年には地域公共交通の活性化及び再生に関する法律等の一部改正が行われ、複数事業者を含めて関係者全体で話し合いながら公共交通を維持・管理できる環境が整いました。この改正とも関連する立地適正化計画は既に二〇一四年から進められており、交通を基軸としたコンパクト・プラス・ネットワークのまちづくりの実現が進められています。

本報告の全体についてまとめます。富山市の都市モデルを概略図で示すと、基幹となる公共交通軸を維持・向上しながら、市全域に低密度に広がった人口を公共交通軸沿線に集約化していくことで、コンパクト・プラス・ネットワークの都市構造を実現しようとしています。既に説明したとおり、富山市の事例では、ＬＲＴの整備を含めたインフラ等の物理的な施策はほとんど完了しています。今後は、人々が街なかや郊外核へ移住しようと思えるようになるか、公共交通の実状を理解してそれに合わせたライフスタイルに変えることができるかが課題になります。

また、都心と郊外との格差も市民にとっての懸念であるため、郊外核を地域の中心としてどの程度まで維持・開発するかについても議論が必要です。さらに市町村合併により南部に広大な中山間地域を抱えることになったため、それらの地域に点在する伝統的な観光資源等の活用も含めて、市全域の視点から、そして日常・非日常でのバランスも備えながら政策を考えていくことが大切です。

以上を踏まえ、今後のまちづくりの方向性や国外事例に基づいた可能性について三点ほど共有したいと思います。モビリティ確保のまちづくりにおいては、住民の意識やライフスタイルも重要になるためです。

まず、次世代のまちづくりとして、コンパクトシティだけでなくスマートシティとの接合が欠かせません。特に交通は情報伝達や通信などと関わりが深く、物理的な移動を伴わずに代替できることも多くあります。代替することで渋滞混雑の緩和やサービス水準の低い公共交通を無理に利用する必要が無くなるなどメリットもあります。ＣＯＶＩＤ―19対応のため社会で早急に検討されつつあることですが、高度情報社会（デジタルトランスフォーメーションＤＸを含む）や環境問題、SDGsにおける要請でもあります。高度情報化と併せてまちづくりをデザインしていく必要があります。これは、私の現在の研究の中心的課題であり、静岡大学情報学部の研究プロジェクトや静岡大学土木情報学研究所メンバーとの共同研究としても進めております。

次に、交通権の考え方や法律的な整備も今後のまちづくりには欠かせない要件です。例えば、フランスでは自由に移動できる権利を認め、都市・地域政策としてインフラ等に大規模に投資する方針をとっています（交通権については、日本は現在のところ議論の途上です）。フランスの成功例として有名なストラスブールについてご紹介すると、都心部に世界遺産がある比較的大規模な都市であり、やはりトラムを整備するまで行政と利害関係者、住民などの間の調整には大きな課題がありました。交通改革を目標に掲げて当選した市長が強力なイニシアティブを取って公共交通を中心としたまちづくりを進めましたが、その過程は他の多くの都市と同様、関係者が最初から協力的であったわけではありません。例えば、中心商店街の立場では、街なかに自動車でアクセスできなくなると、商店街の利用客が減るのではないかと大きな不安がありました。それらに対して、地道に説得を続け、トラムなど公共交通を中心としたまちづくりに変えていったことが重要な成果であり、見過ごされてはいけない要所です。『世界のコンパクトシティ――都市を賢く縮退するしくみと効果』（谷口守編著、二〇一九、学芸出版社）でも主張されており、工学・都市計画分野の研究者からの提言でもあります。

また、トラムやバスなどの公共交通が整備された後の人々の変容なども、先例として参考になります。実施前の懸念とは対照的に、実際は街なかに人々が戻ってくることとなり、商店街の利用者や都心の滞留者は以前よりも増えました。私自身もストラスブールに二回ほど視察で訪れていますが、街なかでは道路の中心をトラムが頻繁に走行しており、駅周辺や新市街・旧市街ともに多くの活気に溢れています（現地で撮影した写真を提示）。

これらのことから、市民がまちづくりに賛同・参画しながら政策を進め、新しい利便性やライフスタイルの良い点を理解して積極的に意識を高めて行動変容しない限り、まちづくりは成功に近づきません。市民が受け身であると、例え環境が整備されても、いつまでも何かが不足していると訴える状態に陥りかねません。例えば、健常者が車で移動できないことは多少不便かもしれませんが、一方で、歩くことは健康・美容（体力維持やダイエットなど）にも繋がります。これらは現代社会において、益々多くの市民や研究者が関心を持つようになっている分野です。

最後に、成功例とされる事例は、活き活きと輝いて見えるかもしれません。しかしながら、その都市ならではの個別のまちづくりがありますので、他の事例は参考に留め、富山市や高岡市、北陸らしさを再発見しながらのまちづくりが望まれていることでしょう。

これにて私からの報告を終わりにいたします。ご清聴くださりありがとうございました。

《質疑応答》

司会・山口　秋元先生、ありがとうございます。ここに集まられている会員の方は、法律の専門家ですが、都市計画や、こういった都市、まちづくりの非専門家ではあるので、そのような非専門家に対しても非常に分かりやすく、素晴らしいご報告だったと思います。少し私の方から質問いたします。これもやはり非専門家としての基本的な話となりますが、クラスターコンパクトシティという、クラスターというのは、もともと、房という意味で、葡萄の房を考えると、葡萄のところに人が住んでいて、茎にあたるところがこのバスとかトラムであるとイメージ・理解すればよいでしょうか。

秋元　ご質問くださりありがとうございます。噛み砕いて確認していただきましたが、そのようなご認識で基本的には問題ございません。

司会・山口　そういうようなことですね。ありがとうございます。このモビリティとアクセシビリティは区別されるべきといったこと、なるほどと思ったところで、私がイメージしていたのは、やはり間違いなく、このアクセシビリティの話だと思いました。

このアクセシビリティという点で言うと、その実のところには、人が集まる形になって、そして、その他のところの茎に繋がっているところとして、何らかの施設などということになろうかと思いますけれども、このアクセシビリティで考えられている施設といったものについては、例えば病院であるとか、スーパーマーケットとか、そういったものが大体考えられているということになるのでしょうか。

秋元　例として挙げていただいたような日常の生活関連施設が想定されており、マスタープランにも示されています。当然ながら、地域の中心となる駅とそれ以外のバス停では周辺に集める施設の種類は異なります。例えば、駅の周辺には都市的サービスとして高次の機能を集め、バス停の周辺にはより身近で毎日利用するような小さな施設を集めることになります。

司会・山口　なるほど分かりました。そうすると、人は今まで住んでいたところから、住むところをある程度制限される方向になっていく、居住の自由との関係で言うと、むしろ少し制限されていくというようなイメージになるということでしょうか。

秋元　そのような懸念は以前からあり、この講演会・シンポジウムに参加されている行政の方々は難しい問題であることを十分承知されていると思います。しかしながら、富山市などにおけるヒアリング調査を踏まえますと、私的権利の制限や法律による強制ではなく、より良い情報提供による市民の誘導という形を取ることが推進されています。

例えば、居住推進地区に移住する場合に、新しく住居を取得するための費用の一部を補助する仕組みなどはマスタープランが提案された頃から行われています。そのような形で少しずつメリットを提供しつつ、同時に、市民になぜコンパクトなまちづくりが必要であるかを理解してもらうための説明を続けることが重要であると伺っております。

司会・山口　ありがとうございます。まさに居住推進地域ということからすると、推進はしても、なかなか強制までは出来ないのでという形で進めているというようなことでしょうか。

秋元　強制することにもデメリットがありますので、柔軟に進めていこうとしている状況です（市民が賛同できないまちづくりを強制しても継続性はありません）。また、富山市も郊外の居住を否定しているわけではなく、交通弱者ではない車を自由に利用できるファミリー層などが、広い土地・家に住むことも認める方向です。ただし、高齢者などの交通弱者やまちなか居住の魅力を理解した人には積極的に移住してもらうことで政策を推進しています。

司会・山口　そうですね。特に、やはり職業上農業従事者であるとか、そういった場合においては、これは車なしで、それでまちなかに住んでくれと言ってもなかなか難しいということもあろうかと思いますので、やはり非常にそれは理解するところです。

秋元　自治体の一つのまちづくりのなかにも多様性があり、それらは個々の都市の特徴にも繋がると思います。

司会・山口　先ほど、フランスの例が出てきて、私も本当に十何年前以上に、トラムで非常に有名なナントという町に、一年間ほど住んでいたことがあります。そこでも、車等は運転せずに、トラムとバスと、ナビビュスという水路を動く乗り物がありまして、それだけで十分に移動ができ、また、それらによる移動が楽しいなと感じられるものだったんですけれども、最後に、秋元先生がおっしゃったところの、「交通だけではない」というところが、全くそのとおりだなと思っていて、例えばナントの住民は、ナントが世界一住みやすい町なんだと信じて疑わない側面があるんですよね。

実際それで、フォル・ジュルネという音楽の祭典を、これは日本でもやっていますけれども、そういうものをやったりとか、いろいろな催し物というものがあったり、そういった活気といったものがあり、自分のまちが好きだというようなそういった気持ちといったものに支えられているというところがあるのかなとは思っているところです。

秋元　正にそのような方向性が望ましく、市民の参加・主導・認識があるまちづくりが理想的であると考えられます。実際のご経験を踏まえ、今後のまちづくりの発展性についてまとめてくださり有難うございました。

司会・山口　やはり、こういう形で全国から注目されるということによって、そういった誇りといったものが出てきて、そして、現実に自分たちも住みやすいという感覚が結びつくと、よい方向に行くのかなということは、少し感じたところです。

秋元先生、ありがとうございました。

＊　当報告の講演ではスライドの内容を基準に話を進めており、元の口語文では主旨が伝わりにくいため再構成しました。

してゆくことも重要である（Akimoto 2019）.

参考文献

秋元菜摘 2014. 1／2 地域メッシュデータを用いた郊外高齢居住者のアクセシビリティと生活環境の変化. 公益財団法人 統計情報研究開発センター ESTRELA(245): 34-39.

秋元菜摘 2014. 富山市のクラスター型コンパクトシティ政策と郊外のアクセシビリティ—婦中地域におけるシミュレーション—. 地理学評論 87(4): 314-327.

安部誠治 2012. 交通権の意義とその必要性（特集：交通基本法の意義と課題）. 国際交通安全学会誌 37(1): 14-22.

今西一男 2006. 自治体の都市計画におけるコンパクトシティ政策の位置づけに関する研究 —国内 240 自治体への調査結果から— 行政社会論集 18(4): 17-44.

岡崎勝彦 2016. 交通権の概念の成立と今後の展開—交通権学会の 30 年に即して—（2015 年度研究大会特別論文）. 交通権 2016(33): 12-39.

小長屋一之 1990. アメリカにおける都市交通地理学の動向 —都市構造と交通様式の関係をめぐって—. 地理科学 45(4): 234-246.

国土交通省 2020. 公共交通政策：地域公共交通の活性化及び再生に関する法律について. https://www.mlit.go.jp/sogoseisaku/transport/sosei_transport_tk_000055.html（最終閲覧日： 2021 年 04 月 20 日）

関根智子 1992. 近接性からみた盛岡市における生活環境の分析. 地理学評論 65A(6): 441-459.

田中耕市 2001. 個人属性別にみたアクセシビリティに基づく生活利便性評価—福島県いわき市を事例として. 地理学評論 74A(5): 264-286.

富山市 2008・2019. 富山市都市マスタープラン—公共交通を軸としたコンパクトなまちづくり—.

谷口 守 編 2019. 『世界のコンパクトシティ−都市を賢く縮退するしくみと効果』 学芸出版社.

森田優己 2011. 交通基本法と交通権保証（特集論文 コミュニティで公共交通を創出する）. コミュニティ政策 9: 44-67.

山越伸浩 2011. 交通基本法案—地域公共交通の確保・維持・改善に向けて—. 立法と調査（参議院）316: 36-51.

山下 潤 2014. 地球温暖化と都市計画. 182-183. 藤井 正・神谷浩夫編著 2014. 『よくわかる都市地理学』ミネルヴァ書房.

Akimoto, N. 08/2019. Urban Redesigns for Networked Polycentric Compact City in Japan. IGU Urban Commission, International Geographical Union. (Luxembourg).

European Commission 1990. Green Paper on the Urban Environment. http://europa.eu/index_en.htm（最終閲覧日：2011 年 01 月 09 日）

Dantzig B. G. and Saaty L. T. 1974. Compact City; A Plan for a Liveable Urban Environment. San Francisco: W.H.Freeman & Co Ltd. 『コンパクト・シティ』(G.B. ダンツィク・T.L.サアティ著，森口繁一監訳 1974.

OECD 2014. Cities and Climate Change. https://www.oecd.org/env/cc/Cities-and-climate-change-2014-Policy-Perspectives-Final-web.pdf（最終閲覧日：2021 年 04 月 22 日）

（2）居住者のアクセシビリティからみた政策の有効性

モビリティとアクセシビリティは関連性の高い概念であり，モビリティは特定の目的を定めずに移動のしやすさを表す．しかし，現実的には高齢者をはじめとする交通弱者対策として，先ず日常生活に必要な施設・サービスへのアクセシビリティを確保し，地域で住み続けられるようなまちづくりが求められている．日常生活におけるアクセシビリティに限定してみても，特に郊外や高齢者については以前から課題が大きいことが指摘されていた（関根 1992・田中 2001）．生活環境関連施設へのアクセシビリティを高めるような都市デザインは，モビリティ確保のまちづくりの最初の段階であると考えられる．

富山市の公共交通については，2006 年に LRT として富山ライトレールが開業したことで注目を集めたが，それ以外にも自治体や富山地方鉄道によりバス交通の改善や社会実験などが実施されてきた．2008 年の都市マスタープランでも，基軸となるバス路線を維持することが提示されていた．2009 年には市内軌道の環状線化が実現され，JR 高山本線でも新駅の設置や増発が試みられるなど基軸となる公共交通の再整備が進められた．2015 年に開業した北陸新幹線・富山駅の高架下に，南北の市街地を接続するための路面電車を整備する富山駅南北接続事業も 2020 年に完了している．これらの成果により公共交通の利便性が向上していると考えられるが，運行頻度等を含めた住民のアクセシビリティを測定すると 2006 年以降は改善効果として表れている（秋元 2014）．

富山市のコンパクトシティ政策において，公共交通の改善は確実に進められてきたが，一方で居住推進地区への誘導はより長期的な取組みを要する．自動車が主な移動手段となっている郊外地域において，政策が住民の生活関連施設へのアクセシビリティに与える効果をシミュレーション分析すると，市街地の集約化については 2005 年時点の 50%以上の住民が移住すると有効性が高くなることが明らかになった（秋元 2014）．公共交通の改善は人口の集約化と合わせられることでモビリティを向上させるため，富山市では移住に対する補助なども提案してきた．自家用車や持ち家の所有率が高い市民の志向性を考慮すると，以前として市民の理解と行動を促す仕組みが課題として挙げられる．

4．今後の都市デザイン

モビリティ確保のまちづくりについて，公共交通の再整備が積極的に進められた富山市の事例を取り上げ，住民のアクセシビリティを指標として政策の有効性についても確認した．公共交通を基盤としたまちづくりの代表的な国外事例であるストラスブールなど欧州各国の都市では，トラム（LRT）やバス交通を再整備することで，交通弱者だけでなく一般の住民から観光客に至るまで高いモビリティが提供されている（守口 2019）．コンパクトシティがモビリティ確保のまちづくりとしてだけでなく，街なか居住など魅力的なライフスタイルとしても受け入れられることでより発展性が高まることが期待される．

今後は高度情報社会におけるスマートシティとの接合も求められることから，多極ネットワーク型コンパクトシティなどのモデルを想定しながら，次世代型のまちづくりを推進

ティにとって大きな課題となっている．この間，環境問題などの側面からも都市と交通の関係性には世界的に見直しが求められている．1970年代に提案されたコンパクトシティの概念（Danzig & Saaty 1974）は，その後に環境への配慮から欧州の都市政策へ取り入れられることとなり（EC 1990），その潮流は現在も継続している（OECD 2014；山下 2014）．

交通弱者のモビリティについては，例えば，居住地点からの交通手段別の到達圏域を計測すると，当然ながら自動車とそれ以外の交通手段の差異はあまりに大きく，高齢者などの移動能力の制約を想定すると深刻かつ明白な差異として可視化することができる．実際には，親族・知人や行政の支援なども考慮して総合的にモビリティを捉える必要はあるものの，個人化の進む現代社会では独立した個人の権利／能力としてモビリティを確保することも要求されている．

このような状況において，徒歩や公共交通を中心としたコンパクトなまちづくりが注目されるようになり，2013年以降には国土交通省が「コンパクト＋ネットワーク」という概念で今後のまちづくりの方針を提示している．コンパクトシティは，2000年代から都市計画に導入されつつあったが（今西 2006），2010年代には全国の都市マスタープランに組み込まれることとなった．また，2020年には地域公共交通の活性化及び再生に関する法律の改正が施行され，地方公共団体が交通事業者等と協議しながら持続可能な地域公共交通網を形成することがより促進されている（国土交通省 2020）．

3．公共交通を中心としたまちづくり

現在ではほとんどの自治体が公共交通を中心としたまちづくりを推進しているが，都市政策のモデルとしては富山市が先進的であったと捉えられている．以下では，富山市のコンパクトシティ政策を事例として，モビリティ確保のまちづくりとその有効性を生活関連施設へのアクセシビリティの側面から考察する．

（1）富山市のコンパクトシティ政策の要点

富山市は2008年に「富山市都市マスタープラン―公共交通を軸としたコンパクトなまちづくり―」を策定し，主に交通弱者対策として公共交通によるモビリティを確保するクラスター型コンパクトシティを掲げて都市政策を推進してきた．同マスタープランは2019年に見直しが行われたが，公共交通を中心とするまちづくりの方針に変更はない．

自治体のコンパクトシティ・モデルは，初期には都心を中心として人口集約化を図る一極集中型モデルが提案されていたが，郊外住民からの反対なども強かった．その点について，富山市のクラスター型モデルは旧市町村の中心地を郊外核として維持しながら公共交通で都心と結びつける都市構造を基本としており，自動車を利用できる住民は郊外で居住することも想定されている．また，コンパクト化の概念も，都市を都心に対して全面的に縮小するのではなく，主要バス路線を含む既存の公共交通軸に沿って市街地を集約化することが計画されている．富山市では基軸となる公共交通の沿線に居住推進地区を設定し，将来的に人口を誘導して市街地を集約化することを想定している．

個別報告①

モビリティ確保のまちづくり

—富山市のコンパクトシティ政策を事例として—

静岡大学学術院情報学領域　秋元菜摘

1．はじめに

成熟社会を迎える中で，特に地方都市では高齢者などの交通弱者を念頭に置いたまちづくりが改めて検討され，地域住民のモビリティを確保するための多様な施策が実施されている．本報告では，交通と都市・地域の関係について過去の経緯と最近の議論を含めて概観した上で，富山市のコンパクトシティ政策を事例として公共交通を中心としたまちづくりの有効性を地理情報システム（GIS）による分析を踏まえて再検討することで，今後の都市デザインの展望を示す．

2．交通とまちづくり

自動車依存からの脱却や公共交通の改善は，20 世紀後半の世界的な課題として認識することができる．日本では超高齢社会が急速に進んだため交通弱者の問題が大きく取り上げられ，最近では移動できることを権利として認めて保障することも検討されている．交通権や MaaS など最近の動向に触れた上で，現代に至るまでの都市構造の変化を交通様式の側面から振返ることで，今後の都市デザインを検討するための基礎とする．

（1）交通をめぐる最近の諸相

現代では，交通に関わる議論は単なるインフラの改善にとどまらず，MaaS として交通様式を統合的に扱おうとする動向が急速に進展している．また，移動する権利や関連情報へのアクセスの実現なども含めた交通権を認めることも検討されている．フランスでは「フランス国内交通基本法」で「交通に関する権利」が規定されているが（山越 2011），日本では，「移動に関する権利（移動権）」である交通権についての規定は法律に盛り込まれていない．しかし，人々の生活利便性や生活の質（QOL）の向上，持続可能性の高い地域交通システムの構築などが想定された交通政策基本法が 2013 年に成立するなど，モビリティに対する関心は確実に高まっている（安部 2012，岡崎 2016，森田 2011）．

（2）都市構造の変化と公共交通の再構築

戦後の技術発展に伴う交通様式の変化は都市構造と人々の生活様式を大きく変化させ，資本主義的な産業発展や消費者の選好を中心としたまちづくりが世界的に実現されていた（小長屋 1990）．1970 年代以降は公共交通の再検討の必要性が指摘されてきたが，1960 年代以降のモータリゼーションの進行と公共交通の衰退は依然として現在の都市構造を規定しており，超高齢社会を迎えたことで自動車を中心とする都市構造は交通弱者のモビリ

報告2

高岡市におけるモビリティ確保の現状と取組み

今方順哉
（高岡市市長政策部総合交通課課長）

全体司会・厚井　それでは、個別報告の二番目に移ります。個別報告の二番目は、高岡市市長政策部総合交通課の今方順哉課長による「高岡市におけるモビリティ確保の現状と取組み」です。それでは、山口理事、今方様のご紹介をお願いします。

司会・山口　今方様には、高岡市の現状について、ご報告をいただきます。今方様は、高岡市の市長政策部総合交通課の課長で、一九九七年に入庁された後、二〇〇五年に高岡市が合併され高岡市職員に、そして二〇〇七年に広報統計課、二〇一三年に議会事務局議事調査課、二〇一五年に交通政策課と異動されました。その後、二〇一八年四月に交通政策課が総合交通課に改組され、以降、現職を務められております。

今方様のというよりも、高岡市のご紹介になりますが、高岡市は高岡駅と新高岡駅を中心に北陸新幹線、あいの風とやま鉄道線・JR城端線・JR氷見線・万葉線・路線バスなどを交通の結節点として、多様な交通モードが共存していて、現在、LRT化についても検討されており、今日のお話は、このような中でのご担当者からのお話ということになります。それでは、今方様お願いします。

ただいまご紹介に預かりました高岡市市長政策部総合交通課の今方です。どうぞよろしくお願いいたします。

私からは、高岡市の公共交通の現状と課題、あらまし、高岡市の取組みについて、前半は現状と課題をご紹介しながら、後半には地域の取組み状況をご紹介します。

はじめに高岡市の公共交通の状況（資料「2　高岡市における公共交通（北陸新幹線開業前）」）ですが、地図でご覧のとおり、南北にＪＲ城端線、氷見線、東西に北陸新幹線と並行してあいの風とやま鉄道と呼ばれる鉄道路線がつながっています。また、バス路線、万葉線、軌道線については、それらがつながって、多様な公共交通機関のネットワークが形成されている状況です。

二〇一五年（平成二七年）三月に北陸新幹線が開業し、新たに新高岡駅が開業したということで、首都圏からの往来ということで、新幹線を介した新たな公共交通の裾野が広がっている状況です。

一方で、地域交通は、少子化をはじめとする社会経済情勢の変化に対応し、コンパクトな集約型都市構造の再編は急務であり、公共交通の重要性が高まってきています。

自動車依存が高まる中、歩行者、自転車、公共交通の適正配分を図りながら安心・安全で利便性の高い交通を求められているところです。

次に、公共交通の状況です。先ほど述べましたが、南北に城端線・氷見線、東西の新幹線が運行しており、高岡市は、交通の要所というような状況です。

このような状況の中、本市が目指すべき交通について、まちづくりと一体に構想し、本市の公共交通の基本計画として、具体的施策を取りまとめる高岡市総合交通戦略を平成二六年三月に策定しました。令和二年には、新幹線が開業してから五年が経過したことから、情勢の変化に応じた内容の見直しを行いました。基本的には広域交流の拡大、モータリゼーションの進展など、戦略策定時から状況が変化しているということで、広域交通の体系の構築、市内の交通体系の構築というようなところの見直しをしています。

あと、また本市のまちづくりの大きな都市計画のマスタープラン、あるいは立地適正化計画を策定しています。これらは、市内の中に居住誘導区域、都市機能誘導区域を設け、郊外などに分散をせずに一定のエリアに人口を集積し、公共投資を集中することでコンパクト化を図り、それらを鉄道、バスなど公共交通で結ぶコンパクト・アンド・ネットワークのまちづくりを進めることで持続可能なまちづくりを進めています。

次に、新幹線開業に向けたまちづくりは、資料記載のとおり様々な取組みを行っています。主なものを、順次説明します（資料「5　新幹線開業に向けた取組み」）。

一つには、城端線の新高岡駅の整備を行っています。こちらは、新幹線開業を前に、新幹線利用者の利便性を確保するため、城端線に新駅を設けました。現在では、鉄道利用者がこの駅から城端線を使って新高岡駅と高岡駅を往来するというようなことで、日常利用されています（資料「5⑴　城端線「新高岡駅」の整備」）。

次に、城端線の増便試行です。こちらも新幹線開業にあわせ、氷見市、砺波市、南砺市、高岡市の沿線四市と国や県、JRをはじめとした交通事業者などの関係者で構成する城端・氷見線活性化推進協議会において、城端線・氷見線両線の利用促進、あるいはイベント等を連携しながら活性化に取り組んでいます。その一環として、城端線の一日四往復の増便を行っています。また、その他にラッピング車両の運行、あるいはJRの観光列車べるもんた（ベル・モンターニュ・エ・メール）を運行しながら路線の維持に努めています（資料「5⑵　城端線増便試行」）。

続いて、バス路線の再編強化です。こちらも新幹線開業にあわせ、新高岡駅に停車場を一つ設け、路線を集約することで高岡駅と新高岡駅を繋ぎながらアクセスを高めているところです。昨今のダイヤ改編によりまして、若干便数は減っていますが、新幹線ダイヤとあわせた利便性の高い状況で運行しています（資料「5⑶　バス路線の再編・強化　新高岡駅～高岡駅間バス」）。

続いて、四つ目ですが、バス路線の再編強化として2次交通の強化です。先ほど新幹線の新高岡駅から能登、飛騨に繋ぐバス路線三路線が現在運行しています。これらについては、コロナの影響で一時運休していますが、路線としては能登と飛騨の両方に繋がっています（資料「5 (4) バス路線の再編・強化 広域観光バス」）。

続いて、五番目です。こちらは、在来線のあいの風とやま鉄道に新駅を設け、高岡やぶなみ駅の整備をしています。こちらについても新幹線開業にあわせて、並行在来線の経営分離という形の中で、改めて利用促進策ということで新駅設置が検討され、駅間四㎞以上の区間のほぼ中央であり、概ね五、〇〇〇人以上の駅勢圏人口及び概ね五〇〇人以上の乗降人員が見込まれる区間を候補地としてこの駅が選ばれたということです。

なお、駅名については、名所の由来ということで新駅の地域に大伴家持が国守として赴任している時代にやぶなみの里と伝えられたということ、地元で古く親しまれた名称であるということで、こういう名称になっています。

現在、周辺の土地区画整理を行い居住誘導を図りながら、さらに西側の方に民間のディベロッパーによる、宅地開発が進み、駅の利用増というものに繋がっているところです（資料「5 (5) あいの風とやま鉄道「高岡やぶなみ駅」の整備」）。

続いて、データから見る高岡市の交通状況です（資料「6 高岡市の交通の状況(1)公共交通の利用者の推移」）。同資料左手のデータですが、鉄軌道の一日あたりの利用者数です。あいの風とやま鉄道と城端線・氷見線・万葉線の利用者数をグラフ化したものです。ご覧のとおり平成二六年から二七年において、変化が顕著に見られます。平成二七年については、新幹線開業ということで大きく変化しています。城端線については、新幹線の開業に伴い、観光利用、あるいは駅周辺施設への利便性が向上したことにより利用が大きく増えたという結果になっています。

あいの風とやま鉄道の利用増については、同社がダイヤ改正を行い、便数増等の利用促進策に取り組んだことが、数字として表れているところです。

また平成二六年で、数字が大きく変化している一つの要因は、ＪＲから、並行在来線のあいの風とやま鉄道に移管したということが一つです。平成三一年度以降については、高岡やぶなみ駅の乗車数も加わって微増になってくるものと推測をしています。

同資料右手のデータですが、路線バス・コミュニティバスの利用者の推移をお示ししています。路線バスについても全体的に減少傾向ということで、こちらも、やはり少子高齢化がしっかり反映しているような数字が出てきています。

続いて、その背景の中、自動車の保有状況をお示しします（資料「6(2)　自動車の保有状況」）。左手のグラフは、市内乗用車の台数の推移をお示ししています。赤線のグラフにおきましては、平成二〇年から右肩上がりというような推移を示しています。

右手の表は高齢者の運転免許証保有数の推移です。年代別ということでお示しをしていますが、特に七〇歳代以上の保有率というものが年々増加傾向にあります。こちらは団塊世代の方々が、いよいよ高齢化してきている、そういう推移が見て取れるところです。

続いて、コミュニティバス利用者と高齢化率の推移（資料「6(3)　コミュニティバスの利用者と高齢化率の推移」）です。こちらについては、高岡市においては、平成一三年度に一路線で開始し、平成一七年度から一路線追加して運行してきたコミュニティバス「こみち」が平成二九年度末をもって終了しています。

終了とした要因は、沿線地域の高齢者の増加、高齢化率の上昇に反比例するように、平成一八年度をピークに利用者の減少に歯止めがかからなくなってきたこと、元々高岡駅を中心とした民間の交通事業者の路線バスが運行していて、ルート、ダイヤともそれなりに充実しており、いわゆる競合路線だったというところです。

また、朝夕の通勤客以外の利用が低迷し、昼間の中心商店街の利用者の減少が進んでいった面もあります。

運行当初は、市街地の活性化を第一の目的として、圏域にお住まいの高齢者が積極的にまちなかに足を運べるよう、一便あたり一〇人を目標とし、一〇〇円均一の運賃を設定しました。

平成一九年には、対策としてルートの変更、ダイヤ改正等行いながら、他の公共交通機関の利用者の均衡を配慮して、運賃を二〇〇円に設定したというような変遷を辿ったところです。

そういう取組みを行ってきましたが、最終的には一日一便あたりの目標一〇人に及ばなかったことで、路線の廃止に至りました。

また、事前に高岡市においてOD調査を行ったところ、当初の目的とは異なり、利用者の動向は各地域から高岡駅、病院、福祉サービスの拠点施設への移動に偏重していました。中心市街地の誘導には、効果が薄くなっているということに加えて、循環ルートを沿線住民の意見を取り入れてかなり変更したところ、実際には、特定の利用者のみが利用するバス停が目立つようになり、最大公約数的な運行というものができなくなっていました。また、ルート変更により運行距離や時間というものが増え、利用者を逆に減らすようになってしまった結果、廃止になったものです。

続いて、高岡市における公共交通網の現況です（資料「6 (4) 高岡市における公共交通網の現況（北陸新幹線開業後）」）。高齢化とモータリゼーションの進展が相まって、路線バスの利用者が著しく減少し、民間のバスについても、路線の統廃合が進んでいます。同資料中、濃い太実線で示している路線は、廃線になったバス路線です。ご覧のとおり、かなり減少が目立っています。

先ほど、高岡駅から新高岡駅のバスによるアクセスの利便性の強化を申し上げましたが、一方では、利用者の減少により、バス路線の減少が大きく目立ってきているところです。

続いて、高岡市の将来人口予測です（資料「7 高岡市の将来人口予測」）。これまで一四歳までの年少人口は減少傾向が続いてきましたが、二〇年後の二〇四〇年には、現在より五％増加することを目指して取り組んでいます。一方で六五歳以上の人口は上昇傾向にあり、二〇年後には割合として三七％、四割近くになると見込んでいます。先ほどもお話をしましたが、団塊世代の方々が七五歳以上となる、いわゆる二〇二五年問題というものが表面化する五年後には、七五歳以上の人口が市全体の二割近くになると推計をされています。先ほどの免許証返納をされた高齢者からは、認知機能の低下などによって、自家用車を自ら運転することに不安を抱いていると聞いています。七五歳以上人口の急激な増加は、免許証返納の増加、車による移動ができなくなる人の増加が今後見込まれる予測をしています。

そこで、このような中、本市では、人口減少・少子高齢化社会の中で発展を続けるためには、持続可能なまちづくりが必要というところで、「コンパクト・アンド・ネットワークのまちづくり」を掲げています。それがこのイメージ図です（資料「8　コンパクト・アンド・ネットワークのまちづくり」）。

新高岡駅、高岡駅、中心市街地を含めた都心エリアに高次都市機能を集約する広域都市拠点を形成しながら、周辺の五つの市街地エリアに生活拠点として、双方の拠点連携というものを十分に機能するよう公共交通でネットワークを結んで、各拠点間を連携するというものです。

これは、コンパクト・アンド・ネットワークのイメージ図を詳細にしたものです（資料「9　持続可能な公共交通システムのイメージ」）。中心市街地と周辺市街地を繋ぐ鉄軌道や地域間バス路線など、骨格的公共交通の維持とともに、既存路線の利活用や地域が主体となって運行する市民協働型地域交通システムの導入によりまして、骨格的公共交通を補完しながら持続可能な交通システムを構築することを目指していきたいと思っています。

今ほどの市民協働型地域交通システムというところですが、こちらはどういうことかと言いますと、鉄軌道や路線バスなど公共交通機関では、十分な輸送サービスが確保できない地域におきまして、既存の公共交通網へアクセスするための交通システムを地域で作るというような考えです（資料「10　高岡市の市民協働型地域交通システム」）。

具体的には、こちらにお示ししています地域バス、地域タクシーというものが本市で今提案をしているものです。地域バスは、地域住民でＮＰＯ法人を設立し、地域住民がバスの運行事業者となるシステムです。

地域タクシーは、地域住民がタクシー事業者と直接契約の上、タクシーに予約制の路線、バスのような働きをしてもらうというシステムです。

地域バスは、ルートや時刻、料金を地域で定めることができます。地域実態に応じたもので導入が可能だというのが特徴です。地域バスには、地域で主体に運営する必要があるということで、運営を管理する運転手も地域で確保する必要があるところが課題です。運賃は、地域の実態にあわせて年会費を回収する方法、あるいは、通常のバスのように乗車ごとに運賃を支払う方法が考えられます。具体的には、市内には小勢地域がありまして、ぐるっとおぜバスという地域バスが現在運行しています。こちらは、地域でＮＰＯ法人を設立し自ら運行事業者となって運送サービスを実施しています（資料「地域バス導入事例：小勢地区」）。

現在運行ルートは、三路線です。地元の近くの西高岡駅、高岡駅方面、隣の戸出、福岡、立野方面へ循環する、この三ルートを設けながら平日八便（うち二便は予約）で運行しています。運賃は無料ですが、事前に世帯ごとに年会費三、〇〇〇円をご負担いただき、運行しています。令和元年度の地域負担は七五万円、市補助金で三〇〇万円を負担しながら運行しています。

続いて、地域タクシーです。こちらについては、地域バスとは異なりＮＰＯ法人を設立することはありません。地域とタクシー事業者が直接契約をして、契約に基づいて事業を展開するものです。運行ルート、運行時間は、地域バスと同様、地域で決めることができますので、地域の実態に応じた内容でできます。運賃は、タクシーの通常料金と同様ですので、地域と行政でタクシーの一部負担をしながら利用する方々の負担軽減を図るものです。車両は、タクシー事業者が所有する車両を利用するというようなシステムです。

実際に、市内の導入事例ですが、泉が丘自治会におきまして、我が町タクシーという名称で、自治会とタクシーの交通事業者との契約によるチャーター運行を展開しています（資料「地域タクシー導入事例：泉が丘自治会」）。運行ルートは、二路線、厚生連病院経由高岡駅行き、もう一つは、済生会高岡病院というまた別の病院の経由と新高岡駅行きの二ルートです。運行日、運行時間については、平日七時から夕方の一九時ということで毎時一本、予約制で運行していました。運賃は、一回につき三五〇円を自治会が負担をし、あと市が迎車料金の一〇〇円、残りの運賃は、利用者負担というようなシステムです。実績は、お手元の資料のとおりです。

続きまして、市民協働型地域交通システムの導入に向けての新たな動きということで、実は市内の伏木地域が、市民協働型の地域交通システムを導入したいと、様々な検討がなされているところです。

この導入の検討に至った背景については、伏木地区において、高齢化が進んでいることです。左の方にグラフがありますが、伏木地区には四人に一人が七五歳以上という現状があり、いわゆる高齢化が進んでいるというような地域です（資料「バスネットふしき導入希望の背景」）。また、右の地図の白線で示した路線が既存のバス路線、円のエリアが居住区域です。こちらの区域は、坂の上に住む高齢者世帯というのが多く、地図で示した白線の路線まで足を運ぶというのはかなり辛いという状況が背景にあります。

この自家用有償旅客運送導入の要件に課題が一つあり、道路運送法施行規則によりますと、自家用有償旅客運送は交通が著しく不便な地域において行うものとされています。

そこで、先ほどの地図でありましたが、バス路線、あるいはＪＲ氷見線が通っている当伏木地区は、比較的公共交通が充実した地域です。そこに、自家用有償旅客運送の導入というものは出来るのかどうかということで、大きな課題となっています。

現在、伏木地区を運行するバス、鉄軌道の運行状況です（資料「地域公共交通会議及び運営協議会に関する国土交通省としての考え方について①」）。加越能バスの平日一日あたりの運行便数は四三便あり、ダイヤ状況からみると、公共交通に不自由しているとは言い難い地域となっています。

地域公共交通会議及び運営協議会に関する国土交通省としての考え方というものをお示ししています（資料「地域公共交通会議及び運営協議会に関する国土交通省としての考え方について②」）。交通空白地有償輸送については、過疎地や交通が著しく不便な地域において、供給量が十分提供されていなかったり、輸送サービスを確保することが困難、または困難になりそうなことが明らかな場合などが想定されて、具体的には地域の実情に応じて会議等において適切に判断されるのが必要だということです。

伏木地域の実情は、先述のとおり高齢化が進んでいます。また、坂が多い地域といった課題があるため、自家用有償旅客運送を導入する際には、地域公共交通会議で適切に判断される必要があります。

なお、伏木地域をはじめこれらの地域交通システム導入について、地域の方と議論を重ねる中で、実際どういう人が利用するのか分からない。あるいは、目的をどこにしたらよいのかといった意見があったことから、地域バスや地域タクシーといった交通システムの導入について、まずは自らの地域における公共交通の利用実態やニーズをしっかりと把握しながら、地域で検討の加速につなげていきたいと考えています。

そこで、今年度新たに市の方で新しい補助制度を設けています。その第一歩として、路線バスやバスの利用状況の調査の実施や市民協働型の交通システムの導入検討にあたり、地域の支援を行う関係の予算を計上したものです（資料「市民協働型地域交通システムの導入の取り組み～地域が主体的に地域の足を検討～」）。

こちらは、システムの導入・普及に向けて、地域における交通事情の把握、運行ルートの把握など、手段、あるいは検討などにかかる費用の一部を助成するものです。

本市では、これまでも地域に応じた関係制度やモデルルートの策定など支援を行っていて、今後地域における負担の在り方を含めた運行形態など、導入にあたって一定程度の検討する段階には導入実現に向けた実証運行の支援なども視野に入れて、事業を進めていきたいと考えています。

最後に、今年の一月に大雪が降った際の状況を示しています（資料「11　大雪被害について」）。令和二年度は、新型コロナウイルスの感染拡大により、公共交通事業者は、厳しい状況にあります。さらに、大雪で運休せざるを得ない状況がありました。各公共交通事業者におきましては、厳しい状況を強いられているという中で、しっかりと運行を維持するというのは、今後の大きな課題だと思っています。

また、各交通事業者においては、このようにコロナ対策ということで車内抗菌、あるいは飛沫防止シートの設置等を行いながら、継続運行を続けているところです（資料「12　各公共交通事業者が行っている新型コロナウイルス感染症対策について」）。

本市は、公共交通事業者で行っている感染対策を周知しながら、市民の方々が日常生活の中で新しい生活様式を実現しながら、将来にわたって持続可能な公共交通を作り、守り育てるための市政、市民、交通事業者の三者が連携して公共交通の利用に繋がるよう努めてまいりたいと思っています。以上で、報告を終わります。

《質疑応答》

司会・山口　ありがとうございました。ご報告の内容として、やはり高岡市におきましても、秋元先生からお話もあったようなクラスター型のコンパクトシティといったもの、これを目指しているというようなことは、同じ状況と理解しました。

ただ、誤解があれば失礼をいたしますが、例えば路線バス、コミュニティバスの利用者推移などもなかなか下げ止まらず、そして廃止に追い込まれるものなどもあって、なかなか成果がはっきりとは出てこず、その結果として、交通困難地域といったものなどが出てきて、それに対応するために、やむなく市民協働型地域交通システムなども、今は、ある意味急場しのぎ的にも考えなくてはならない状況にある旨のご報告のように伺ったのですが、このような理解でよろしいでしょうか。

今方　ご指摘のとおり、本市では、基幹路線というものをしっかり維持するというのがまず大命題です。その間に、バス路線は顕著な状況でして、廃線・統廃合というような動きがある中で、私どもとしても地域における交通というものがどんどんなくなっていくというところは、避けたいと思っています。

そういう中で、今ご指摘のとおり、基幹路線に繋ぐための交通ということで、地域と一緒になっての交通システムというものを確立しながら、皆さんが使い勝手のよいものを実施してはどうかと提案しているところです。

司会・山口　ありがとうございます。これは、やはり路線バス等が維持できなくなった中での、今度は市民協働型地域交通システムということになると、この市民協働型地域交通システムについては、市などの補助がなければ、なかなか運営が難しいといった前提のものになるというようなことになりますでしょうか。

今方　当初、先ほどのコミュニティバス「こみち」については、交通事業者の運行費用の一部を高岡市が負担する形でスタートしましたが、課題は、自宅前まで運んでほしいというような話も進む中で、結果的に利用増が見込めずに廃線に至ったという事例がありますので、そういったことをまた繰り返さないように、どういった方法がよいのかということを、地域の方と考えながら使いやすい形を探りながらやっていきたいと思っています。負担については、高岡市とあと地域の自治会等の方が中心ですけれども、地域と利用者の方、市と負担しながら、三者で支えていくという考えです。

司会・山口　ありがとうございます。

おそらく、ここのところは、伏木地区についての自家用有償旅客運送が導入できるのかどうなのかといったところについて、シンポジウムの方でも国土交通省の方がいらっしゃっているので、それをお聞きしたいということなのだろうと思いますが、もちろん、個別の事情についてはなかなかお答えしづらいというような部分はあるのかもしれません。ただ、この部分については、やはり日本におけるライドシェア、すなわち、Uber とか、そういったものが、なぜ今のところ Uber Eats とタクシーだけでという形になっていて、そして一般の人などによる多くのドライバーを確保するに至っていない理由として、一般的には、これは白タクが禁止されているからだというような形での説明がよくされるところで、しかし、必ずしもそれだけではないという部分があるとは思うのですが、この辺りのお話、特に自家用有償旅客運送の部分については、シンポジウムでもお話が出てくるかと思います。そして、これがどの程度より広がっていくのかといったところは、MaaS や、その他のネットワークとしての交通といったものをどのように広げていくかという判断にかかってくると思いますので、この点をまた改めてシンポジウムのところで議論ができればと思っているところです。

高野真人（弁護士）　資料で万葉線の維持とありますが、新幹線開業後も利用者数があまり増えていないようです。どういう問題点があるのでしょうか、また、維持すると言っても、お金が絡む問題だと思いますから、どうやって維持していく方針なのかをお聞かせ願えればと思うのですが。

今方　万葉線については、第三セクターで運営をしています。具体的には、万葉線株式会社で運営していますが、高岡市と隣接する射水市、富山県にもご負担をいただいています。

万葉線における現状ですが、開業から二〇年近く年数が経っているというようなところの中で、車両、あるいは鉄道施設というものがかなり老朽化しています。その補修にかかる費用というものが、年々大きく増高していて、万葉線だけで維持するというものはかなり厳しい状況に至っているというようなところです。

そこを行政が支えている仕組みです。国の補助メニューを活用しながら、維持しているところですが、ハード面でかなり費用が増高しているところが大きな課題になっています。

もう一方では、ソフトの部分について、今般のコロナの影響におきまして、いわゆる学生利用、通勤利用というものが大きく落ち込んでいます。最近では、学生利用が戻ってきているわけですが、通勤については、基本的に車利用にかなりシフトしているため、お客さんを取り戻すというところが厳しくなっているところです。

そういった意味では、最後のご説明にありました安心安全をＰＲしながら安心して乗っていただけることを認知してもらいながら、収入を確保していきたいと思っています。そういった意味で、維持に頑張っていきたいと思っています。

司会・山口　高野先生、よろしいでしょうか。秋元先生、ご発言をお願いいたします。

秋元　ご報告をありがとうございました。高岡市の状況を写真とともに紹介していただきましたので、北陸の雪が降る状況などもよく分かり、交通は地域によって大きな差があることが伝わりやすかったと感じております。

ご報告の中で、高齢者の免許保有率や保有数などは想像以上に下がらず、むしろ上がっている状況をグラフでご説明くださいました。何らかの事情があることと思いますが、一方で若年層や中年層がどのような関心を持っているか、自治体の方としてお分かりになる範囲でご教示いただけませんか。例えば、私は一市民として基本的に公共交通を利用した生活を実践しており、市民から変わっていかなければいけないなと考えております。

今方　若年層、中年層におきましても、免許保有率については、やはり郊外と各拠点を結ぶ道路整備等の車移動を中心とした環境整備が進んでいる地域特性ということからも高く、また、車保有率も同様に高い推移です。

私も実は通勤については以前は車利用でしたが、このセクションに入りまして、バス通勤をしています。そういったところで、地域柄の文化という面は一つあるかなと思っています。

秋元　多くの人が公共交通を利用した通勤の在り方を好ましいと思えるような都市モデルになっていくことが理想的であると感じております。ありがとうございました。

司会・山口　ありがとうございました。この議論、秋元先生のご報告にもありましたけれども、生活様式といったところにも関わってくるような、そういった話であろうかと思います。今方様、ありがとうございました。

12 各公共交通事業者が行っている新型コロナウイルス感染症対策について

バス

←アルコール消毒

万葉線

↑抗菌抗ウイルス加工

タクシー

←飛沫防止シートの設置

31

ご静聴ありがとうございました。

市民協働型地域交通システムの導入の取り組み
～地域が主体的に地域の足を検討～

【R３新規事業】市民協働型地域交通システムの導入支援

市民協働型地域交通システムの導入・普及に向け、地域における交通需要の把握（どれくらいの人が、どこへ、どの時間帯等が必要なのかなど）運行ルート（定路線など）・手段（デマンド型など）の検討等にかかる費用の一部を助成するもの。

補助対象　交通需要の把握のためのアンケート調査や利用喚起のためのチラシ印刷費など

補助金額　必要経費の１／２（上限10万円）

自家用有償旅客運送に関する制度の見直しなどにより、地域の実情に応じた持続可能な運行形態について選択の幅が広がっており、整理すべき事項についても多岐にわたる

地域に応じた関係制度やモデルルートの提案などの支援を実施

11　大雪被害について

2021.1.10

2021.1.13

30

地域公共交通会議及び運営協議会に関する国土交通省としての考え方について①

バス停の移設／ダイヤの変更等

既存の公共交通の活用を検討 → 自家用有償旅客運送を検討

	加越能バス							JR氷見線	
	伏木駅前	高岡ふしき病院	高岡ふしき病院	伏木駅前	伏木駅前	伏木駅前	高岡ふしき病院	伏木駅	
	高岡ふしき病院	伏木駅前				高岡ふしき病院	伏木駅前		
	高岡駅方面		高岡駅方面			氷見方面		高岡方面	氷見方面
5								45	
6				35				26 54	12
7		28 52		17 39				41	4 52
8	55		35	2				39	21 53
9	29		08 41					8	56
10	49		35			24		39	
11	19		01 31	57			46		24
12		01 36		13 43				6	16
13		41	15	53			6	1	
14				39		24		41	0
15			55				41		35
16		23		35 58		44		24	36
17		9		21 53		59		30	40
18		23		34		45		18	28
19								07 54	07 54
20				2	20			34	34
21								12	46
22								24	
23									3

高岡駅方面　氷見方面

伏木駅前と高岡ふしき病院を出発する公共交通機関のダイヤ

【平日１日あたりの運行便数】

加越能バス㈱

	高岡駅方面		氷見方面
		うち(a)(b)を経由する	
(a)伏木駅前	12便	4便（ふしき病院を経由）	5便（ふしき病院を経由）
(b)高岡ふしき病院	23便	8便（伏木駅前を経由）	3便（伏木駅前を経由）

JR氷見線

高岡駅方面	18便
氷見方面	18便

27

地域公共交通会議及び運営協議会に関する国土交通省としての考え方について②

3.(3)自家用有償旅客運送の必要性及び旅客から収受する対価に関する事項
①(イ)交通空白地有償運送について

交通空白地有償運送の必要性が認められる場合とは、**過疎地や交通が著しく不便な地域において**、バス、タクシー等の交通事業者による輸送サービスの供給量が、地域住民又は観光旅客を含む来訪者の需要量に対して十分に提供されていないと認める場合、・・・（中略）・・・、実質的に交通事業者によっては当該地域の住民又は観光旅客を含む来訪者に必要な旅客輸送の確保が困難となっている状況にあると認められる場合又はそのような事態を招来することが明らかな場合**などが想定される**が、**具体的には地域の実情に応じて会議等において適切に判断されることが必要**である。

地域公共交通会議等で交通事業者からの合意を得る必要がある

バスネットふしき導入希望の背景

【課題】
坂の上に住む高齢者の移動手段の確保
→坂のある地域は路線バスがほぼ走っていない

富山県土木部港湾課HPより

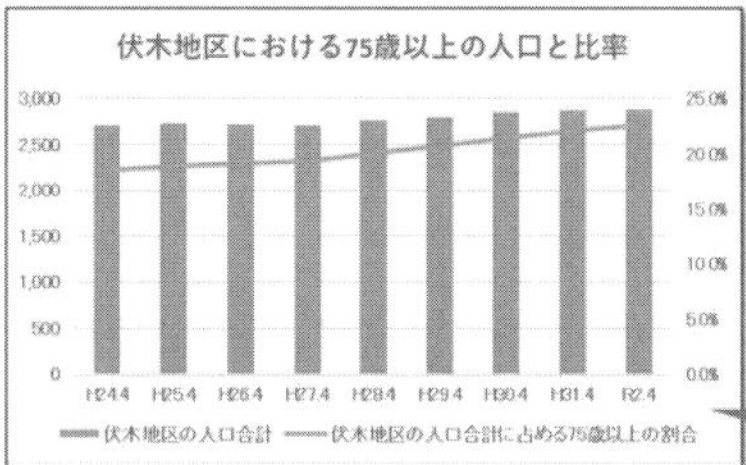

伏木地区の約4人に1人は75歳以上

【現状】高齢化が進んでいる
→約４人に１人は75歳以上

25

自家用有償旅客運送

道路運送法施行規則　第49条第1項第1号

市町村又は特定非営利活動促進法（平成十年法律第七号）第二条第二項に規定する特定非営利活動法人若しくは前条各号に掲げる者（以下「特定非営利活動法人等」という。）が行うものであつて、次に掲げるものとする。

一　過疎地域自立促進特別措置法第二条第一項に規定する過疎地域**その他の交通が著しく不便な地域**において行う、地域住民、観光旅客その他の当該地域を来訪する者の運送（以下「交通空白地有償運送」という。）

伏木は交通が著しく不便な地域？
自家用有償旅客運送は導入できる？

地域タクシー導入事例：泉が丘自治会

【名称】我が町タクシー

【実施主体】泉が丘自治会

【概要】

・泉が丘自治会と高岡交通㈱との契約によるチャーター運行

・運行ルートは、2路線

厚生連病院経由高岡駅行き、済生会病院経由新高岡駅行き

・運行日、運行時間は、平日7時から19時の毎時1本（予約制）

・運賃は利用料金のうち、1回につき350円を自治会が負担

【実績】

年度	H30年度	H29年度	H28年度（初年度）
地域負担額	48,000円	92,500円	106,860円
市補助額	19,200円	37,000円	43,200円
運行便数	192便	370便	216便

23

～市民協働型地域交通システム導入に向けての動き～

バスネットふしき（仮称）

図　高岡市内の公共交通網

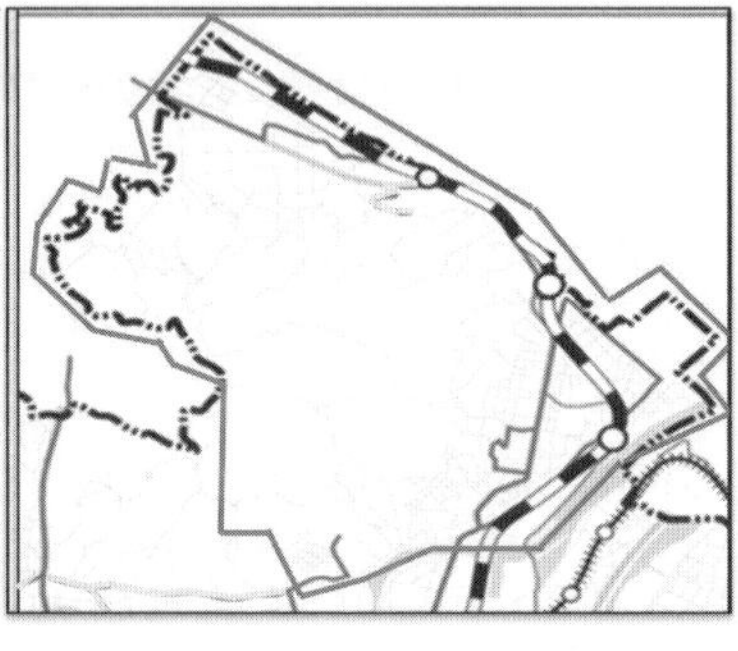

高岡市の伏木中学校下において住民主体で市民協働型地域交通システムの**地域バス（自家用有償旅客運送）の導入**に向けて検討を重ねている。

地域バス導入事例：小勢地区

【名称】ぐるっとおぜ地区バス

【実施主体】NPO法人小勢地区活性化協議会（小勢地区自治振興会関係）

【概要】

・NPO法人を設立し、自らが運行事業者となって運送サービスを実施

・運行ルート：3路線

①西高岡駅行き　②高岡方面行き　③戸出、福岡、立野循環

・便数：平日8便（うち、2便は予約運行）

・運賃：無料。（世帯毎に年会費3,000円を負担）

【令和元年度実績】

地域負担額　　750,000円

市補助額　　3，000，000円

21

「地域タクシー」の概要

運行主体	**タクシー事業者（自治会等との契約に基づいてタクシー事業者が運行）**
概要等	生活交通手段の確保等を目的に地域とタクシー事業者が連携して実施する公共的なタクシー事業
補助対象者	団体の構成員が概ね**1,000人以上** 構成員の大半が次の要件を全て満たす地域に生活していること ア）鉄道駅から半径1km離れた地域 イ）万葉線電停から半径500m離れた地域 ウ）路線バスのバス停から半径300m以上離れた地域
事業認可等	不要（地域とタクシー事業者間での契約の締結が必要）
運行形態	運行経路、運行時間等を地域で定めることができる 運賃形態は、タクシーの通常の利用と同様
車両	タクシー事業者が所有する車両を使用
地域の負担	利用者と地域の負担割合に準じて、利用実績に応じた額
市の補助	①～③のうち最も少ない額 ①運行経費－（実施主体負担＋利用者負担（運賃収入）） ②***1便あたり100円***（事業開始年度は200円） ③100，000円（事業開始年度は200，000円）（限度額）

22

10　高岡市の市民協働型地域交通システム

市民協働型地域交通システムとは？

鉄軌道や路線バスなどの公共交通機関だけでは十分な輸送サービスが確保できない地域において、既存の公共交通網へアクセスするための交通システムを**“地域でつくる”**こと。

―高岡市が現在推進している地域交通システムの種類―

○地域バス

地域住民でNPO法人等を設立し、地域住民がバスの運行事業者となるシステム
自家用有償旅客運送の制度を活用

【導入事例】ぐるっとおぜバス（H21.8～）

○地域タクシー

地域住民がタクシー事業者と契約し、タクシーに予約制の路線バスのような働きをしてもらうシステム
【導入事例】
わがまちタクシー（H28年度～H30年度）

「地域バス」の概要

運行主体	地域住民で**NPO法人等を設立**し、バス運行事業として運行する。
概要等	路線バスやタクシーなどの公共交通機関だけでは、**十分な輸送サービスが確保できない地域（交通空白地等）**において、国の制度を活用し、地域住民等が自主的・主体的に運行するバス。
事業認可等	市が主宰する**法定協議会での合意を経て**、国土交通省へ登録し行う。
運行形態	運行経路、運行時間、利用料金等を地域で定めることができる。 **※交通事業者等関係者との協議、合意が必要**である。
車両	市の車両を無償で貸与する。
地域の負担 市の補助	地域の負担は、運行主体となることから運行にかかる経費から利用料金等収入を控除した額となる。 市の補助は、①～③のうち最も少ない額となる。 ①運行経費－運賃収入　②**運行経費×５分の４**　③**300万円（限度額）**

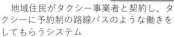

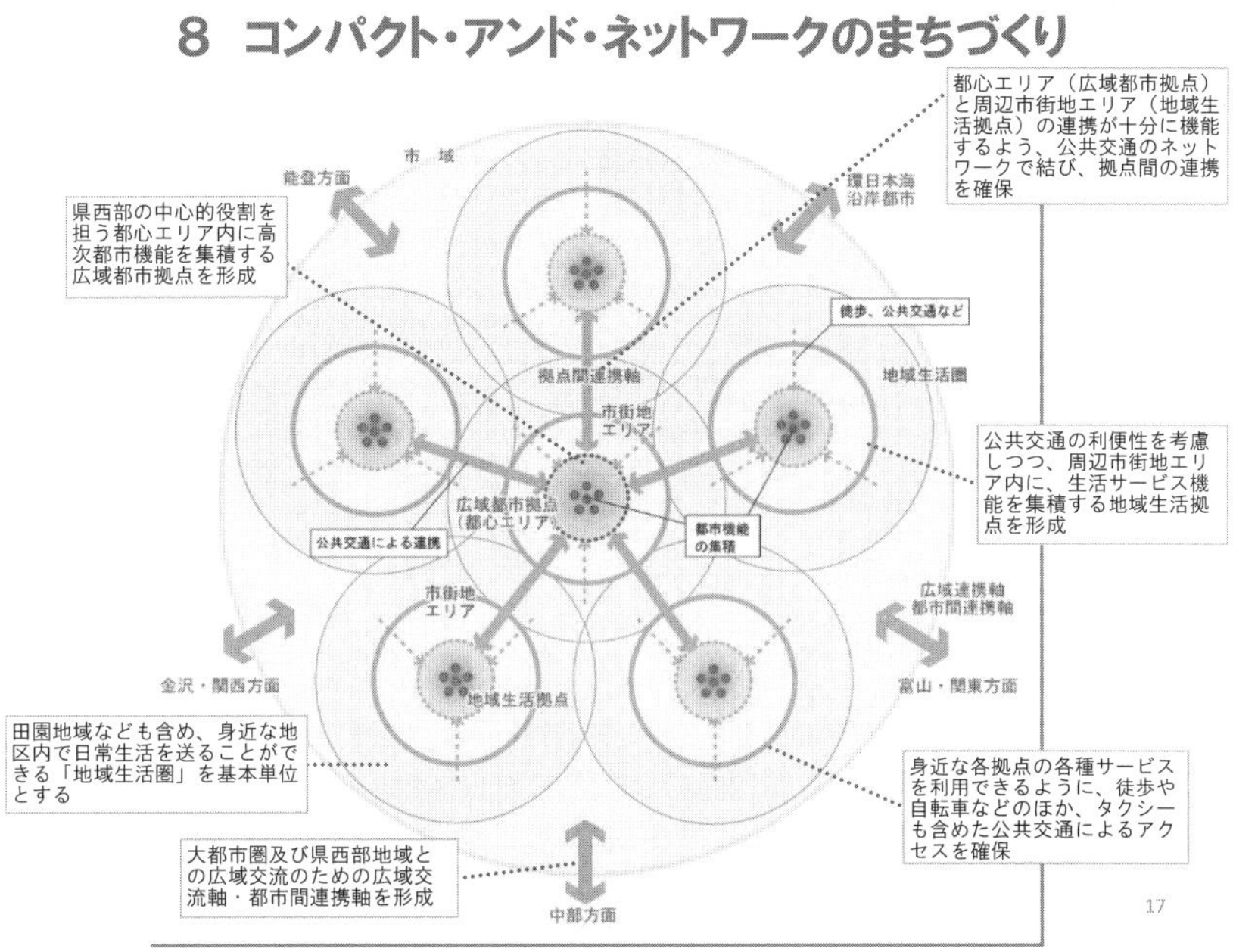
8 コンパクト・アンド・ネットワークのまちづくり
都心エリア（広域都市拠点）と周辺市街地エリア（地域生活拠点）の連携が十分に機能するよう、公共交通のネットワークで結び、拠点間の連携を確保
市域
能登方面
環日本海沿岸都市
県西部の中心的役割を担う都心エリア内に高次都市機能を集積する広域都市拠点を形成
徒歩、公共交通など
拠点間連携軸
地域生活圏
市街地エリア
公共交通の利便性を考慮しつつ、周辺市街地エリア内に、生活サービス機能を集積する地域生活拠点を形成
広域都市拠点（都心エリア）
公共交通による連携
都市機能の集積
広域連携軸
都市間連携軸
市街地エリア
金沢・関西方面
富山・関東方面
地域生活拠点
田園地域なども含め、身近な地区内で日常生活を送ることができる「地域生活圏」を基本単位とする
身近な各拠点の各種サービスを利用できるように、徒歩や自転車などのほか、タクシーも含めた公共交通によるアクセスを確保
大都市圏及び県西部地域との広域交流のための広域交流軸・都市間連携軸を形成
中部方面
17

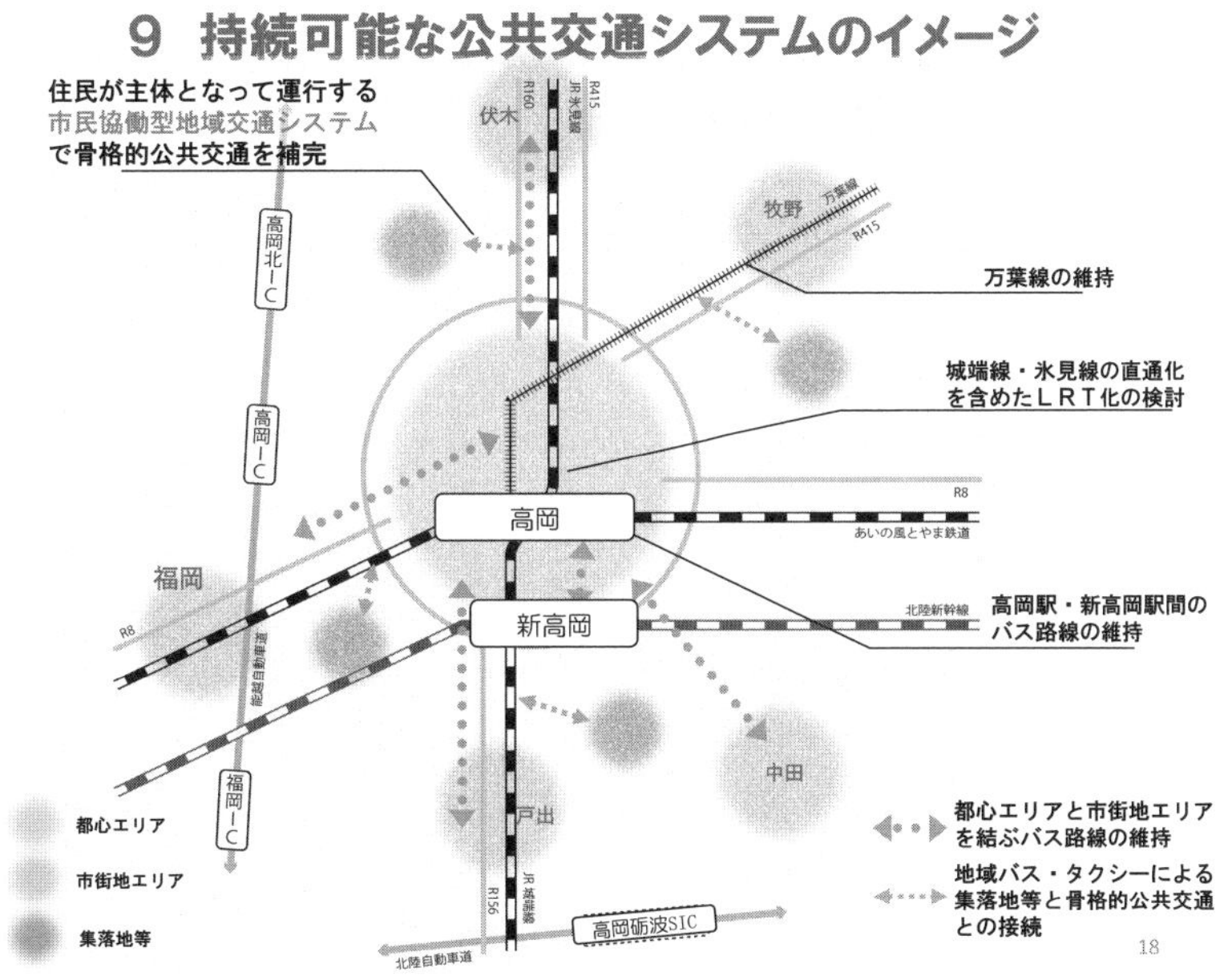
9 持続可能な公共交通システムのイメージ
住民が主体となって運行する
市民協働型地域交通システム
で骨格的公共交通を補完
伏木
R160
JR氷見線
R415
牧野
万葉線
R415
万葉線の維持
高岡北IC
城端線・氷見線の直通化を含めたＬＲＴ化の検討
高岡IC
R8
高岡
あいの風とやま鉄道
福岡
R8
北陸新幹線
新高岡
高岡駅・新高岡駅間のバス路線の維持
能越自動車道
中田
戸出
福岡IC
都心エリア
市街地エリア
集落地等
都心エリアと市街地エリアを結ぶバス路線の維持
地域バス・タクシーによる集落地等と骨格的公共交通との接続
R156
JR城端線
高岡砺波SIC
北陸自動車道
18

(4) 高岡市における公共交通網の現況（北陸新幹線開業後）

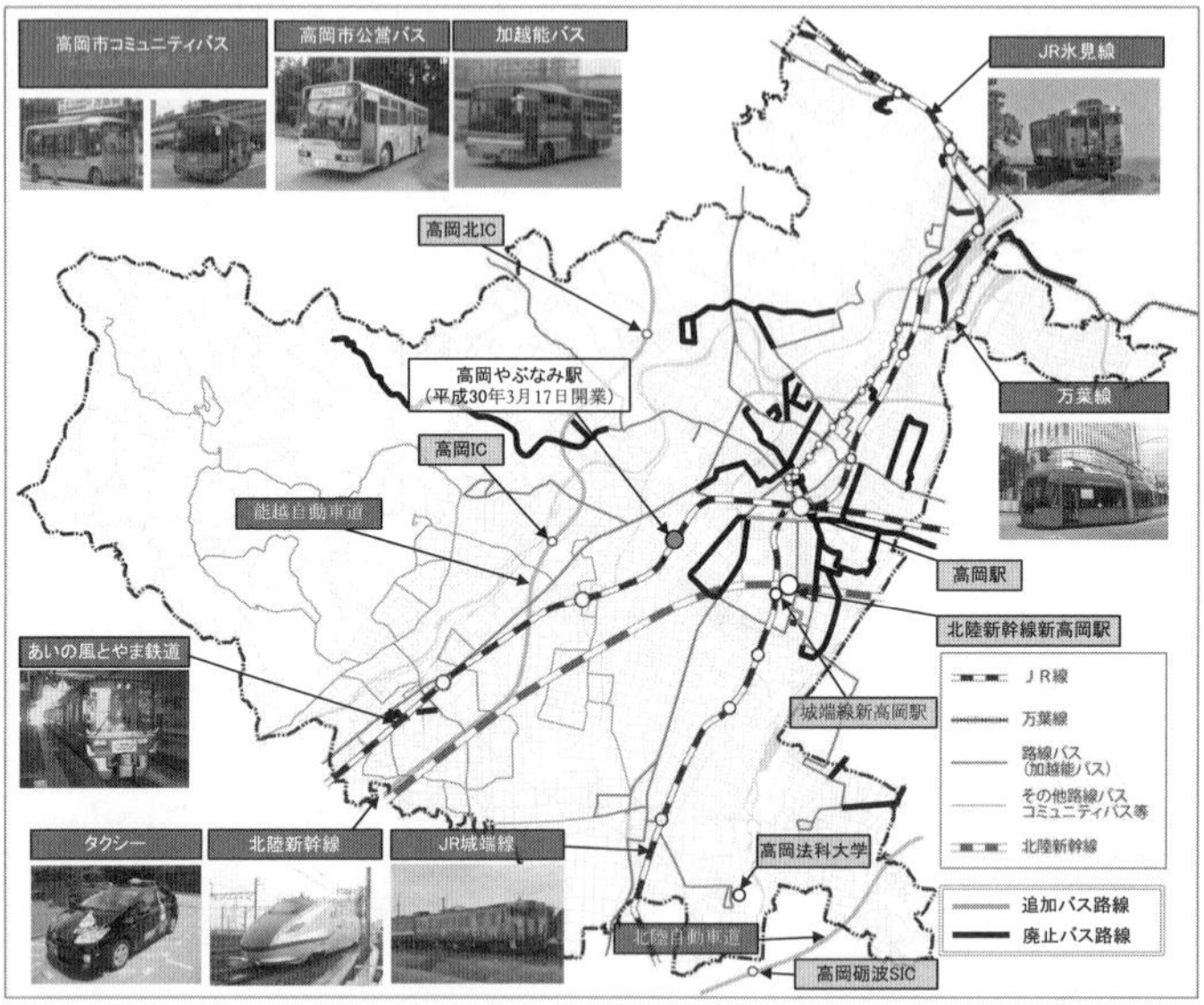

図 高岡市内の公共交通網

15

7 高岡市の将来人口予測

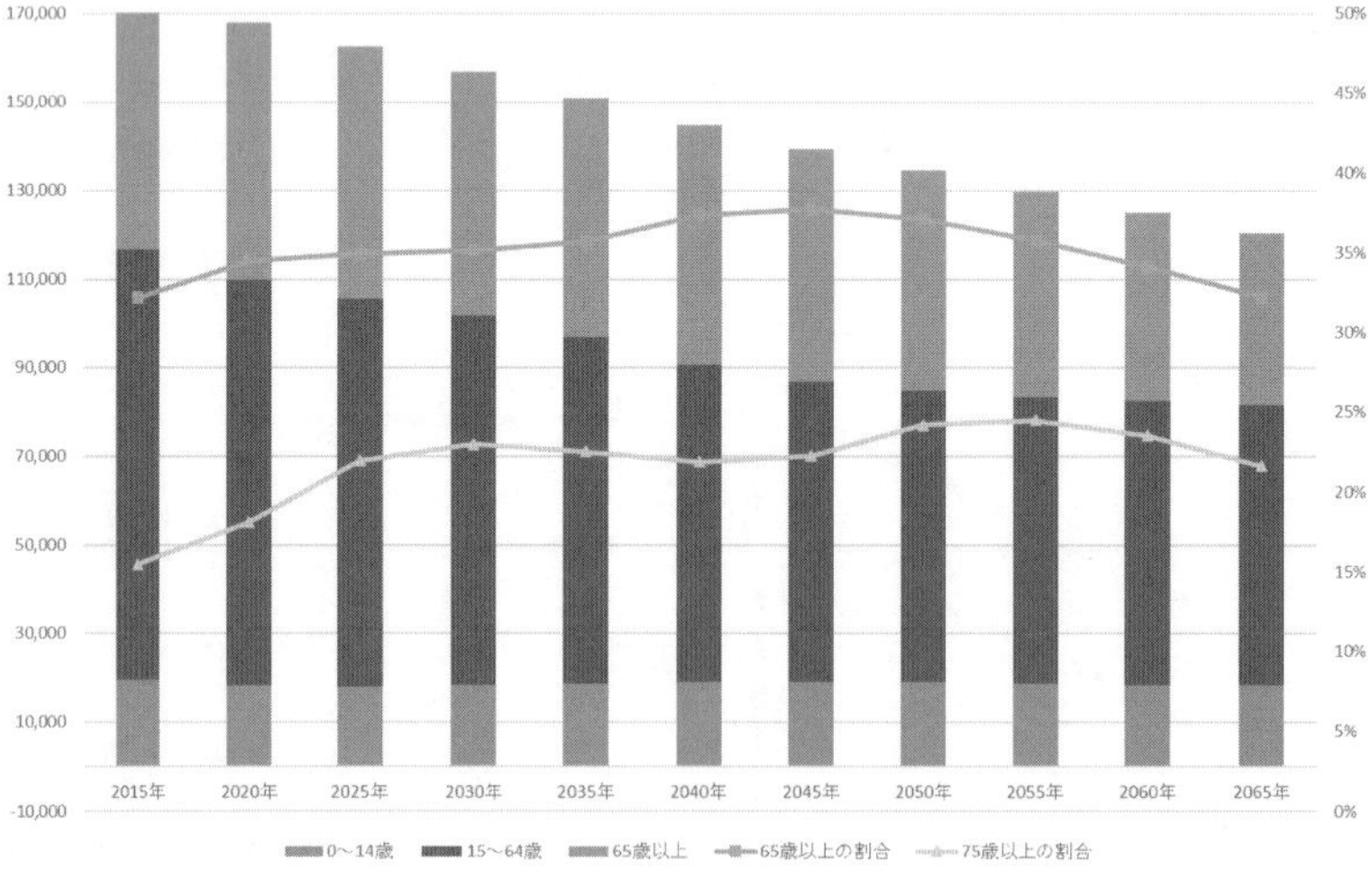

16

(2)自動車の保有状況

市内乗用車台数の推移

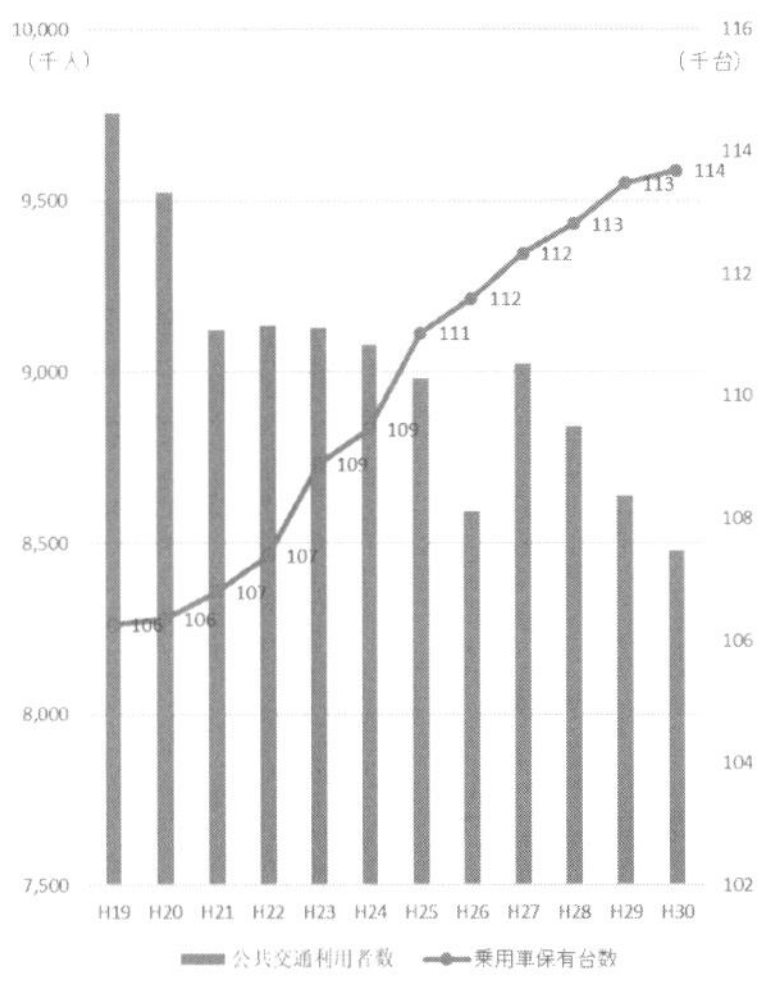

高齢者の運転免許証保有数の推移

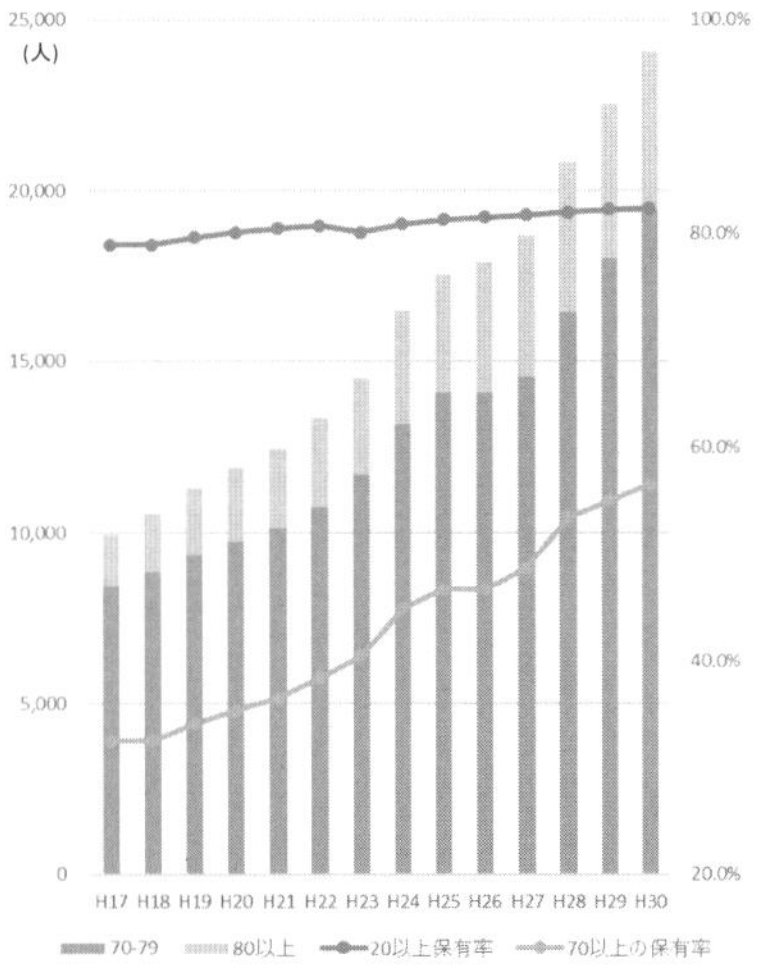

13

(3) コミュニティバスの利用者と高齢化率の推移

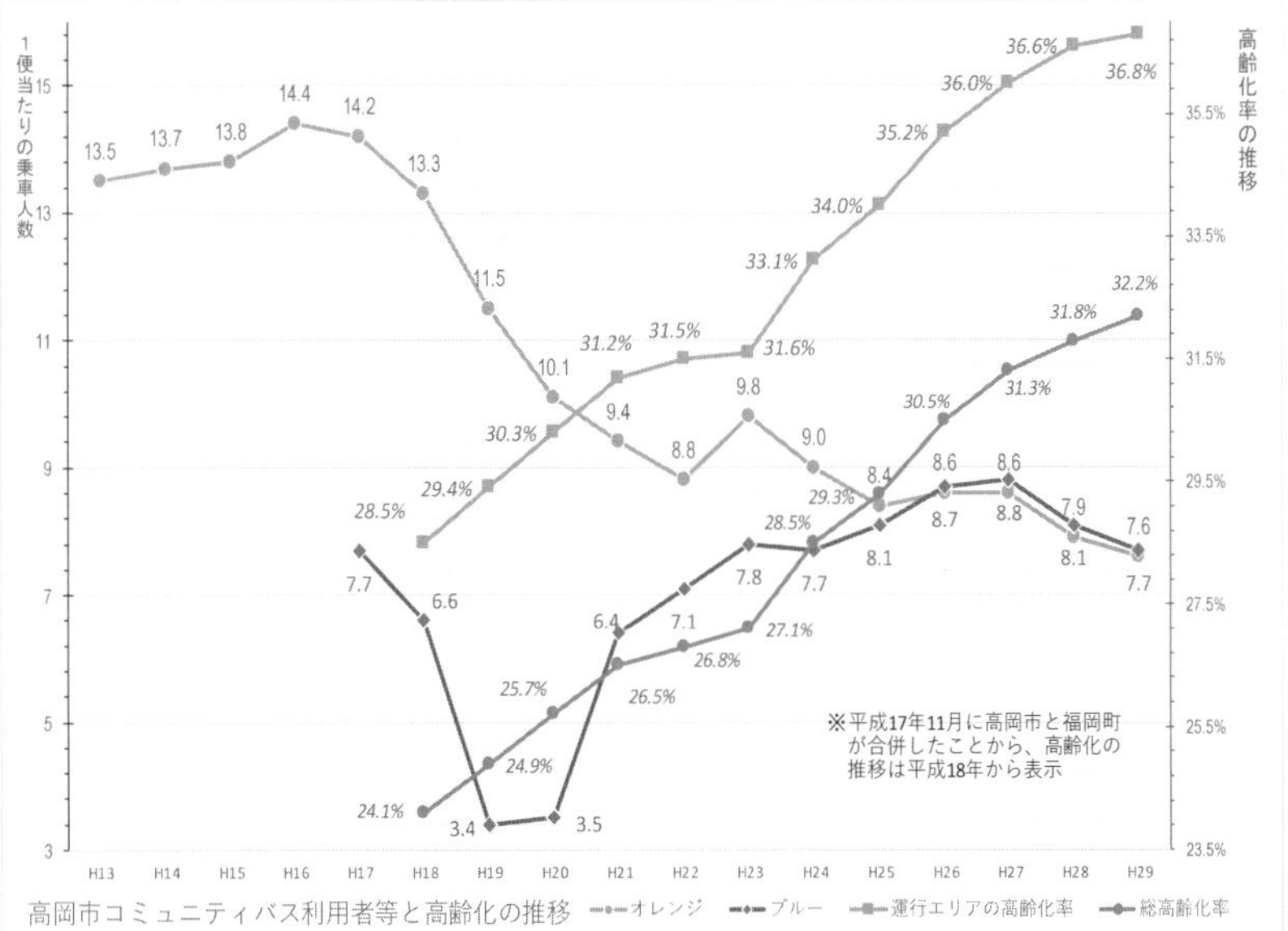

⑸あいの風とやま鉄道「高岡やぶなみ駅」の整備

高岡やぶなみ駅の概要

・設置場所……高岡駅から西に2.6ｋｍ西高岡駅から東に2.7ｋｍ
・整備概要……地上駅舎を東西に配置、各々にエレベーター及び無人改札口（自動券売機、ＩＣ簡易改札機）を設置
・相対式ホーム２面２線、ホーム長８５ｍ（４両対応）
・鉄道利用者以外の地域住民が往来できるよう、自由通路の機能も有する跨線橋を設置。
・乗降客数見込……約1,600人／日　（基本設計費用便益分析より）
・全体事業費……約８億円（駅舎、跨線橋（自由通路）、詳細設計等）
・名称の由来……大伴家持が国守として赴任している時代に「やぶなみの里」と呼ばれる地域の伝承地の一つであり、古くから地元の人に親しまれた名称

設置の経緯
・H23 並行在来線新駅設置可能性調査【富山県】
　収益が見込める箇所として、高岡駅ー西高岡駅間を選定
・H26 あいの風とやま鉄道地域公共交通網形成計画策定【高岡市】、北陸新幹線、あいの風とやま鉄道開業
・H28 鉄道施設変更認可、新駅安全祈願祭、駅名称「高岡やぶなみ駅」に決定
・H30.3.17 開業

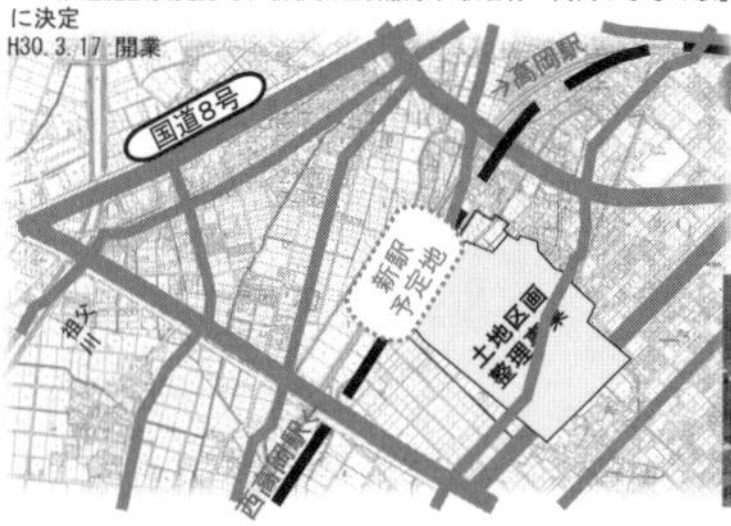

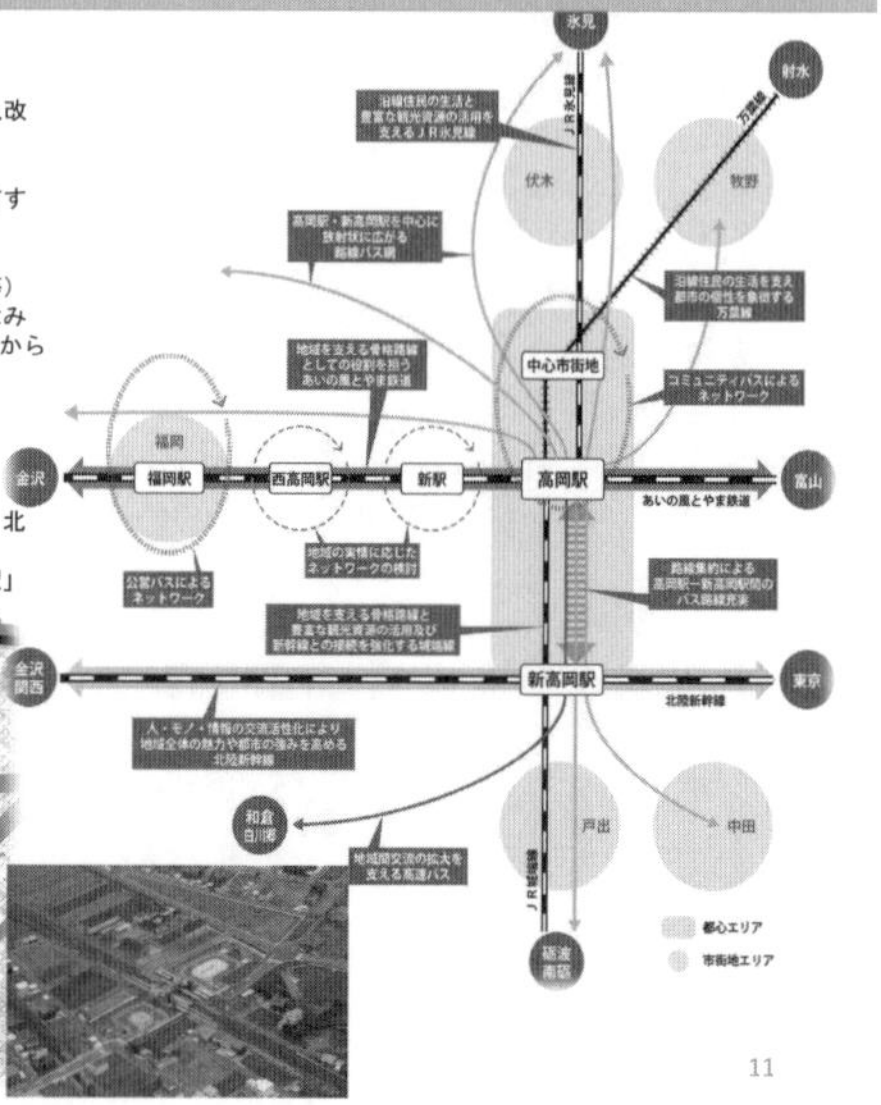

11

6　高岡市の交通の状況

(1)公共交通の利用者の推移

鉄・軌道利用者数推移

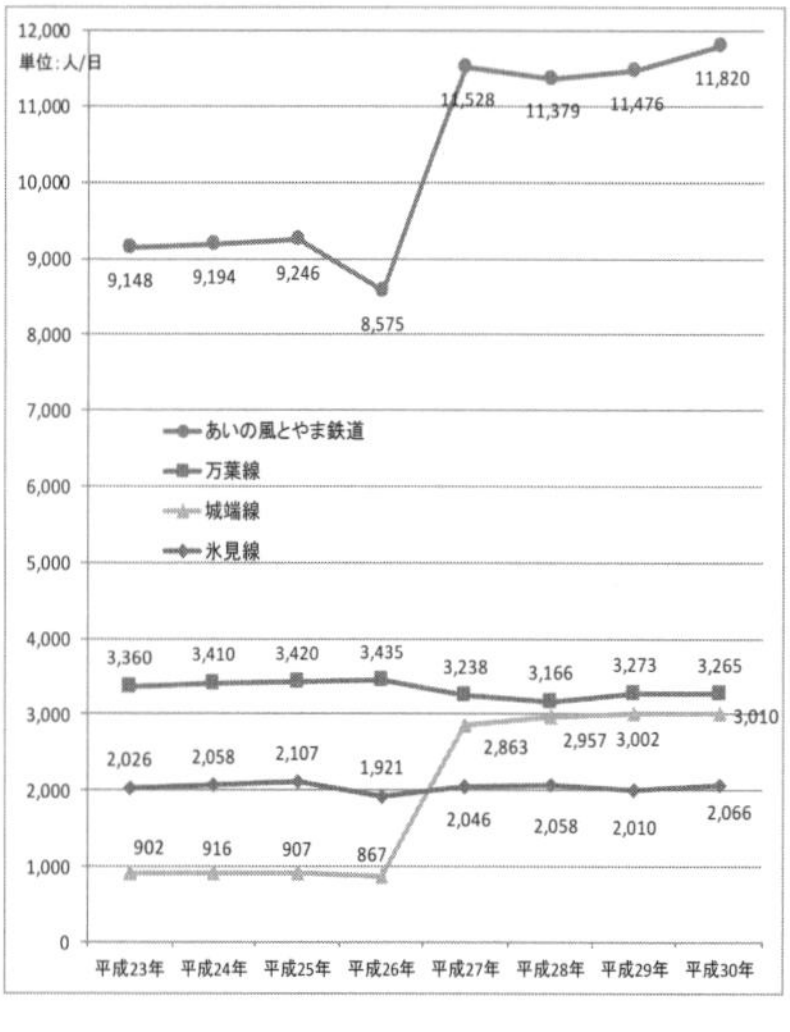

路線バス・コミュニティバス利用者推移

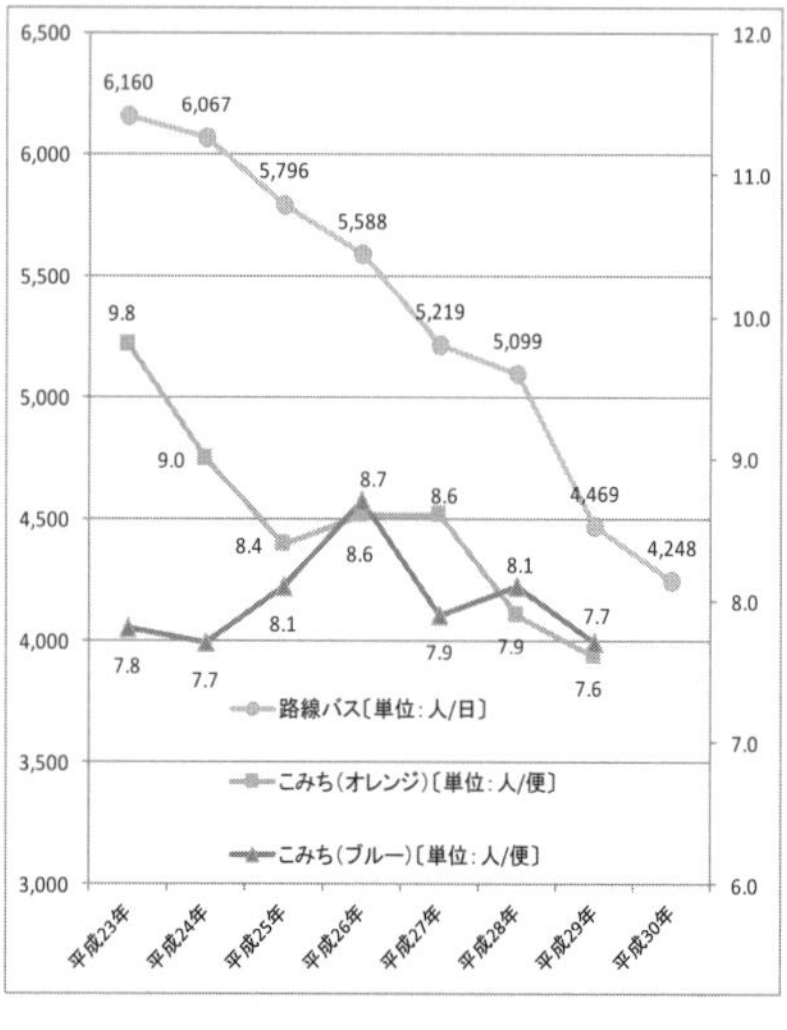

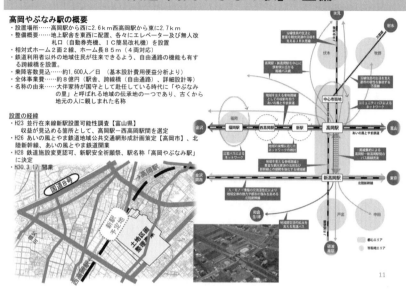

(3)バス路線の再編・強化　新高岡駅～高岡駅間バス

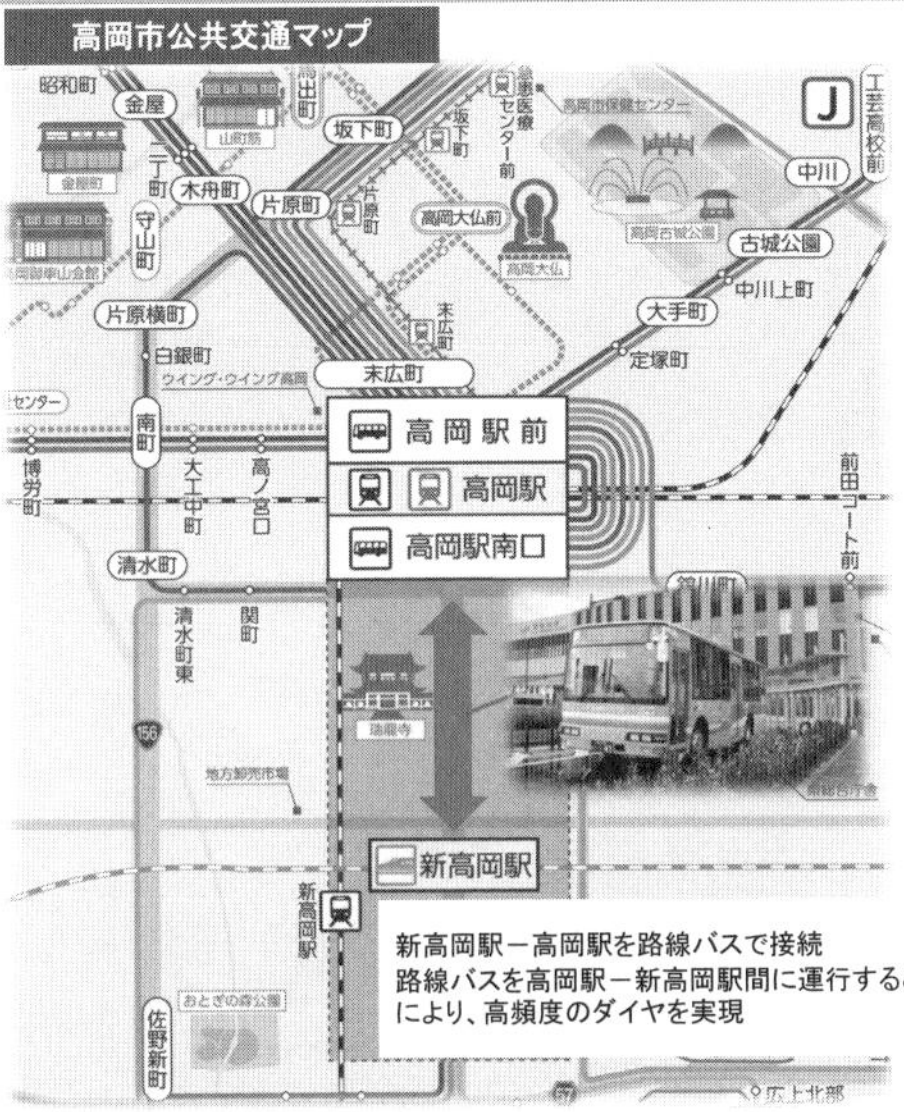

新高岡駅－高岡駅を路線バスで接続
路線バスを高岡駅－新高岡駅間に運行することにより、高頻度のダイヤを実現

H23　二次交通ワーキング設置
→　現駅－新駅間のアクセス手法について検討

H24～　バス運行事業者と調整
→　両駅間のアクセス便の検討

H25　周辺エリア交通量予測調査
→　交差点需要率の試算

〃　県警と協議
→　公共車両優先システム導入について検討

既存の生活路線バスを新高岡駅まで延伸

9

(4)バス路線の再編・強化　広域観光バス

10

(1)城端線「新高岡駅」の整備

H23　城端・氷見線沿線4市による法定の協議会を設立
　→　両線の活性化のための取組みである「城端線・氷見線地域公共交通総合連携計画」を策定

H24～　新幹線・並行在来線の接続性の強化
　→　新幹線駅と生活利用鉄道の直結

H25　基本・実施設計

H26　整備

7

⑵城端線増便試行

H23　城端・氷見線沿線4市による法定の協議会を設立
　→　両線の活性化のための取組みである「城端線・氷見線地域公共交通総合連携計画」を策定

H24～　新幹線・並行在来線の接続性の強化
　→　ダイヤの見直し検討
　→　運行本数増の検討

H25　JR西日本との調整

H26　基本協定締結
　→　城端線増便試行（2年間）

【城端線の増便試行開始】
　平成27年３月、新幹線開業と同時に、朝夕のラッシュ時や新幹線への接続を強化する時間帯に４往復（８便）を増便。

（新幹線開業前）１７往復　　　⇒（開業後）２１往復

4 高岡市のまちづくり方針

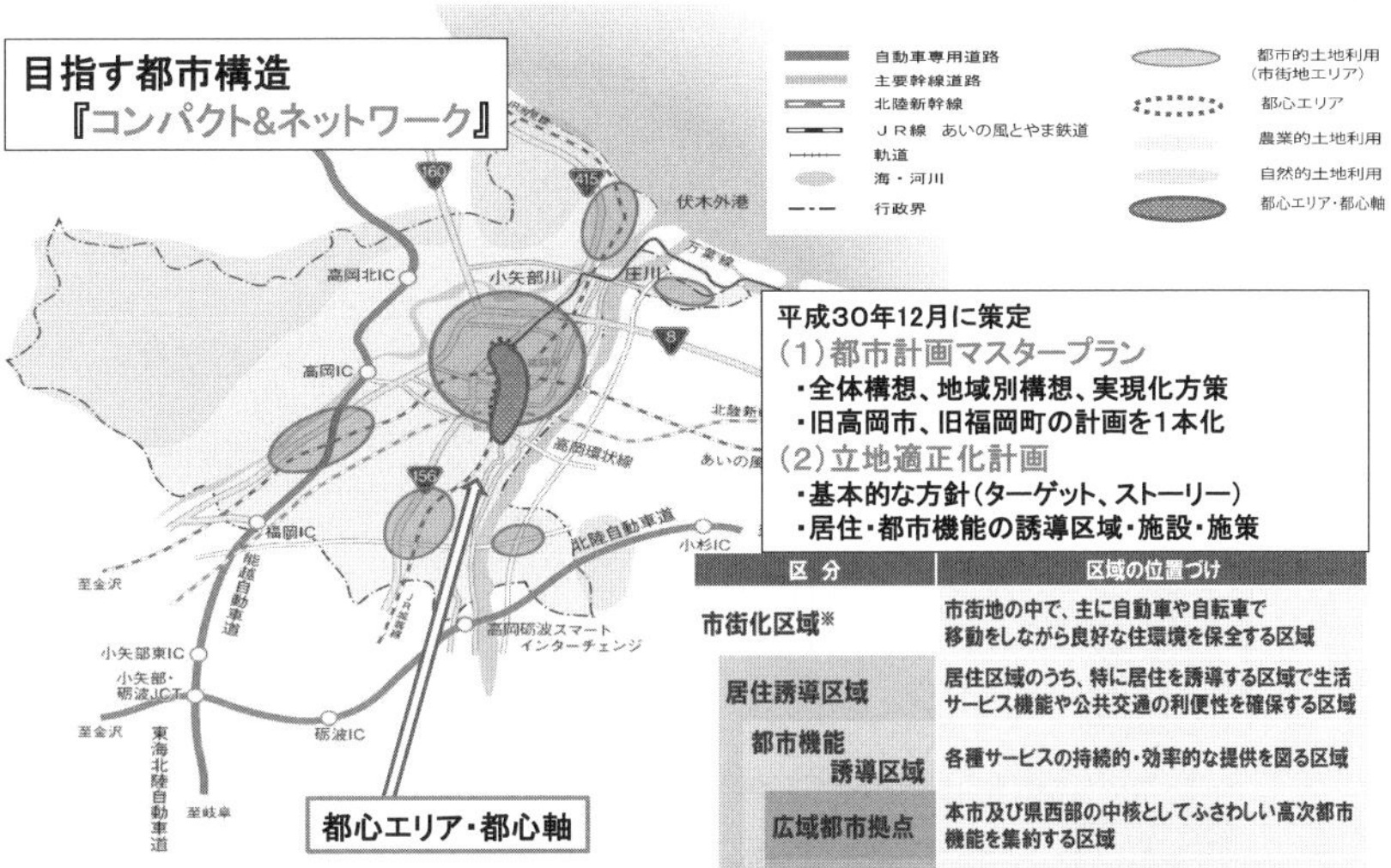

平成30年12月に策定
(1)都市計画マスタープラン
・全体構想、地域別構想、実現化方策
・旧高岡市、旧福岡町の計画を1本化
(2)立地適正化計画
・基本的な方針(ターゲット、ストーリー)
・居住・都市機能の誘導区域・施設・施策

区　分	区域の位置づけ
市街化区域※	市街地の中で、主に自動車や自転車で移動をしながら良好な住環境を保全する区域
居住誘導区域	居住区域のうち、特に居住を誘導する区域で生活サービス機能や公共交通の利便性を確保する区域
都市機能誘導区域	各種サービスの持続的・効率的な提供を図る区域
広域都市拠点	本市及び県西部の中核としてふさわしい高次都市機能を集約する区域
地域生活拠点	日常生活を支えるサービス機能を配置する区域

5

※ 福岡都市計画区域においては、市街化区域を用途地域と読み替えます。

5 新幹線開業に向けた取組み

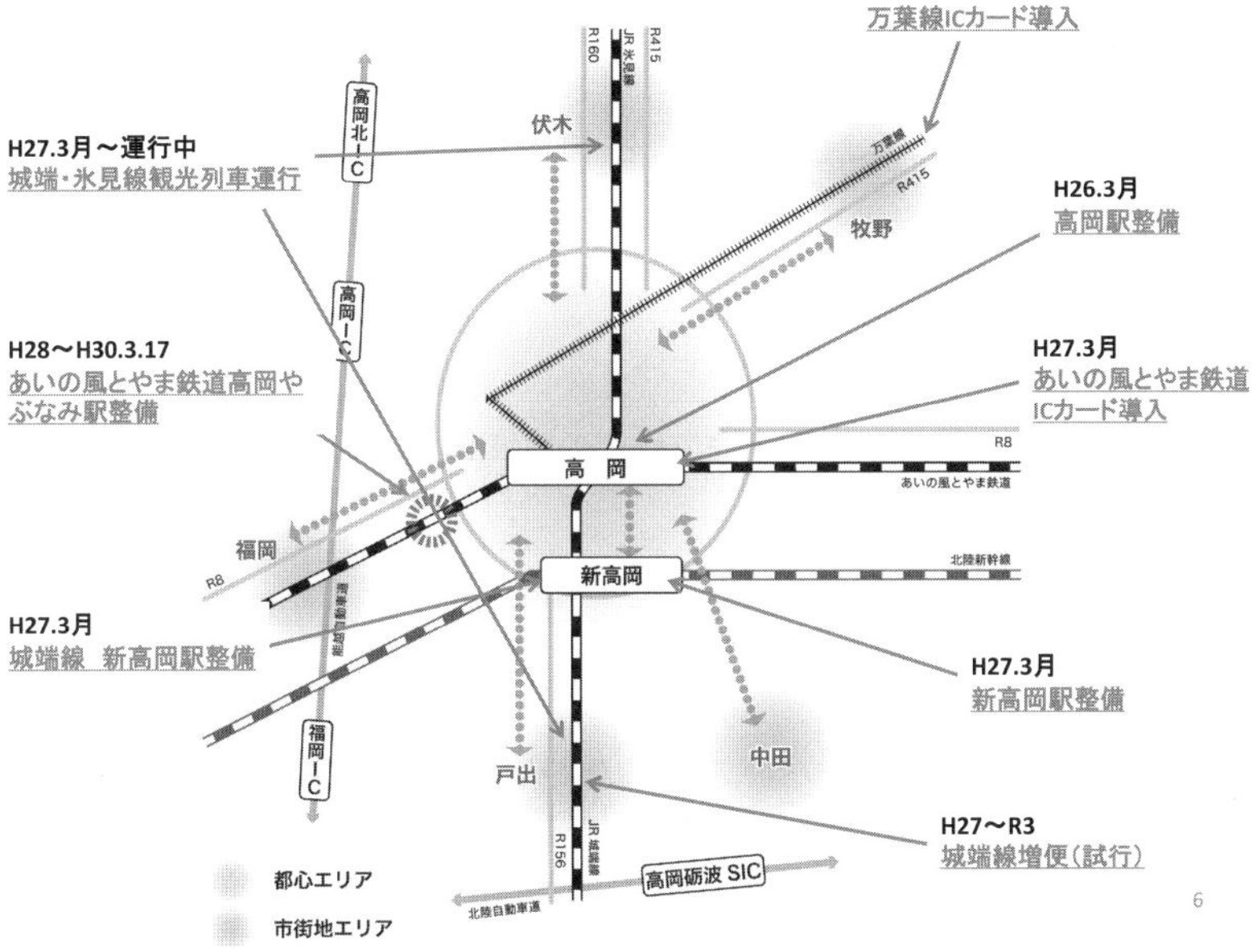

6

2 高岡市における公共交通（北陸新幹線開業前）

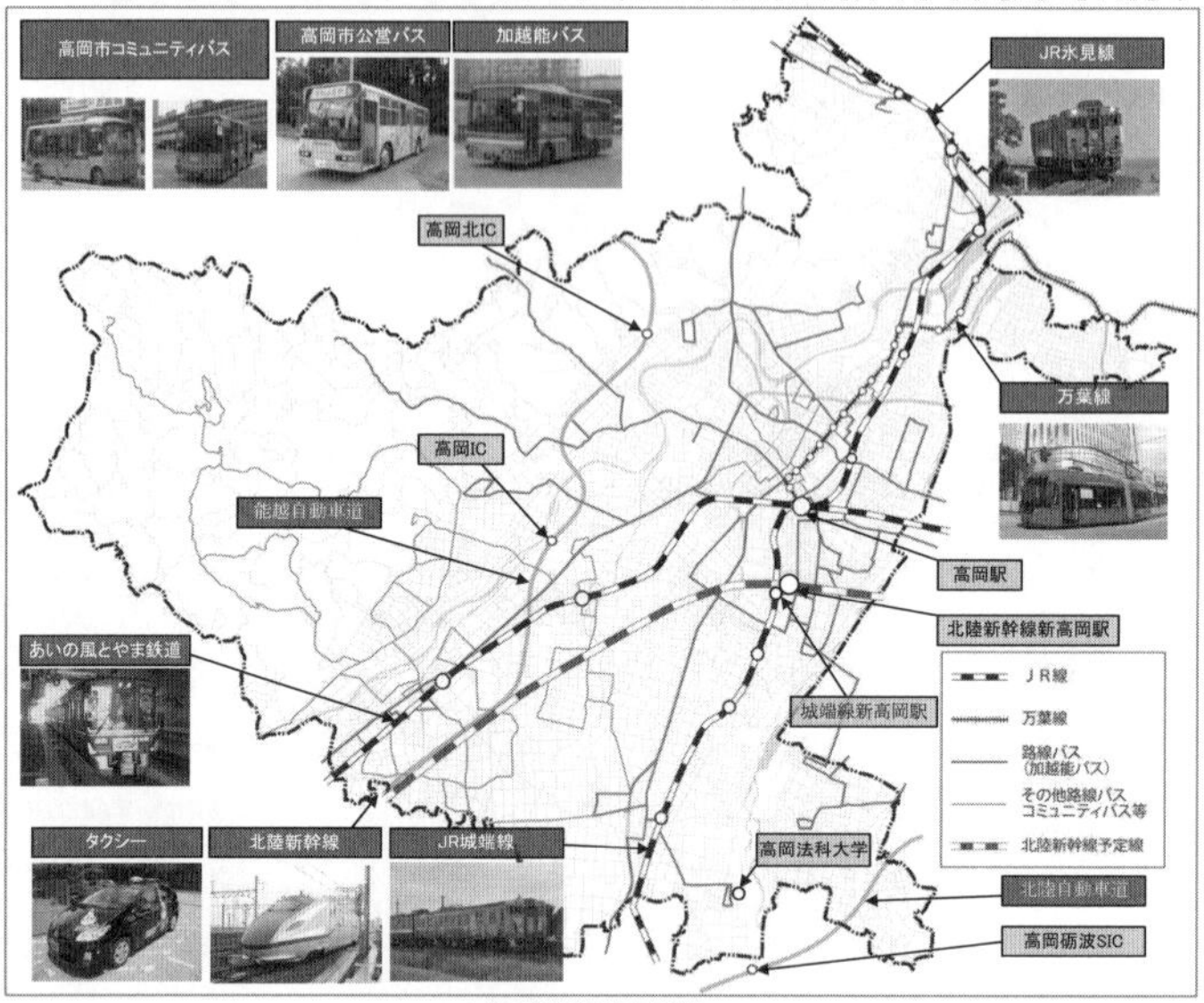

図　高岡市内の公共交通網

3 高岡市総合交通戦略の改定

計画期間　:H26年度～R5年度

基本方針1:都市の成長を高める広域交通体系の構築

広域交通体系の利便性向上と観光に軸足を置いた広域交流の取り組みによる経済活動の活発化

基本方針2:市内を円滑に移動できる交通体系の構築

骨格的公共交通を補完する市民協働型の地域交通システムの推進と地域内フィーダー系統の運行による持続可能な交通網の形成

基本方針3:安全・安心な交通環境とサービス水準の向上

交通モード間の乗り継ぎや情報提供手法の改善など移動の最適化を図るためのIoTやAI技術の活用

基本方針4:公共交通を利活用するライフスタイルへの転換

コロナ禍の中、地域公共交通に関わる全ての者が感染拡大防止対策に取り組み、自動車に依存しないライフスタイルへの転換

個別報告②

日本交通法学会第52回総会

高岡市におけるモビリティ確保の現状と取組み

2021年5月22日

高岡市市長政策部総合交通課

1

学会関連資料

日本交通法学会第五一回定期総会（書面決議）における業務報告

令和二年七月末日～同年九月三日に書面にて総会決議を実施

議題一　令和元年業務報告

日本交通法学会は、昭和四五年六月一三日に設立され、以来毎年定期総会を開催してまいりました。本定期総会は、第五一回目を迎えたことになります。

令和二年四月末日現在の会員数は、個人会員が六三九名（うち賛助会員は四五名）、賛助団体は三二団体です。

本年度は、理事会四回、監事会一回、人身賠償補償研究会は関西支部において一回開催いたしました。

また、機関誌「交通法研究」四八号を有斐閣から本年二月に発刊し、会員、賛助会員に無償配布いたしました。

議題二　令和元年度会計報告

［令和元年度決算報告書］

〈収入の部〉

総収入	一五、五四五、九六四円
○会　費	三、八〇八、〇〇〇円
○賛助会費・賛助団体会費	三、三八〇、〇〇〇円
○入会金	四二、〇〇〇円
○雑収入（機関誌・預金利息等）	二〇三、〇〇五円
○収入小計	七、四三三、〇〇五円
○前期繰越金	八、一一二、九五九円

〈支出の部〉

総支出	一五、五四五、九六四円
○会議費	一、二〇九、〇四三円
総会費	五七八、五一一円
会議費	六三〇、五三二円
○事務費・管理費	二、三八九、六六二円
事務委託費	二、二〇〇、〇〇〇円
通信・交通費	一〇五、二八六円
印刷費	八四、三七六円
○研究会費	三三九、二八〇円
○機関誌費	二、七四五、六〇〇円
○雑　費	四八、〇七三円
○予備費	〇円
○支出小計	六、七三一、六五八円
○次期繰越金	八、八一四、三〇六円

日本交通法学会第五二回定期総会における業務報告

令和三年五月二二日（土）　オンライン

議題一　令和二年業務報告

日本交通法学会は、昭和四五年六月一三日に設立され、以来毎年定期総会を開催してまいりました。本定期総会は、第五二回目を迎えたことになります。

令和三年四月末日現在の会員数は、個人会員が六一六名（うち賛助会員は四五名）、賛助団体は三二団体です。

本年度は、理事会（オンライン）四回、人身賠償補償研究会は東京において一回開催し、監事会は書面回付により決議を行いました。

なお、機関誌「交通法研究」は、令和二年に開催予定であった個別報告・シンポジウムを、新型コロナウイルス感染症拡大防止の観点から延期したため、本年は未発刊となりました。

議題二　令和二年度会計報告

［令和二年度決算報告書］

〈収入の部〉

総収入		一五、七二二、〇二二円
○会　費		三、六四七、〇〇〇円
○賛助会費・賛助団体会費		三、〇七三、〇〇〇円
○入会金		一〇、〇〇〇円
○雑収入（機関誌・預金利息等）		一七七、七一六円
○収入小計		六、九〇七、七一六円
○前期繰越金		八、八一四、三〇六円

〈支出の部〉

総支出		一五、七二二、〇二二円
○会議費		二八五、八四九円
	総会費	二七三、五四一円
	会議費	一二、三〇八円
○事務費・管理費		二、三二〇、八六六円
	事務委託費	二、二一九、八〇〇円
	通信・交通費	三八、七〇六円
	印刷費	六二、三六〇円
○研究会費		一六六、四〇二円
○機関誌費		〇円
○雑　費		三〇、五九五円
○予備費		〇円
○支出小計		二、八〇三、七一二円
○次期繰越金		一二、九一八、三一〇円

※新型コロナウイルス感染症拡大防止のため、令和二年度定期総会（第五一回）のうち、個別報告及びシンポジウムの開催は延期し、総会決議のみ書面にて執り行いました。従いまして、令和元年度（平成三一年度）の業務報告も併せて本書に掲載することとなりました。

日本交通法学会設立趣意書

近時、わが国における交通機関の発達は、極めてめざましいものがありますが、一方、交通災害、交通公害および交通混乱の現象は、きわめて憂慮すべき状態を現出しております。特に自動車人身事故による被害者の救済措置は、満足すべきにはほど遠い現状にあります。実効性ある事故防止策と適正な人身事故補償の早急完全な実施が当面の最重要課題であることは、何人にも明らかなところであります。自動車人身事故の激増が重大な社会問題としてその対策が叫ばれてからすでに十数年を経ており、その間、事故防止と被害者救済の実現をめざし、わが国の学界、法曹界、関係諸官庁、保険会社、その他民間諸団体において、それぞれの立場から真剣な討議が行なわれ、幾多の貴重な成果を得ております。

しかしながら、交通災害増加の現象は、わが国社会の諸要因と極めて複雑に関連し、交通問題に関連する法域は、道路交通法のみならず車両法、運送法等あらゆる分野に拡大されております。

また、人身損害補償の領域について見ても、問題は今日、単に不法行為にとどまらず、民法の他の分野、訴訟法、保険法、社会保障法等の領域におよび、わが国法制の根本に触れるさまざまの問題が提起されているのであります。

今日、このような状況において、われわれは、これら関連するあらゆる分野の研究者が、相互に交流をもち、協力し、もって研究の成果を一層深めることがどうしても必要であると考え、ここに日本交通法学会を設立するに至ったものであります。

日本交通法学会は、交通の円滑・健全化、交通災害・交通公害の絶滅、被害者の完全な救済を希求するあらゆる分野の研究者によって構成され、交通関係法規および交通災害・交通公害とこれにともなう補償に関するあらゆる問題を研究討議し、研究者相互の協力を促進することによって、国民の福祉の増進を期そうとするものであります。

われわれは、ここに日本交通法学会設立の趣旨を明らかにし、その目的に賛同するあらゆる分野の個人又は団体に日本交通法学会への参加を呼びかけるものであります。

昭和四五年一月三一日

日本交通法学会設立準備委員会

朝倉京一　木宮高彦　田邨正義　原島克巳　山田卓生
淡路剛久　倉田卓次　土屋一英　舟木信光　山本寅之助
伊藤利夫　後藤　勇　筒井博司　南　恒郎　吉田淳一
伊藤嘉之　佐野昭一　永光洋一　三宅弘人
河合　怜　椎木緑司　並木　茂　宮原守男
岸永　博　竹岡勝美　野村好弘　山崎東夫　（五十音順）

《ご案内》 在庫につきましては、事務局までお問合せ下さい。

「交通法研究」価格

「人身賠償・補償研究」第四巻

第四〇回から第五〇回までを掲載……………………二、六〇〇円

「人身賠償・補償研究」第五巻

第五一回から第六五回までを掲載……………………三、〇〇〇円

(問合せ先) 日本交通法学会事務局

〒100―0013 東京都千代田区霞が関一―一―三 弁護士会館一四階

公益財団法人 日弁連交通事故相談センター内

電話〇三(三五八一)四七二四

日本交通法学会の研究助成について

一　日本交通法学会（以下、単に学会という）は会員の研究奨励のために研究費を支出します。総額は毎年二〇〇万円程度をめどとします。

二　奨励研究には、共同研究と個人研究とがあります。

(ア)　共同研究は、会員が主となっているグループの研究であり、それに対しては、五〇万～一〇〇万円の研究費を交付します。

(イ)　個人研究は、会員個人が行う研究であり、それに対しては三〇万円の研究費を交付します。ただし、特別の理由があるときには、増額することもあります。

三(ア)　研究費の交付を受けた者（グループおよび個人）は、次年度の学会において報告するように努め、それができないときは中間報告書を三月末までに学会宛提出して下さい。

(イ)　研究費の交付を受けた者は、次年度に発行される機関誌『交通法研究』のために報告原稿を提出する義務を負っていただくことを原則とします。

(ウ)　研究費は申請にかかる研究の費用にあてるものとし、年度末に所定の会計報告を学会宛提出していただきたい。

四　研究期間は一年を単位とし、同一研究課題について最大二回まで研究費の交付を受けることができます。ただし、二回目の申請については、他の新規申請と同列に扱うものとします。

五(ア)　研究分野は、伝統的な研究分野（民事法、刑事法、行政法など）のみならず、複数の法分野にまたがるもの、また、他の学問領域にまたがる学際的な研究も歓迎します。

(イ)　研究対象の範囲としては、陸上交通、海上交通、航空など交通の類型に制限なく問題の類型も事故、安全、汚染など交通法に関連するすべてを含むものとします。

六　研究費の交付は、研究委員会において慎重、厳正に選考した上、理事会において決定します。

七　応募ご希望の方は申請書類の送付を事務局宛請求して下さい。

〒100―0013　東京都千代田区霞が関一―一―三　弁護士会館一四階
公益財団法人　日弁連交通事故相談センター内
日本交通法学会

日本交通法学会研究助成応募要項

令和四年度の応募要項は次のとおりです。

(1)　応募締切　令和四年四月末日

(2)　交付決定　令和四年五月下旬
応募者には採否をお知らせします。

(3)　交付日　決定後できるだけすみやかに交付します。

(4)　研究期間　令和五年五月末日

日本交通法学会研究（個人・団体）助成年度別一覧

昭和五二年度	伊藤高義	自動車事故による損害賠償の社会保障化について
〃	椎木緑司	1、交通事故による重傷後遺障害者の実情とこれに対する救済制度の実情・改善創設等の分析及び総合研究 2、後遺傷害補償の合理的・科学的認定・障害等級表の器質的・機能的分析及び社会・経済的要因を加味した改善の研究
五三年度	野村好弘	交通法における住民参加と情報公開のあり方に関する研究
五四年度	桜田一之	システムの分析による道路交通法の研究 ―実態調査を中心として―
五五年度	西島梅治	損害賠償と保険金の重複給付の調整に関する研究
五六年度	椎木緑司	社会構造的な特殊不法行為としての自動車事故と責任及び自動車保険の特性
五七年度	森嶌昭夫	損害補償システムの将来構想について ―ニュージーランド・オーストラリア・イギリス・カナダにおける救済制度の検討を通じて―
五八年度	小賀野晶一	東北地方における交通事故紛争の処理の研究 ―損害額の算定の地域性を中心として―
六〇年度	植木哲	運行供用者責任の再検討
六二年度	山野嘉朗	フランスの交通事故賠償補償法の立法過程
平成一〇年度	椎木緑司	自動車損害賠償保障制度及び自動車保険発達の回顧と将来の展望並びに諸対策
一七年度	肥塚肇雄	人身傷害補償保険契約の「被保険者」の意義と「胎児」の法的地位――人身傷害補償保険契約の法的構造を明らかにするために――
二一年度	二木雄策	死亡慰謝料の計量分析

日本交通法学会規約

第一章　総　　則

（名　称）

第一条　本会は、日本交通法学会と称する。

（事務所）

第二条　本会の事務所は、東京都千代田区内に置く。

（目　的）

第三条　本会は、交通および交通災害に関連する諸法の研究を行ない、もって交通に関する公共の福祉の増進を図ることを目的とする。

（事　業）

第四条　本会は、前条の目的を達成するため、左の事業を行なう。

一　調査研究計画の立案および実施

二　研究報告会・講演会の開催

三　機関誌その他刊行物の発行

四　研究者相互の交流および内外の学会その他諸団体との連携と協力

五　その他本会の目的を達成するために必要な事業

第二章　会員および賛助会員

（会　員）

第五条　交通および交通災害に関連する諸法を研究する者は、本会の会員となることができる。

2　本会の会員になろうとする者は、会員二人の推せんにより入会の申込みをし、理事会の承認を得なければならない。

（賛助会員）

第六条　本会の目的に賛同し本会の事業を賛助しようとする個人または団体は、理事会の承認により賛助会員となることができる。

2　賛助会員は、研究報告会・講演会に出席し、機関誌の配布を受ける。

（会　費）

第七条　会員および賛助会員は、総会の定めるところにより、会費を納入しなければならない。

（退　会）

第八条　会員および賛助会員は、左の各号の一に該当する場合には、退会したものとする。

一　本人が退会を申し出たとき
二　会費の滞納により理事会が退会を相当と認めたとき
三　本会の名誉を傷つけたことにより理事会が退会を相当と認めたとき

第三章　機　関

（総　会）
第九条　本会は、毎年一回通常総会を開催し、必要があるときは、随時臨時総会を開催する。
（招集者）
第一〇条　総会は、理事長が招集する。
2　総会員の五分の一以上の者が会議の目的たる事項を示して臨時総会の招集を請求したときは、理事長は、すみやかにその招集をしなければならない。
（招集手続）
第一一条　総会の招集は、会日の一四日前までに総会の日時、場所および議題を会員に書面で通知して行なう。
（審議事項）
第一二条　総会は、左の事項を審議する。
一　理事・監事の選任
二　決算の承認
三　規約の改正
四　その他理事会または総会において審議することを相当と認めた事項
（議　決）
第一三条　総会の決議は、この規約に別の定めがある場合のほか、出席会員の議決権の過半数で決する。
2　会員は、代理権を証明する書面を提出して出席会員にその議決権の行使を委任することができる。
（理事・監事の設置）
第一四条　本会に左の役員をおく。
一　理事　三五名以内
二　監事　二名
2　本会に名誉理事若干名をおくことができる。
（選　任）
第一五条　理事・監事は、総会において会員の中から選任する。
2　名誉理事は理事会の議を経て、これを委嘱する。
（任　期）
第一六条　理事・監事の任期は、その就任後二回目の通常総会の終結に至るまでとする。

2 補欠または増員により選任された理事または監事の任期は、その他の理事または監事の任期の残存期間とする。

（理事の職務）

第一七条 理事は、理事会を構成し、会務を執行する。

（監事の職務）

第一八条 監事は、本会の会計および会務執行を監査する。

（理事長）

第一九条 本会に理事長一名を置く。

2 理事長は、理事会において理事の中から選任する。

3 理事長は、本会を代表し、会務を総括する。

4 理事長に事故あるときは代行を置く。

（理事会）

第二〇条 理事会は、本会の運営に関する重要事項を審議決定する。

2 第一〇条第一項、第一三条第一項の規定は、理事会に準用する。

（委員会）

第二一条 本会に研究・広報・財務・資格審査その他の委員会を置くことができる。

2 委員会に関する事項は、理事会において定める。

第四章 会 計

（経 費）

第二二条 本会の経費は、会費・寄付金その他の収入をもって充てる。

（会計年度）

第二三条 本会の会計年度は、毎年四月一日に始まり、翌年三月三一日に終わる。

2 決算は、次年度の通常総会において承認を得なければならない。

第五章 規約の変更

（規約の変更）

第二四条 この規約は、総会において出席会員の三分の二以上の同意により変更することができる。

第六章 付 則

（施行期日）

第二五条 この規約は、昭和四五年六月一三日から施行する。

（経過措置一）

第二六条　本会設立準備委員会の委員および第一回総会前に同委員会によって推せんされた者は、第五条第二項の規定にかかわらず、本会の会員となることができる。

（経過措置二）

第二七条　本会設立準備委員会は、第一回総会前に会員の中から理事・監事の職務を行なう者を委嘱することができる。

2　前項により理事・監事の職務を行なうことを委嘱された者は、第一回総会において理事・監事が選任されるまでその職務を行なう。

第六章　付　則（昭和五七年五月八日改正）

第一四条第一項の改正規約は、昭和五七年五月八日から施行する。

付　則（平成六年五月二八日改正）

第一四条第一項の改正規約は、平成六年五月二八日から施行する。）＝理事増員三〇名～三五名

付　則（平成八年五月二五日改正）

第二条及び第一九条第四項の改正規約は、平成八年六月一日から施行する。

告　知

当法学会出版物からの複写に係る令和二年度著作権使用料として、学術著作権協会より九六、七六一円の分配を受けましたので通知します。

なお、令和三年度著作権使用料については、分配金の算出および送金が遅滞している旨の通知があったため、次号にて通知します。

二〇二一年一二月

日本交通法学会

理事長　新美育文

会員各位

日本交通法学会役員名簿（令和二年度）

〈理事長〉

新美育文　明治大学名誉教授

〈理事長代行〉

高野真人　弁護士

〈顧　問〉

金澤　理　早稲田大学名誉教授

〈名誉理事〉

一見勝之　国土交通省自動車局長　☆

北村博文　警察庁交通局長　☆

福田守雄　国土交通省大臣官房審議官（自動車局）　☆

川北　力　損害保険料率算出機構副理事長　☆

〈理　事〉

中山泰宏　国土交通省自動車局保障制度参事官　☆

中村さとみ　東京地方裁判所民事第27部部総括判事　☆

石丸将利　大阪地方裁判所第15民事部部総括判事　☆

青野博之　駒澤大学法科大学院教授

甘利公人　上智大学名誉教授

伊藤文夫　元日本大学法学部講師

浦川道太郎　早稲田大学名誉教授・弁護士

大澤資樹　東海大学医学部教授

大嶋芳樹　弁護士

大塚裕史　明治大学法科大学院法務研究科教授

栗原　浩　弁護士

小沼清敬　弁護士

厚井乃武夫　日弁連交通事故相談センター常務理事・弁護士

小林　覚　弁護士

古笛恵子　弁護士

小松初男　弁護士

齋藤　修　兵庫県立大学名誉教授

佐野　誠　福岡大学法科大学院教授

鹿士真由美　弁護士

島田一彦　弁護士

園　高明　弁護士

藤井　勲　弁護士

藤村和夫　日本大学法学部教授

松居英二　弁護士

宮原守男　弁護士

山内春夫　新潟大学名誉教授（法医学）

山口斉昭　早稲田大学法学学術院教授

山野嘉朗　愛知学院大学法学部教授

〈監　事〉

髙梨辰聡　国土交通省自動車局安全政策課長補佐　☆

平賀睦夫　弁護士

注：当役員名簿は、令和二年九月四日現在のものです。
☆印は、交通関係機関の役職上の理事依頼者です。

日本交通法学会役員名簿（令和三年度）

〈理事長〉
新美育文　明治大学名誉教授

〈理事長代行〉
高野真人　弁護士

〈顧　問〉
金澤　理　早稲田大学名誉教授

〈名誉理事〉
秾川直也　国土交通省自動車局長　☆
髙木勇人　警察庁交通局長　☆
山田知裕　国土交通省大臣官房審議官（自動車局）　☆
川北　力　損害保険料率算出機構副理事長　☆

〈理　事〉
長谷知治　国土交通省自動車局保障制度参事官　☆
森田浩美　東京地方裁判所民事第27部部総括判事　☆
石丸将利　大阪地方裁判所第15民事部部総括判事　☆
青野博之　駒澤大学法科大学院教授
甘利公人　上智大学名誉教授・弁護士
浦川道太郎　早稲田大学名誉教授・弁護士
大澤資樹　東海大学医学部教授
大嶋芳樹　弁護士
大塚裕史　神戸大学名誉教授・弁護士
奥田直之　弁護士
栗原　浩　弁護士
厚井乃武夫　日弁連交通事故相談センター常務理事・弁護士
小林　覚　弁護士
古笛恵子　弁護士
小松初男　弁護士
齋藤　修　兵庫県立大学名誉教授
佐野　誠　福岡大学名誉教授
鹿士真由美　弁護士
島田一彦　弁護士
松居英二　弁護士
山内春夫　新潟大学名誉教授（法医学）
山口斉昭　早稲田大学法学学術院教授
山野嘉朗　愛知学院大学法学部教授

〈監　事〉
髙梨辰聡　国土交通省自動車局安全政策課長補佐　☆
石田恵美　弁護士・公認会計士

注：当役員名簿は、令和三年五月二一日現在のものです。
☆印は、交通関係機関の役職上の理事依頼者です。

「日本交通法学会」入会案内

一　日本交通法学会について

日本交通法学会（Japan Association of Traffic Law）は、関係各方面の積極的な賛同を得て、昭和四五年六月一三日に設立されました。

本学会は、交通及び交通災害に関連する諸法の研究を行い、もって公共の福祉の増進を図ることを目的として設立されたものです。

本学会は、昭和五四年四月、日本学術会議内規に基づき登録学協会として、同会議に登録申請手続を行いました。これにより、日本学術会議及び各分野の学協会との緊密な連携協力関係の維持、強化が図られることになります。

二　学会の事業計画

本学会は、交通の円滑健全化、交通災害・交通公害の絶滅、被害者の完全な救済を希望するあらゆる分野にわたる研究者の相互協力によって交通災害・交通公害の防止と被害者救済に関する法的諸問題の解決に大きな役割を果たそうとする点に際立った特色があり、したがって、その事業については、次のような点に重点がおかれます。

(1)　調査研究計画の立案及び実施

本学会には、研究委員会が置かれています。

研究委員会は、学者、裁判官、行政官、弁護士、保険会社等関連分野の研究員が網羅されたユニークな構成を有しており、各分野にわたる諸問題について資料・情報を交換して、的確な問題提起を行ない、必要に応じ共同調査・共同研究を立案企画し、広く会員の要請に応じて、これを強力に立案・実施する体制をとっています。

(2)　刊行物の発行

本学会は、毎年機関誌「交通法研究（Traffic Law Journal）」を発行しています。このほか会員の研究成果を必要に応じて適宜刊行することを予定しています。本学会は、専門的研究者集団であるとともに、優れて実践的な性格を有する団体であり、したがって、機関誌等刊行物の内容も、最高度の理論的水準を保つとともに実務に直結する解説研究を広くとりあげることとし、また、最新の資料・情報を継続的に提供するなどの会員の利便に供することとします。

(3)　研究会の開催

毎年定期総会の際にシンポジウム、個別研究報告を行なうほか、いくつかの常設研究会を開催し、会員及び賛助会員の相互交流、共同研究の場としています。研究会としては、現在、人身賠償補償研究会が活動しています。入会手続は、別添入会申込書に所定事項をご記入の上、事務局宛お送りください。

(4)　研究助成

毎年、会員の独創的な研究を奨励するため、研究助成金を出しています。申請手続など詳しいことは、事務局にお問い合わせください。

三　学会の組織について

本学会は、交通災害に関する諸法に関連するあらゆる分野の研究者・実務家によって構成されます。

本学会組織は、総会を最高機関とし、そのもとに置かれた理事会が中心になり組織を運営します。さらに、委員会は、研究調査等の実質的活動の企画実施を図り、監事は会計及び会務執行を監査しています。なお、理事が委員を兼ねることにより、機能的な運営を図っています。

本学会の事務局は、末尾のとおりです。

四　賛助会員の地位について

賛助会員は、本学会の目的に賛同し、その事業を賛助しようとする個人又は団体であり、シンポジウム、研究報告会・講演会に出席することができ、また機関誌等の無償配布を受けます。

五　入会要項

本学会への入会要項は、次のとおりです。

入会資格……本学会の目的に賛同し、その事業を賛助しようとする個人又は団体。

入　会　金……二、〇〇〇円（入会の際に必要になります。）

年　会　費……正会員（個人）＝七、〇〇〇円
賛助会員（個人）＝一口七、〇〇〇円・一口以上
賛助会員（団体）＝一口四、〇〇〇円・原則一〇口（四〇、〇〇〇円）以上

※団体の規模によっては減口の配慮もいたします。

申込方法……入会申込書（別添）に以下の必要事項を記載の上、業務委託先である㈱毎日学術フォーラム（〒100-0003　東京都千代田区一ツ橋一－一－一　パレスサイドビル）宛てに送付してください。

【必要事項】①申込年月日　②会員種別・会費口数　③氏名又は団体名（団体は担当者名も併せて記載）④職業又は事業の種類（弁護士は登録番号）⑤学会から連絡可能な住所　⑥学会から連絡可能なメールアドレス　⑦学会から連絡可能な電話・FAX番号　⑧推薦者氏名（二名）

※推薦は本学会員二名によるものですが、推薦者がいない場合は賛助会員としてお申込みください。

※お申込みの際、人身賠償補償研究会に参加ご希望の方は、連絡事項記載欄に、その旨明記してください。ただし、研究会にご出席できる方のみに限定させていただきます。

※入会申込受付後の手続：本学会は、入会のお申込みを受けて、直近で開催する理事会（年四回開催）で入会の承認手続を行います。

払込方法……上記入会手続終了後に本学会から送付する銀行振込み又は振替用紙を利用して入会金及び年会費を振り込んでください。なお、連絡欄には会費口数を明記してください。銀行振込みに代えて現金為替等の方法で業務委託先である㈱毎日学術フォーラム（〒100-0003　東京都千代田区一ツ橋一－一－一　パレスサイドビル）宛てに直接送付いただいても結構です。

〈事務局所在地〉

〒100−0013　東京都千代田区霞が関一−一−三　弁護士会館一四階
公益財団法人　日弁連交通事故相談センター内
日本交通法学会事務局
電話　〇三（三五八一）四七二四

年　　月　　日

日本交通法学会　御中

氏名　　　　　　　　　　㊞

入　会　申　込　書

貴会の設立の趣旨に賛同し、以下のとおり入会の申込みをいたします。

1　希望する会員の種別（いずれかの□にレを入れてください。）及び会費口数

□正会員　　年会費：１口 7,000 円

□賛助会員　年会費：１口 7,000 円　　１口以上（　　　　　）口

□賛助団体　年会費：１口 4,000 円　１０口以上（　　　　　）口

＊入会金はいずれも別途 2,000 円

2　入会申込者の情報

①氏名又は団体名

ふりがな

＿＿＿＿＿＿＿＿＿＿＿＿＿＿＿＿（担当者氏名　　　　　）

②職業又は事業の種類　＊弁護士の場合は括弧内に登録番号

＿＿＿＿＿＿＿＿＿＿＿＿＿＿＿＿（登録番号　　　　　）

③住所等

〒

＿＿＿＿＿＿＿＿＿＿＿＿＿＿＿＿＿＿＿＿＿＿＿＿

④メールアドレス

E-mail：　　　　　　　　　　＠

⑤電話・ＦＡＸ番号

電　話：　　　（　　　）　　　　ＦＡＸ：　　　（　　　）

3　推薦者（学会員２名）＊弁護士の場合は推薦者不要

①氏名：＿＿＿＿＿＿＿＿＿＿＿＿＿㊞

住所：＿＿＿＿＿＿＿＿＿＿＿＿＿＿＿＿＿＿＿＿

②氏名：＿＿＿＿＿＿＿＿＿＿＿＿＿㊞

住所：＿＿＿＿＿＿＿＿＿＿＿＿＿＿＿＿＿＿＿＿

4　連絡事項記載欄

〔切り取り〕

地域におけるモビリティ　（交通法研究第 49 号）

2022 年 2 月 14 日　初版第 1 刷発行

編集者　日本交通法学会

発行者　江草貞治

発行所　株式会社 有斐閣
郵便番号 101-0051
東京都千代田区神田神保町 2—17
http://www.yuhikaku.co.jp/

制作・株式会社有斐閣学術センター
印刷／製本・大日本法令印刷株式会社

ISBN 978-4-641-13890-2